화엄경,
보살의 길을 열다

이 책을
지금 계신 법계에서
열심히 6바라밀의 보살도를 펼치고 계실
보살도의 영원한 도반인
김승욱님 영전에 바칩니다.

화엄경,
보살의 길을 열다

윤홍식 풀이

차례

들어가며   006

회향문   010

대승보살도 선언문   011

보살의 길, 6바라밀의 실천법   022

보살의 길, 인간의 길   027

화엄 10지, 보살이 닦아 가는 길   031

화엄경의 수행체계   039

『능가경』에 나타난 의성신   046

1. 불법의 근본, 보살의 10단계   051
2. 환희의 단계, 1지 환희지 歡喜地   061
3. 때를 벗는 단계, 2지 이구지 離垢地   099
4. 지혜의 빛이 샘솟는 단계, 3지 발광지 發光地   131

5. 지혜가 타오르는 단계, 4지 염혜지焰慧地   171

6. 방편이 갖추어진 단계, 5지 난승지難勝地   203

7. 진리가 인도하는 단계, 6지 현전지現前地   235

8. 번뇌를 벗어난 단계, 7지 원행지遠行地   287

9. 진리에 안주한 단계, 8지 부동지不動地   333

10. 진리를 자유로이 설하는 단계, 9지 선혜지善慧地   387

11. 진리의 구름이 되는 단계, 10지 법운지法雲地   419

12. 보살의 10단계를 총괄하여 설명함   469

부록

『화엄경』「입법계품」에 나타난 보살의 길   485

『법화경』「방편품」에 나타난 대승의 길   490

『유마경』「향대불품」에 나타난 보살의 길   493

홍익보살 실천지침 14조   498

··· 들어가며

『화엄경華嚴經』의 본래 이름은
『대방광불화엄경大方廣佛華嚴經』입니다.
현재 이 경전의 산스크리트 완본은
아직 발견되지 않고 있으며,
각각의 독립된 경전이 유통되다가
현재의 『화엄경』으로 집대성된 것으로 보입니다.

현재 산스크리트 원전이 남아 있는 것은
독립된 경전인 「십지품十地品」과
「입법계품入法界品」입니다.
특히 「십지품」은 가장 오리지널
『화엄경』으로 추정됩니다.
연대도 1~2세기경으로 봅니다.

「십지품」은 『십지경十地經』 혹은
『십주경十住經』의 독립 경전으로 전해 옵니다.
'10지'는 '보살의 10단계'를 의미하니
중생이 걸어야 할 '보살의 길'을 온전하게 보여 줍니다.

그래서 『화엄경』의 핵심이 되는
「십지품」 중 가장 정수가 되는 부분을 선별하여,
한 권의 책으로 엮어,
'보살의 길'을 걷는 모든 중생이
매뉴얼로 활용할 수 있도록 하였습니다.

'보살의 길'은 '중생의 길'이며 '인간의 길'이니,
보살의 10단계 안에는
인간이 걸어가야 할 궁극의 길과
그 길을 걷는 실전 팁이 자세히 담겨 있습니다.

이 경전의 인도만 따른다면
모든 중생은 '중생성'(진흙)을 통해
'불성'(6바라밀의 본체)을
멋진 '바라밀'(연꽃)로 꽃피울 수 있을 것입니다.

중생 한 명 한 명이 '꽃'(화華)으로 피어나
온 우주를 장엄하게 장식하자(엄嚴)는 것이
'화엄'(꽃으로 장엄하게 장식함)의 참뜻입니다.

'보살의 길'은 '6바라밀의 닦음'을 통해서만
걸을 수 있는 길입니다.
① 언제 어디서나 늘 깨어있으며(선정바라밀),
② 남을 나처럼 사랑하며(보시바라밀),
③ 남에게 부당한 피해를 주지 않으며(지계바라밀),
④ 진실을 겸허히 수용하며(인욕바라밀),
⑤ 양심의 구현에 최선을 다하며(정진바라밀),
⑥ 늘 선과 악을 자명하게 판별한다면(반야바라밀),
누구나 '보살의 길'을 걸을 수 있습니다.

이 우주에서 '보살의 길'을 걷는 모든 이들에게
최고의 매뉴얼이 되어 줄
『화엄경』「십지품」의 정수를 잘 참고한다면
지금 이 순간부터 누구나
올바른 보살의 길을 걷게 될 것입니다.

본서는 무려 4년 동안(2013~2016) 진행되었던
『화엄경』「십지품」 강의의 교재를
보충하고 다듬은 글입니다.
유튜브 강의와 함께 보시면 더욱 도움이 될 것입니다.

끝으로 본서를 꼼꼼하게 편집하고 검토해 준 영주와,
원고를 교정해 준 선아와 선우에게 감사의 말을 전합니다.
이 책이 출간되도록 큰 애를 써 준
나의 오랜 벗 종원이와 병문이에게도 감사를 전합니다.

홍익학당 대표 윤홍식

••• 회향문

모든 인류를 언제 어디서나
올바른 길로 인도해 주신 은덕에 감사하며,
『화엄경』 강의의 모든 공덕을
'부처님'(법신불)께 회향합니다.

또한 모든 인류에게 진정한 '인간의 길'인
'6바라밀의 길'을 제시하기를 기원하며,
『화엄경』 강의의 모든 공덕을
'모든 인류'에게 회향합니다.

대승보살도 선언문

우리의 목표는
윤회에서 벗어나 열반에 드는 것이 아니다.
그것은 어디까지나 소승불교의 목표일 뿐이다.

대승불교의 목표는
일체의 현상계가 그대로 청정함을 깨달아
늘 열반에 안주하되,
윤회에서 떠나지 않는 '보살'이 되어
온 우주를 '화엄華嚴세계'로 만드는 것이다.

또한 우리는 '비로자나불'과 같이
에고를 모두 초월한
전지·전능한 '부처'가 되고자 하지 않는다.

보살은 '깨달은 중생'이다.
그는 늘 열반에 안주하기에 '깨달은 자'이며
늘 현상계에 머물기에 '중생'이다.

에고의 개체성이 없이는
온전한 '중생'이 될 수 없다.
온전한 중생이 되지 못하면
중생계에서 수작을 할 수 없다.

선에 복을 주고 악에 벌을 주는 것은
'인과법' 그 자체인 '법신불' 비로자나불의 몫이나,
중생계 안에서
복 받을 선을 짓고
벌 받을 악을 짓지 않는 것은
오직 '깨달은 중생'의 몫이다.

보살은 비로자나불이 개체성을 입은 존재이다.
비로자나불은 에고를 초월한 부처이며
보살은 에고를 입은 부처이다.

본체가 부처이며
작용이 보살이다.
깨달은 중생인 보살이 없다면
중생이 어떻게 깨달음을 얻을 수 있으며,
사바세계는 어떻게 정토淨土가 될 수 있겠는가?

이 현상세계의 혼탁한 카르마를
그 누가 정화할 수 있겠는가?
이 세계는 비로자나불이 없어서
혼탁해지는 것이 아니라,
깨달은 중생인 보살이 없어서 혼탁해지는 것이다.

그러니 인간은
윤회를 떠나 열반에 안주하거나,
전지·전능한 비로자나불이 되는 것을
목표로 해서는 안 된다.

오직 '보살'이 되는 것을
목표로 삼아야 한다.
그것이 인간의 사명이다!

보살이야말로 이 시대에 필요한
인간의 모습을 한 부처이다.

우리 모두 철저히 중생으로 살아가되
깨달은 중생이 되면 그것으로 충분하다.
그래서 『화엄경』이 10지 보살을
중생의 궁극의 경지로 묘사한 것이다.
그러니 우리는 '깨달은 중생'을 목표로 삼아야 한다.

현상계는 '카르마karma'로 굴러간다.
카르마의 결이 모두에게 이로울 때 '선善'을 이루며
모두에게 해로울 때 '악惡'을 이루게 된다.

통에서 벗어나야 통을 굴릴 수 있듯이
카르마에서 벗어날 수 있어야
카르마를 경영할 수 있다.

우리를 보살로 인도하는 선禪은,
우리를 곧장 카르마를 초월한
참나(열반)로 인도할 수 있어야 하며,

현상계의 카르마를 영원히 저버리지 않으면서
모두에게 이롭게 경영하도록 돕는 참선이어야 한다.

참나에서 온갖 공덕을 끌어내는 '선정'과
만법이 본래 청정함을 꿰뚫어 보는 '반야',
진리를 기꺼이 수용하는 '인욕'과
남을 나처럼 사랑하고 돕는 '보시',
남에게 부당한 피해를 주지 않는 '지계'와
현실에 안주하지 않고 나아가는 '정진',

이 6가지 덕목을 두루 갖춘 참선이 아니고는
우리가 늘 열반에 머물 수 없으며
카르마를 올바르게 경영할 수 없다.

지금까지 닦았던 참선으로는
진정한 깨달음을 얻을 수 없다.

신비한 체험에 매몰된 참선으로는
나와 남을 이롭게 할 수 없으며
카르마를 경영할 수도 없다.

오직 6바라밀선만이 우리를
'중생의 리더'이자 '카르마의 경영자'인
보살로 인도한다.

'대승보살' '홍익보살'은 6바라밀선의 달인이다.
6바라밀선을 통해 늘 열반에 머물되
윤회를 떠나지 않으며
나와 남을 이롭게 하는 이가
진정한 대승보살이다.

늘 카르마를 초월한 참나에 안주하면서,
6근根으로 굴러가는 카르마 세계를
참나에서 샘솟는 6바라밀로 경영하여,
나와 남 모두를 살리는 불변의 선업善業을
쌓아 가는 이가 대승보살인 것이다.

6바라밀선은 '양심선禪'이다.
6바라밀이야말로 양심의 온전한 덕목이다.
매 순간 자신이 있는 그 자리에서
'양심'을 구현하는 것이야말로

비로자나불의 지상명령이다.
이것이 대승보살의 길이다.

우리 모두 대승보살의 길로 나아가야 한다!
잠시도 지체할 시간이 없다.
'중생의 마음자리'가 유일한 도량이며,
'지금 이 순간'이 유일한 시간이다.

지금 이 순간,
바로 여기(마음)에서,
생각과 감정과 오감을
6바라밀로 경영할 뿐이다!
이것이 최고의 수행이다.

우리는 오직 지금 이 순간만을 살아가고 있다.
과거와 미래에 집착하지 말고
'지금 여기'에서
최선을 다하는 것으로 족하다.

과거의 업력이 아무리 두텁더라도

지금 이 순간
여기에서
6바라밀을 실천할 때,
어떠한 업도 청정하게 정화된다.

우리의 마음이 6바라밀로 물드는 순간,
우리는 온 우주를 장식하는
위대한 보살로 다시 태어날 것이며
온 우주는 정토로 거듭날 것이다.

우리 마음에 '6바라밀의 꽃'을 피우고
6바라밀로 다른 중생도 인도하여,
천지에 보살들이 우글거리게 해야 한다.

보살의 꽃들이 온 우주를 장엄하게 장식할 때,
'화엄세계'는 우리의 목전에 펼쳐지게 될 것이다!

깨달음을 얻기 위해 속세를 떠나려 하지 마라.
우리는 산으로 절로 출가하는 것이 아니다.
도를 닦는 도량은 오직 '마음',

그것도 바로 우리의 '중생심'이다.

탐진치가 넘실대는 중생심을 도량으로 삼고
6바라밀선으로 중생심을 경영할 때,
우리는 진정으로 '대승보살'이 될 수 있으며
중생심은 불성이 구현된 '정토'로 거듭날 것이다.

중생심의 파도 속에서
6바라밀로 중심을 잡고 버티며
남을 돕는 것이야말로
보살도를 닦는 참된 수행이다.

열반의 세계와 현상계도
둘로 보지 않는 존재가 보살이다.
그런데 어찌 승속僧俗의 구별이 있을 수 있겠는가?

보살은 언제나 철저히 '중생'이어야 한다.
중생심을 떠나는 순간 보살이 될 수 없다.
그래서 유마거사는 속인의 모습을 하고 있으며,
원효보살도 소성거사小性居士로 자처한 것이다.

그러니 어찌 속인과의 구별을 둘 수 있겠는가?
승속의 차별을 떠나지 못하고
윤회와 열반의 차별을 떠나지 못하면,
대승의 도리는 구경도 못하게 될 것이다.

진정한 대승보살이라면,
① 절대계와 현상계가 결코 둘이 아님을
　 명백히 깨닫고(眞俗不二),
② 머무름이 없는 열반에 안주하되(無住涅槃),
③ 나와 남을 둘로 보지 않고(自他一如),
④ 언제 어디서나 일체 중생을
　 널리 이롭게 해야 한다(利益衆生).
이것이 바로 '대승의 4법인法印'이다.

대승의 4법인을 자명하게 깨닫고,
중생심을 떠나지 않으면서
6바라밀로 이를 잘 경영할 때,

우리는 진정한 중생의 리더이자,
카르마의 경영자인 보살로 거듭나게 될 것이다.

이것이야말로 진정한 대승보살의 길이다!

유튜브(YouTube) │ 대승보살도 선언문

··· 보살의 길, 6바라밀의 실천법

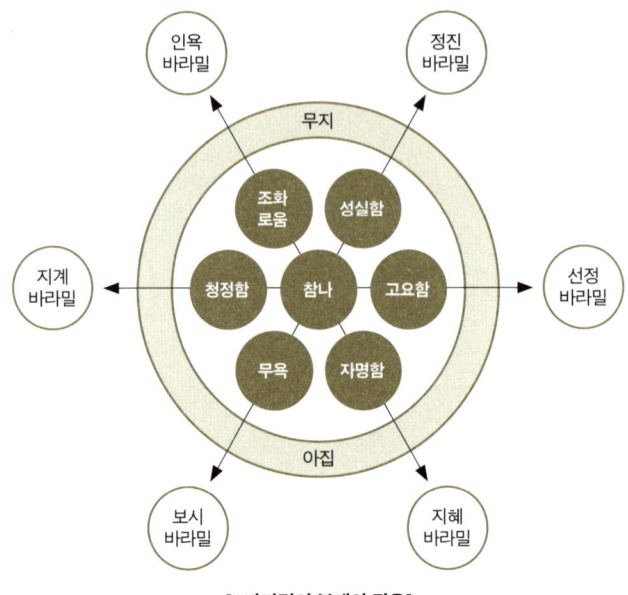

[6바라밀의 본체와 작용]

한편으로는 참나의 각성을 통해
늘 세상을 초월한 고요함에 머물되,
다른 한편으로는 6바라밀의 실천을 통해
생사윤회 속에서 아주 작은 선행도 놓치지 않는 이가
'보살'입니다.

'참나의 각성'이 없이는 고요함에 머물 수 없으며
'6바라밀의 실천'이 없이는 공덕을 완수할 수 없습니다.
'참나의 각성'은 '마음의 중심점'을 찾는 것이며
'6바라밀의 실천'은 '마음의 균형'을 잡는 것입니다.

이 둘을 두루 갖추고 나와 남을 이롭게 하여
널리 중생을 돕는 이가 '보살'입니다.
'바라밀'이란 '궁극, 완성'이라는 의미가 있으니
'보시바라밀'은 '보시의 궁극이자 완성'입니다.

집착을 가진 '에고'로 하는 보시는 '궁극의 보시'가 아닙니다.
무집착의 '참나'로 하는 보시만이 '궁극의 보시'입니다.
그러니 6바라밀의 실천은 오직 '참나 각성'으로 가능합니다.

① '에고'가 어려운 처지의 사람을 그냥 무시하자고 할 때
　 에고와 싸우지 말고 먼저 "오직 모른다!"라고 하여
　 '참나'와 하나가 되십시오(선정바라밀).
　 이 점이 중요합니다!
　 '에고'와 싸우지 마십시오.
　 에고와 싸워서는 '에고 놀음'에 빠질 뿐입니다.

참나는 결코 나와 남을 가르지 않습니다(지혜바라밀).
나와 남을 가르지 않는 참나의 힘으로
자연스럽게 남을 도울 수 있게 될 것입니다.
이것이 '보시바라밀'입니다.

② '에고'가 온갖 욕망에 흔들릴 때도
곧장 '참나'를 돌아보십시오(선정바라밀).
참나는 결코 욕망에 흔들리지 않습니다(지혜바라밀).
욕망에 흔들리지 않는 참나의 힘으로
유혹을 이겨 내십시오.
이것이 '지계바라밀'입니다.

③ '에고'가 상황을 받아들이지 못하고 분노로 이글거릴 때도
곧장 '참나'를 돌아보십시오(선정바라밀).
참나는 결코 분노에 이글거리지 않습니다(지혜바라밀).
상황을 있는 그대로 수용하는 참나의 힘으로
분노를 녹여 내십시오.
이것이 '인욕바라밀'입니다.

④ '에고'가 나태해지고 게을러질 때도

곧장 '참나'를 돌아보십시오(선정바라밀).
참나는 결코 게으름에 빠지지 않습니다(지혜바라밀).
게으름을 모르는 참나의 힘으로 게으름을 극복하십시오.
이것이 '정진바라밀'입니다.

⑤ '에고'가 흔들리고 산란해질 때도
곧장 '참나'를 돌아보십시오(선정바라밀).
참나는 결코 요동하거나 산란하지 않습니다(지혜바라밀).
산란함을 모르는 참나의 힘으로 산란함을 다스리십시오.
이것이 '선정바라밀'입니다.

⑥ '에고'가 어둡고 어리석어질 때도
곧장 '참나'를 돌아보십시오(선정바라밀).
참나는 결코 어둡고 어리석지 않습니다(지혜바라밀).
지혜롭고 광명한 참나의 힘으로 무지를 극복하십시오.
이것이 '지혜바라밀'입니다.

'6바라밀의 실천'은 '참나의 작용'이며
'참나의 각성'은 '6바라밀의 뿌리'입니다.
이러한 본체와 작용을 두루 갖추고서

온 우주의 중생을 널리 교화하고 돕는 것,
이것이야말로 인간이 걸을 수 있는 최고의 길인
'보살의 길'입니다.

유튜브(YouTube) | 보살의 길, 6바라밀 실천법

··· 보살의 길, 인간의 길

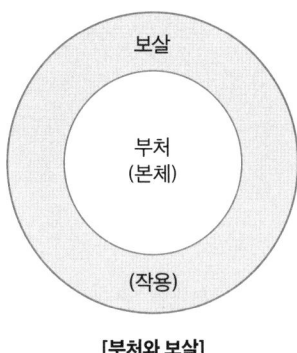

[부처와 보살]

『화엄경』은 결국 '10지 보살'을 궁극의 목표로 하는 경전입니다. 문수·보현·관음·지장보살 등이 10지 보살을 대표하는데, 여기서 '10'이라는 숫자는 완성을 의미합니다. 그래서『화엄경』은 모든 것을 10수로 헤아립니다. 10지 보살은 여래의 지혜인 '일체종지一切種智'를 얻은, '여래의 직책을 받은 지위'(受職位)이자 '여래'(법신, 비로자나불)의 '분신'(보신·화신)이며, 동시에 영원히 부처를 향해 성장해 가는 경지입니다.

'보살'은 현상계에 존재하는 '여래의 작용'이며, '여래'는 절대계에 존재하는 '보살의 본체'입니다. 관음보살이 본래 성불했으나, 현상계에서 영원히 중생성을 버리지 않고 보살로 머문다는 것도 이러한 원리를 나타냅니다. 보살은 '여래'(절대계·보리)를 안에 품고, 동시에 '윤회'(현상계·살타)를 떠나지 않으며, 중생구제의 위대한 사업을 하는 '깨달은 중생'(보리+살타)인 것입니다.

우주의 법신불인 비로자나불은 지금 이 순간에도 온 우주를 자유자재와 전지·전능·자비로 주재하고 계십니다. 우리는 비로자나불이 아니라, 비로자나불의 훌륭한 분신인 '깨달은 중생'(보살)이 되는 것을 목표로 해야 합니다! 즉, '중생성'(개체성)을 버리는 '부처'(비로자나불)가 아니라, 중생성을 영원히 버리지 않는 '보살'(10지 보살)을 목표로 해야 하는 것입니다. 이것이 '인간의 길'입니다!

우주 대법신을 상징하는 '개체성을 초월한 부처'(법신)는 '모든 보살들'(보신·화신)의 영원한 목표입니다! 아미타불도 영원히 닦아 가는, 현상계에 존재하는 부처(보신불報身佛)이니,『화엄경』에서 말하는 10지 보살입니다. 아미타불의 법신인 개체성을 초월한 비로자나불이야말로 아미타불의 영원한 목표입니다.

보살은 '중생성'을 일부러 버리지 않는 것이 아닙니다. 우리는 본래 중생성을 버릴 수가 없습니다.『반야심경般若心經』에서 "5온은 모두 공空하다!"(五蘊皆空) "모든 법의 텅 빈 형상은 생겨남도 없고 소멸됨도 없다!"(諸法空相 不生不滅)라고 말하였듯이, 중생성도 본래 공하여 텅 비었기에 소멸될 수 없습니다. 그래서 대승불교의 바이블인『유마경維摩經』에서 다음과 같이 설한 것입니다.

> ① '생사'에 머물면서도 오염된 행위를 하지 않으며, ② '열반'에 머물면서도 영원히 '열반'에 들지 않는 것이 '보살행'이다.
> 在於生死 不爲汚行 住於涅槃 不永滅度 是菩薩行
> (『유마경』)

우리는 본래 비로자나불입니다. 우리 내면의 '불성'(비로자나불, 절대계의 개체성을 초월한 부처)을 '중생성'을 통해 온전히 드러내는 것(10지 보살, 현상계의 개체성을 지닌 부처)이야말로 우리가 구체적 목표로 삼아야 할 길입니다.

우리가 살고 있는 이 세상이 힘든 것은 '부처'(비로자나불)가 없어서가 아닙니다. 부처의 분신인 '보살'이 부족하기 때문입니다. 중생 속에서 중생을 진리로 인도하는 '보살의 길'이야말로 온 우주 중생이 걸어야 할 길이며, 진정한 '인간의 길'입니다!

유튜브(YouTube) | 윤홍식의 화엄경 강의 – 보살의 길을 밝히다

··· 화엄 10지, 보살이 닦아 가는 길

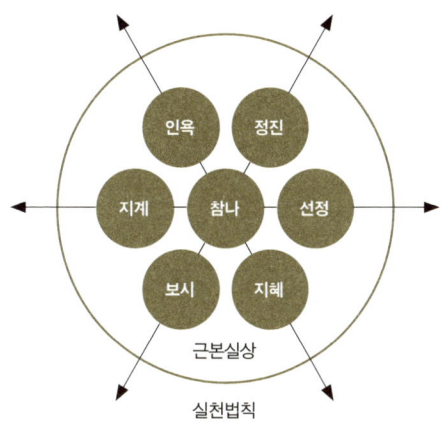

[6바라밀의 근본실상과 실천법칙]

6바라밀의 실천법칙을 체득하라

『화엄경』에서 말하는 1지 보살은 무엇보다 '6바라밀의 보편법칙'을 체험적으로 이해한 자리입니다. '6바라밀의 보편법칙'이란 『논어論語』에서 말하는 '하학下學'에 해당하는 것으로서, 학문을 통해 하나씩 배워 가야 할 '6바라밀의 실천법칙'을 의미합니다.

6바라밀의 보편법칙을 체험적으로 알게 되면, 6바라밀을 생각·말·행동으로 어떻게 실천해야 옳은 것인지의 기준을 알게 됩니다. 『논어』에서는 하학에서 '상달上達'로 나아가야 한다고 말합니다. 이는 학문을 통한 6바라밀의 계발이 극치에 이르면, 시공을 초월한 '천명天命'(양심의 명령)에 도달하게 된다는 것을 의미합니다.

이러한 상달은 5지 보살부터 가능하며, 이때 보살은 내면의 '양심의 명령'을 온전히 듣게 됩니다. 이 '양심의 명령'이 곧 '6바라밀의 근본원리'에 해당합니다. 6바라밀의 근본원리(근본실상)는 본체가 되며, 보편법칙(실천법칙)은 작용이 되는 것입니다.

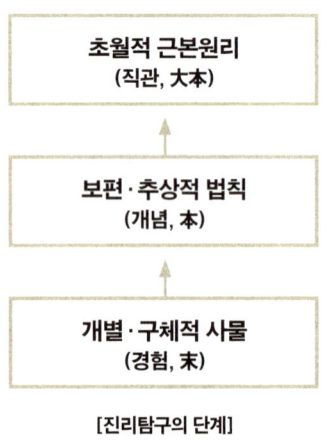

[진리탐구의 단계]

1지 보살은 여러 바라밀 중 '보시바라밀'을 제일 잘합니다. 현상계의 욕심을 내려놓고 '참나'를 제대로 만났기 때문에 내려놓는 것, 베푸는 것을 잘하는 것이지요. 참나가 어떻게 생긴 물건이며, 무엇을 원하는지를 자명하게 알았기 때문입니다. 즉, 참나의 명령이 "6바라밀을 실현하라!"임을 깨달은 것입니다. 하지만 아직은 6바라밀을 제대로 이해하고 실천하지는 못합니다.

하지만 1지 보살이 목에 칼이 들어와도 당당하게 말할 수 있는 것이 있습니다. 1지 보살은 양심을 밝히는 우주적인 학문에 뜻이 서는 경지이므로, 인간은 죽으나 사나 반드시 '6바라밀'을 닦아야 한다는 것을 자명하게 알고 있습니다. 우주가 근본적으로 우리에게 6바라밀을 요구하고 있다는 것을 이해하고 있는 것이죠. 1지 보살은 6바라밀을 해야만 진정한 '인간의 길' '보살의 길'을 걸을 수 있다는 것을 확신하는 단계인 것입니다.

6바라밀, 나아가 10바라밀(6바라밀의 확장판) 중에서, 1지 보살이 제일 잘하는 것은 '보시바라밀'입니다. 일체를 내려놓고 참나에 귀의하는 것, 이것을 잘해야 1지 보살이 되기 때문입니다. 그 자리에서는 나와 남이 둘이 아닙니다. 그러니 베푸는 힘이 비약적으로 커지게 됩니다.

『논어』의 '지우학志于學'(학문에 뜻을 확립함, 15세의 나이에 해당하는 경지)에 해당하는 것이 이 1지와 2지입니다. 유가의 『논어』는 인생에 있어 '나이의 진보'와 '양심의 진보'를 연결하여 설명하기 때문에 '양심의 계발단계'를 이해하기가 쉽습니다. 불가의 『화엄경』에서도 1지 보살의 경지를 '발심주發心住'(최고의 깨달음을 얻고자 진정으로 발심하여 안주하는 경지)라고 했는데, 이처럼 유가와 불가는 서로 하나로 통한다는 사실을 알 수 있습니다.

'2지 보살'은 무엇을 잘할까요? 2지 보살은 '지계바라밀'에 능합니다. 2지는 1지에서 한 걸음 더 나아가 '6바라밀의 보편법칙'을 자신의 '계율'로 삼고 삶에서 습관화하는 경지입니다. '6바라밀의 보편법칙'에 대한 체험적 이해가 1지에서보다 심화되는 것이죠.

'3지 보살'은 어떤 경지일까요? 『논어』에서는 '이립而立'(학문이 확립됨, 30세)이라고 부르는 경지이죠. 3지 보살은 6바라밀의 학문이 확립되어, 6바라밀이 인도하는 전체적인 그림의 뼈대를 이해하게 된 경지입니다. 이제 1~2지의 '부분적 자명함'이 아니라, '6바라밀의 보편법칙'의 '뼈대' 즉 핵심을 자명하게 이해하고 인정하게 됩니다. 불가에서는 '인정'을 '인욕'이라고 합니다. 그러니 3지 보살은 여러 바라밀 중에서 '인욕바라밀'을 제일 잘하는 자리입니다.

'4지 보살'은 『논어』의 '불혹不惑'(학문에 의혹이 없어짐, 40세)에 해당합니다. 4지 보살은 3지에서 얻은 '6바라밀의 보편법칙'의 뼈대에 대한 자명한 이해가 심화되는 단계입니다. 그래서 여러 바라밀 중에서 '정진바라밀'을 제일 잘하는 자리입니다. 3지에서 이미 진리를 인욕하고 인가했는데, '인욕'은 받아들이고 수용한다는 뜻입니다. 3지에서 인가하고 수용한 '6바라밀의 보편법칙의 뼈대'를 실천하고자 더욱 정진하는 경지가 4지인 것입니다.

6바라밀의 근본실상을 체득하라

'5지 보살'은 지금까지의 수행이 한번 정리되는 자리입니다. 『논어』의 '지천명知天命'(천명을 알게 됨, 50세)의 경지이죠. 지금까지 공부의 결과물로서 '불성의 명령' '양심의 명령'을 그대로 알아차리게 됩니다. 이 자리에서는 '6바라밀의 보편법칙'(실천법칙)의 '방편'에 대한 자명한 이해가 가능해지며, 한편으로는 '6바라밀의 근본원리'(근본실상)에 대한 체험적 이해가 가능해집니다.

5지 보살은 그동안 익힌 6바라밀의 보편법칙에 대한 닦음을 '선정'을 통해 하나로 녹이게 됩니다. 그래서 5지는 여러 바라밀 중 '선정바라밀'을 제일 잘합니다. 선정으로 고요한 중에 내면의 불성이 6바라밀을 어떻게 하라고 요구하는지를 그대로 알게 됩니다. 그런데 아직 실천까지는 잘 되지 않지요.

이제 '6지 보살'을 살펴보겠습니다. 6지는 『논어』의 '이순耳順'(천명을 잘 듣고 따름, 60세)의 경지에 해당합니다. 6지는 내면의 불성이 무엇을 요구하는지 잘 듣고 잘 따르는 경지입니다. 6지가 되면 '6바라밀의 보편법칙'의 '방편'에 대한 자명한 이해도 5지보다 심화되고, '6바라밀의 근본원리'에 대한 체험적 이해도 심화됩니다. 5지에서 알아낸 근본실상을 늘 이해하고 따르게 된 것이죠. 그래서 6지는 '반야바라밀'을 제일 잘합니다.

'7지 보살'은 어떤 경지일까요? 7지는 『논어』의 '종심從心'(마음이 가는 대로 해도 천명을 어기지 않음, 70세)에 해당하는, 자유를 얻은 경지입니다. '6바라밀의 근본원리'의 '뼈대'를 자명하게 이해했기 때문에, 상황에 따라 그리고 중생의 근기에 따라 6바라밀을 자유자재로 활용할 수 있습니다. 그래서 여러 바라밀 중 '방편바라밀'을 제일 잘합니다. 그런데 7지는 자유롭긴 하나 아직 미세한 노력이 필요합니다.

하지만 '8지 보살'이 되면, 노력하지 않아도 '6바라밀의 근본원리'의 '뼈대'에 안주할 수 있습니다. 아주 들어앉게 되는 것이죠. 이때부터는 '부처의 본체'를 얻은 경지입니다. 내면의 온전한 불성에 안착해서, 언제 어디서나 '6바라밀의 인도'에 끌려다니는 것이죠. 7지부터 이미 번뇌를 일으키지 않게 유지할 수 있습니다. 그러나 8지는 노력하지 않아도 그런 경지가 이루어집니다.

'9지 보살'이 되면 '6바라밀의 근본원리'에 대한 이해가 더욱 깊어져서, '방편'에 대해서도 자명하게 이해하게 됩니다. '양심의 신호'를 따르는 경지가 신령해져서, 바둑 9단의 경지처럼 6바라밀에 있어 '입신入神'의 경지에 이르게 됩니다.

그러다가 '방편'에 대해 자명한 이해가 심화되면 '10지 보살'

의 경지에 도달하게 됩니다. 10지는 중생이 도달할 수 있는 궁극의 경지이죠. 『화엄경』에서 10지 보살은 '3계의 왕'이자, '부처의 직책을 수여받은 이'라고 표현합니다. 즉, '중생의 모습을 한 부처'가 되는 것이죠. 이러한 '화엄 10지의 길'이 모든 인류가 걸어야 할 진정한 '보살의 길'입니다.

10지	보편법칙(세간)	근본원리(출세간)
1	체험적 이해 가능(信忍)	
2	체험적 이해 심화(順忍)	
3	뼈대의 자명한 이해 가능(法忍)	
4	뼈대의 자명한 이해 심화	
5	방편의 자명한 이해 가능(法忍)	체험적 이해 가능(信忍)
6	방편의 자명한 이해 심화	체험적 이해 심화(順忍)
7		뼈대의 자명한 이해 가능(法忍)
8		뼈대의 자명한 이해 심화
9		방편의 자명한 이해 가능(法忍)
10		방편의 자명한 이해 심화

[양심계발의 10단계]

유튜브(YouTube) │ 윤홍식의 화엄경 강의 – 10지의 계제

화엄경의 수행체계

『화엄경』의 「십주十住품」, 「십행十行품」, 「십회향十回向품」, 「십지十地품」 각각은 본래 독립적인 경전입니다. 이후 10신 → 10주 → 10행 → 10회향 → 10지의 순서로 승급·승단 체계가 보편화되었으나, 『화엄경』의 본래 취지는 '1주'와 '1행'과 '1회향'과 '1지'의 설명이 서로 연결되어 있으므로(10신은 제외), 각각을 동일한 단계의 여러 측면을 다룬 것으로 보아야 옳습니다(10주=10행=10회향=10지). 『보살본업경菩薩本業經』에서 10지를 10주라고 설명한 것이나, 「십지품」에서 제9지 보살을 '법왕자주(9주) 선혜지(9지) 보살'이라고 부르고 있는 것 등이 그 증거입니다.

10지	10주	10행	10회향
1지 환희지歡喜地	발심주發心住	환희행歡喜行	구호일체중생이중생상회향 救護一切衆生離衆生相廻向
2지 이구지離垢地	치지주治地住	요익행饒益行	불괴회향不壞廻向
3지 발광지發光地	수행주修行住	무위역행無違逆行	등일체불회향等一切佛廻向
4지 염혜지焰慧地	생귀주生貴住	무굴요행無屈橈行	지일체처회향至一切處廻向
5지 난승지難勝地	방편구족주 方便具足住	이치란행離癡亂行	무진공덕장회향無盡功德藏廻向
6지 현전지現前地	정심주正心住	선현행善現行	입일체평등선근회향 入一切平等善根廻向
7지 원행지遠行地	불퇴주不退住	무착행無著行	등수순일체중생회향 等隨順一切衆生廻向
8지 부동지不動地	동진주童眞住	난득행難得行	진여상회향眞如相廻向
9지 선혜지善慧地	법왕자주法王子住	선법행善法行	무박무착해탈회향無縛無著解脫廻向
10지 법운지法雲地	관정주灌頂住	진실행眞實行	입법계무량회향入法界無量廻向

[보살의 10단계]

1. 10가지 믿음(10신信)[01]

① 신심信心 : 믿는 마음
② 염심念心 : 마음챙기는 마음
③ 정진심精進心 : 정진하는 마음
④ 정심定心 : 선정에 든 마음
⑤ 혜심慧心 : 지혜로운 마음
⑥ 계심戒心 : 계율을 실천하는 마음
⑦ 회향심廻向心 : 회향하는 마음
⑧ 호법심護法心 : 진리를 수호하는 마음
⑨ 사심捨心 : 일체를 내려놓은 고요한 마음
⑩ 원심願心 : 자리이타를 서원하는 마음

2. 10단계의 안주(10주住)[02]

① 발심주發心住 : 6바라밀을 닦아 자리이타를 이룰 것을 발

---

[01] '10신信'은 '보살의 믿음'으로, 참나를 믿는 10가지 마음이다. 이 책의 10신은 『보살영락본업경菩薩瓔珞本業經』에 근거를 둔 것이다.

[02] '10주住'는 '보살의 안주'로, 참나를 밝힌 공덕에 안주하는 10가지 단계를 말한다.

심함에 안주함

② 치지주治地住 : 수행의 토대를 닦음에 안주함

③ 수행주修行住 : 수행으로 출세간의 지혜를 얻음에 안주함

④ 생귀주生貴住 : 출세간의 지혜에 근거하여 세간법을 닦음에 안주하여, 귀한 여래의 가문에 태어남에 안주함

⑤ 방편구족주方便具足住 : 세간법에서 방편을 원만하게 갖춤에 안주함

⑥ 정심주正心住 : 세간법과 출세간법이 둘이 아님을 깨닫고, 공성의 지혜로 마음을 바르게 함에 안주함

⑦ 불퇴주不退住 : 무생법인無生法忍(불생불멸의 진리의 인가)의 광명을 얻어 출세간과 세간에 집착이 없어져, 공성에 머물러 물러나지 않음에 안주함

⑧ 동진주童眞住 : 절로 자리이타를 행하는 공성에 노력이 없이 안주하여, 순수한 아이 같은 참됨에 안주함

⑨ 법왕자주法王子住 : 세간법과 출세간법을 자유로이 설법하여, 법왕의 태자가 됨에 안주함

⑩ 관정주灌頂住 : 여래의 직책을 부여받음에 안주함

3. 10단계의 실천(10행行)[03]

① 환희행歡喜行 : 환희에 가득 찬 실천
② 요익행饒益行 : 중생을 넉넉히 이롭게 하는 실천
③ 무위역행無違逆行 : 참나의 뜻을 어기지 않는 실천
④ 무굴요행無屈橈行 : 굽히고 꺾임이 없는 실천
⑤ 이치란행離癡亂行 : 어리석고 어지러움이 없는 실천
⑥ 선현행善現行 : 공성을 세간에 잘 나타내는 실천
⑦ 무착행無著行 : 집착이 없는 실천
⑧ 난득행難得行 : 공성에 노력 없이 안주하는 실천
⑨ 선법행善法行 : 자유자재로 설법하는 실천
⑩ 진실행眞實行 : 진여 그대로의 실천

4. 10단계의 회향(10회향廻向)[04]

① 구호일체중생이중생상회향救護一切衆生離衆生相廻向 : 일체

---

03 '10행行'은 '보살의 실천'으로, 참나의 뜻을 실천하는 10가지 단계를 말한다.
04 '10회향廻向'은 '보살의 회향'으로, 모든 공덕을 '부처·중생·깨달음'에 돌리는 10가지 단계를 말한다.

중생을 구호하되 중생상을 떠나는 회향
② 불괴회향不壞廻向 : 자리自利・이타利他의 견고한 토대를 갖춘 회향
③ 등일체불회향等一切佛廻向 : 일체의 부처와 평등한 회향
④ 지일체처회향至一切處廻向 : 선한 힘이 일체처에 이르는 회향
⑤ 무진공덕장회향無盡功德藏廻向 : 다함이 없는 공덕을 갖춘 회향
⑥ 입일체평등선근회향入一切平等善根廻向 : 일체의 평등한 선근에 들어간 회향
⑦ 등수순일체중생회향等隨順一切衆生廻向 : 일체의 중생을 자타일여로 평등하게 따르며 교화하는 회향
⑧ 진여상회향眞如相廻向 : 진여의 형상을 한 회향
⑨ 무박무착해탈회향無縛無著解脫廻向 : 얽매임과 집착이 없이 해탈하는 회향
⑩ 입법계무량회향入法界無量廻向 : 법계에 들어감에 한량이 없는 회향

5. 보살의 10단계(10지地)[05]

① 환희지歡喜地 : 참나에 안주하여 환희를 얻는 단계
② 이구지離垢地 : 업의 때를 버리는 단계
③ 발광지發光地 : 지혜의 빛이 샘솟는 단계
④ 염혜지焰慧地 : 지혜가 타오르는 단계
⑤ 난승지難勝地 : 방편을 갖추어 대적하기 어려운 단계
⑥ 현전지現前地 : 공성의 지혜가 현전하는 단계
⑦ 원행지遠行地 : 번뇌를 벗어나 멀리 나아간 단계
⑧ 부동지不動地 : 공성에 안주하여 요동함이 없는 단계
⑨ 선혜지善慧地 : 진리를 자유자재로 설하는 단계
⑩ 법운지法雲地 : 진리의 구름이 되는 단계

---

05 '10지地'는 '보살의 단계'로, 참나를 밝힌 10가지 단계를 말한다.

···『능가경』에 나타난 의성신

　대혜여, '의성신意成身'(생각으로 만드는 몸)[06]에는 3가지 종류가 있다. 어떤 것이 3가지 의성신인가? 그것은 ① 삼매의 즐거움에 들어가는 의성신(入三昧樂意成身) ② 만법의 자성을 깨닫는 의성신(覺法自性意成身) ③ 온갖 종류를 두루 갖추고 존재하며 의도하지 않아도 나투는 의성신(種類俱生無作行意成身)이다. 여러 수행자가 1지에 들어간 뒤에 점차 증득하게 된다.

　대혜여, 어떤 것을 ① '삼매의 즐거움에 들어가는 의성신'(入

06　초기불교 경전인『사문과경沙門果經』의 '의성신':
　　사문은 이와 같이 명상에 들어 4선정의 마음에서 '생각으로 만드는 몸'(意生身 · 意成身)을 만드는 것에 마음을 기울이게 됩니다. 그리하여 그는 이 육신으로부터 다른 몸뚱이를 변화시켜 나투게 됩니다. 색깔을 지니고 있으며, 여러 가지 각 부분들을 두루 갖추고 있으며, 감각기관이 열등하지 않은 몸을 바꾸어 나투게 되는 것입니다. 어떤 사람이 뱀에게서 허물을 벗겨 내고는 "이것이 뱀이고 저것은 허물이다. 뱀과 허물은 다르다. 저 허물은 뱀으로부터 벗겨 낸 것이다."라고 생각할 것입니다."

三昧樂意成身)⁰⁷이라고 하는가? 그것은 3·4·5지에서 삼매에 들어가서, 각종의 마음을 떠나서 고요하게 하여, 마음의 바다가 의식을 굴리는 파도를 일으키지 않음에, 경계가 모두 마음이 나타낸 것이라 모두 실체가 없음을 깨닫는 것을 '입삼매락의성신入三昧樂意成身'이라고 말한다.

어떤 것을 ② '만법의 자성을 깨닫는 의성신'(覺法自性意成身)⁰⁸이라고 하는가? 그것은 8지(색자재지色自在地) 중에 만법이 환상과 같아서 모두 형상이 없음을 깨닫고, 마음이 전의轉依하면 '여환정如幻定'(일체를 환영으로 여기는 선정)과 나머지 삼매에

07　① 입삼매락의성신(복락을 누리는 몸, 3~5지) :
　　삼매의 지극한 복락을 느끼는 몸인 미세한 지수화풍으로 이루어진 의성신이다. 이 의성신은 참나를 떠나서는 존재하지 못하므로 별도의 실체가 없는 몸인 '환신幻身'이며, 수행의 과보로 받은 몸이기에 '보신報身'에 해당한다. 성자들의 몸인 지극한 복락의 의성신이다. "3지 보살이 원력願力으로 말미암아 번뇌를 덜고 조복하여 3계 밖을 벗어나 '정토淨土의 몸'(불멸의 몸)을 받았다." (원효,『이장의二障義』)

08　② 각법자성의성신(만법의 본성을 깨달은 몸, 8지) :
　　8지 보살은 아집을 버리고 늘 열반에 안주하니 '불성의 본체'를 실현한다. '아공我空'을 온전히 이루어 '심리적 장애'를 온전히 제거하고 '색자재色自在'를 얻은 의성신이다. "7지 보살이 수행의 세력으로 말미암아 종자를 복단伏斷하고 이 몸을 버리고 '의생신意生身'(의성신)을 받는다. 이는 마치 초월한 아나함이 무루의 힘으로 종자를 벗겨내고 욕계에 태어나지 않는 것과 같으니 이 또한 이와 같다.『보살영락본업경』에 이르길 '1지에서 7지에 이르면 3계의 업과가 모두 남김없이 조복되며, 8지에 이르면 그 조복함 또한 다하게 된다.'라고 한 것과 같다." (원효,『이장의』)

머물면서, 능히 무량한 자유자재의 신통을 나타냄에, 꽃이 피어나듯이 신속하여 뜻대로 하니, 환상·꿈·그림자(거울에 비친)·영상과 같아서 4대(거친 지수화풍)로 만든 것은 아니지만, 4대로 이루어진 것과 비슷하여 일체의 색상을 두루 갖추어 장엄하며, 두루 불국토(정토淨土)에 들어가서 만법의 본성을 깨달으니 '각법자성의성신覺法自性意成身'이라고 부른다.

어떤 것을 ③ '온갖 종류를 두루 갖추고 존재하며 의도하지 않아도 나투는 의성신'(種類俱生無作行意成身)[09]이라고 하는가? 여러 부처가 스스로 증득한 만법의 형상에 통달한 것을 '종류구생무작행의성신種類俱生無作行意成身'이라고 부른다.[10]

---

09 ③ '종류구생무작행의성신'(전지전능한 몸, 불지):
여래는 전지·전능하니 '불성의 작용'을 실현한다. 즉, '지적인 장애'까지 제거하고 법공法空을 온전히 실현한다. 따라서 온갖 종류를 본래 갖추고(구일체묘상공구一切妙相空), 조금도 애씀이 없이 자유자재로 나타내는 의성신을 갖추게 된다. 절대적 공성과 완전한 통합을 이루고, 법공法空을 완성하여 일체의 지적 장애를 완전히 제거한 의성신이다. 과위果位의 법신을 성취하여 '보신報身·화신化身'을 노력하지 않고도 자유자재로 나투어 중생을 구제한다. 10지 보살을 궁극의 경지로 보는 『화엄경』에서는 이런 불지의 의성신은 도달할 수 없는 영원한 목표로 본다.

10 초기불교의 이론에서는 보살이 도솔천에서 하강하여 욕계에서 성불한다고 보았으나, 『능가경』 등 대승불교에서는 의성신을 얻고 욕계를 초월하여 색계 중 색구경천에 머물면서 성불한다고 주장한다. 욕계에서 성불하는 것은 중생을 위한 방편일 뿐이라는 것이다. 이후 부처는 색구경천의 연화궁에 머물면서 여래의 의성신을 갖추고, 자유자재로 보신·화신을 나투며, 우주적 중생구제의 대사업을 추진한다고 보

大慧 意成身有三種 何者爲三 謂入三昧樂意成身 覺法自性意成身 種類俱生 無作行意成身 諸修行者入初地已 漸次證得 大慧 云何入三昧樂意成身 謂三四五地入於三昧 離種種心寂然不動 心海不起轉識波浪 了境心現皆無所有 是名入三昧樂意成身 云何覺法自性意成身 謂八地中了法如幻皆無有相 心轉所依 住如幻定及餘三昧 能現無量自在神通 如花開敷速疾如意 如幻如夢如影如像 非四大造與造相似 一切色相具足莊嚴 普入佛刹了諸法性 是名覺法自性意成身 云何種類俱生無作行意成身 謂了達諸佛自證法相 是名種類俱生無作行意成身 (『능가경楞伽經』)

유튜브(YouTube) | 윤홍식의 화엄경 강의 - 능가경, 밀교의 의성신 수행

았다. 다만 『화엄경』에서는 색구경천에 머물며 중생구제 사업을 하는 주체를 10지 보살로 보았다.

1. 불법의 근본,
보살의 10단계

1. 보살의 10단계의 중요성

이때 해탈월 보살이 금강장 보살에게 거듭 말하였다. 불자佛子여, 원컨대 '부처님의 신통력'을 받들어서 이 불가사의한 법을 분별하여 설명해 주십시오.

이 사람들은 마땅히 '여래의 가피'를 얻어서 믿고 받아들일 것입니다. 왜냐하면, '10지'를 설할 때는 '일체 보살의 법'[11]은 응당 이와 같이 부처님의 가피를 얻어야 하기 때문입니다. 가피를 얻으므로 이러한 '지혜의 경지'에 대해, 능히 용맹해질 수 있

---

11 보살菩薩(보리살타) : '보리살타'는 '보리'(菩提)와 '살타'(薩埵)의 합성어이니, '보리'(Bodhi)는 '도道'나 '지혜' '깨달음'을 의미하며, '살타'(Sattva)는 '중생衆生'을 의미한다. 즉, '깨닫고자 하는 중생' 또는 '깨달은 중생'을 의미한다.

습니다. 왜냐하면, 이것은 보살이 처음 행하는 것이며, 일체의 여러 부처님의 법을 닦아 성취하는 것이기 때문입니다.

예컨대 글씨와 글자 등이 모두 '자음과 모음'을 근본으로 삼는 것과 같습니다. 자음과 모음이야말로 궁극의 것이어서, 이를 떠나는 것이 없습니다. 불자여, 일체의 불법이 모두 '10지'(보살도의 10단계)를 근본으로 삼으니, 10지가 궁극의 것이어서, 이를 성취하면 '일체지一切智'를 얻습니다.

爾時解脫月菩薩 重白金剛藏菩薩言 佛子願承佛神力 分別說此不思議法 此人當得 如來護念 而生信受 何以故 說十地時 一切菩薩法 應如是 得佛護念 得護念故 於此智地 能生勇猛 何以故 此是菩薩 最初所行 成就一切諸佛法故 譬如書字 數說一切 皆以字母爲本 字母究竟 無有少分離字母者 佛子 一切佛法 皆以十地爲本 十地究竟修行成就 得一切智

2. 금강장 보살의 게송

여래의 큰 신선의 도는 미묘하여 헤아릴 수 없네.

생각이 아니어서 모든 생각을 떠나니
보려 해도 볼 수 없네.
생겨나지 않으며 멸하지도 않으니
성품이 청정하고 늘 고요하네.
때가 없는 총명한 지혜의 사람이라야 행할 바를 알 수 있네.

자성은 본래 텅 비고 고요하여
둘도 없고 다함도 없으니,
6도에서 벗어나서 열반과 평등하게 머무네.
처음도 아니며 중간·끝도 아니니 말로 설명할 수 없네.
3세를 초월하였으니 그 형상이 허공과 같네.

적멸은 부처님의 행하는 바이니 말이 능히 미칠 수 없네.
10지地의 행함도 이와 같으니
말하기 어렵고 수용하기도 어렵네.
지혜를 일으키는 부처님의 경계는
생각이 아니어서 마음을 떠나네.
5온·18계·12처의 문도 아니니
지혜는 알 수 있으나 생각은 못 미치네.

허공을 날아가는 새의 자취는
말하기 어렵고 보여 주기 어려워.
10지의 뜻이 이와 같아서 마음과 생각으로 이해할 수 없네.
자비와 원력으로 각 지地에 태어나는 행을 내니,
차례대로 원만한 마음,
지혜로는 행할 수 있으나 생각의 경계는 아니네.

이 경계는 보기 어려우니
알 수는 있으나 설명하기는 어렵네.
부처님의 힘으로 설명하리니
그대들은 응당 공경히 받아들이라.
이와 같이 지혜로 들어가는 수행
억겁을 말해도 다할 수 없네.
내가 이제 다만 간략히 설명하여
진실한 뜻 남겨 두지 않으리라.

일심으로 공경하여 기다리라.
내가 불력을 받들어 설명하리니,
탁월한 법과 미묘한 소리,
비유와 글자가 서로 응하게 하리라.

무량한 부처님의 신통력이
나의 몸에 모두 들어왔으니,
이 자리는 밝히기 어려우나
내가 이제 조금이라도 설명하리라.[12]

如來大仙道 微妙難可知 非念離諸念 求見不可得
無生亦無滅 性淨恒寂然 離垢聰慧人 彼智所行處
自性本空寂 無二亦無盡 解脫於諸趣 涅槃平等住
非初非中後 非言辭所說 出過於三世 其相如虛空
寂滅佛所行 言說莫能及 地行亦如是 難說難可受
智起佛境界 非念離心道 非蘊界處門 智知意不及
如空中鳥跡 難說難可示 如是十地義 心意不能了
慈悲及願力 出生入地行 次第圓滿心 智行非慮境
是境界難見 可知不可說 佛力故開演 汝等應敬受
如是智入行 億劫說不盡 我今但略說 眞實義無餘
一心恭敬待 我承佛力說 勝法微妙音 譬諭字相應
無量佛神力 咸來入我身 此處難宣示 我今說少分

---

12 이후 『화엄경』 「십지품」의 10지에 대한 설명은, 금강장 보살이 부처님의 위신력威神力에 의거하여 해탈월 보살에게 설명하는 형식을 취하고 있다.

유튜브(YouTube) │ 윤홍식의 화엄경 강의 – 1지

2. 환희의 단계, 1지 환희지 歡喜地

1. 1지 환희지[13] 보살의 발심

① '대비심'을 으뜸으로 삼고, ② '지혜'가 날로 증장하며, ③ '뛰어난 솜씨의 방편'을 갖추고, ④ 최고의 깊은 마음을 유지하며, ⑤ 여래의 무량한 힘으로 잘 관찰하여 분별하고, ⑥ 용맹한 힘과 지혜의 힘을 갖추며, ⑦ '무애지無碍智'(걸림 없는 지혜)가 앞에 나타나서 '자연지自然智'(본래의 지혜)에 순응하고, ⑧ 일체의 불법을 수용하여 지혜로 교화하며, ⑨ 광대하기가 법계(진

---

13 제1지 '환희지歡喜地'는 참나에 안주하여 환희를 얻는 단계이다. '아공我空·법공法空'을 모두 포함한 '구공具空'의 참나에 안주하는 단계이기에, '여래의 가문'에 태어난 경지가 되며, 유식학의 '통달위通達位'에 해당한다. 그러나 '구공具空의 기초'에 해당하여, 구공이 온전히 발현되지 않기에 공부의 첫 단계라고 할 수 있다(아공·법공·구공에 대한 설명은 '1지 환희지歡喜地의 경지'를 참고). 6바라밀이 온전히 발현되어 구공에 안주하는 단계는 7지 보살 이상의 경지이다.

리의 세계)와 같고, ⑩ 궁극에 이름이 허공과 같아서 미래까지 다한다.

　　以大悲爲首 智慧增上 善巧方便所攝 最上深心所持 如來力無量 善觀察分別 勇猛力 智力 無礙智現前 隨順自然智 能受一切佛法 以智慧敎化 廣大如法界 究竟如虛空 盡未來際

2. 여래의 가문에 태어남

불자들이여, 보살이 비로소 이렇게 발심하면, 곧 '범부'의 경지를 초월하여 '보살'의 자리에 들어가서, '여래의 가문'(如來家)에 태어나게 된다(진정한 출가出家).[14] 그 종족의 허물을 말할 수 없게 되니, 세간의 무리를 떠나서 '출세간의 길'에 들어간다. 보

14　"초발심(1주, 1지에 해당함)의 때에 '최고의 올바르고 원만한 깨달음'을 얻으니, '일체의 법'이 바로 마음의 '자성'(6바라밀을 갖춘 공성)임을 알아서 '지혜의 몸'(여래의 법신)을 성취한다."(初發心時 卽得阿耨多羅三藐三菩提 知一切法 卽心自性 成就慧身,『화엄경』「범행품梵行品」)
"초발심을 이룸에, 능히 과거 일체의 모든 부처들이 정각을 이룸과 궁극의 열반을 얻음을 능히 알게 된다."(發是心已 能知前際 一切諸佛 始成正覺 及般涅槃,『화엄경』「초발심공덕품初發心功德品」)
"초발심의 때에 곧 '정각'을 이룬다."(初發心時 便正覺, 의상義湘,『법성게法性偈』)

살의 자리에 머물면서 3세가 평등한 자리에 들어간다. '여래의 종성' 가운데 반드시 '최고의 올바르고 원만한 깨달음'을 얻을 것이다. 보살이 이런 법에 머물면, '보살의 환희지'에 머문다고 이르니, 움직이지 않는 자리와 상응하기 때문이다.[15]

佛子 菩薩始發如是心 卽得超凡夫地 入菩薩位 生如來家 無能說其種族過失 離世間趣 入出世道 得菩薩法 住菩薩處 入三世平等 於如來種中 決定當得無上菩提 菩薩住如是法 名住菩薩歡喜地 以不動相應故

3. 1지 보살의 환희심

불자들이여, 보살은 이 '환희지'에 머물면서, ① '모든 부처님'을 생각하여 환희를 일으키고, ② '모든 불법'을 생각하여 환희를 일으키며, ③ '모든 보살'을 생각하여 환희를 일으키고, ④ '모든 보살의 행위'를 생각하여 환희를 일으키며, ⑤ '청정한 여

---

15 1지 보살만 되어도 '불성의 지혜·힘·자비'가 내면에서 작용하게 된다. 그의 에고가 어떤 기질을 가졌건, 그는 이미 여래의 가문에 태어난 '여래의 분신'(佛子)이며, 여래에 이르는 고속도로에 들어선 존재이다.

러 바라밀'을 생각하여 환희를 일으킨다.

⑥ '보살 경지의 뛰어남'을 생각하여 환희를 일으키며, ⑦ '보살의 무너지지 않음'을 생각하여 환희를 일으키고, ⑧ '여래의 중생을 교화하심'을 생각하여 환희를 일으키며, ⑨ '중생으로 하여금 이익을 얻게 함'을 생각하여 환희를 일으키고, ⑩ '일체의 여래지如來智의 방편에 들어감'을 생각하여 환희를 일으킨다.

佛子 菩薩住此歡喜地 念諸佛故生歡喜 念諸佛法 故生歡喜 念諸菩薩 故生歡喜 念諸菩薩行 故生歡喜 念淸淨諸波羅蜜 故生歡喜 念諸菩薩地殊勝 故生歡喜 念菩薩不可壞 故生歡喜 念如來敎化衆生 故生歡喜 念能令衆生得利益 故生歡喜 念入一切如來智方便 故生歡喜

4. 두려워할 것이 없는 1지 보살

왜 그러한가? 이 보살은 '환희지'를 얻었기에, 두려워하는 것을 모두 멀리 떠나게 되었다. 이른바 ① 살아감에 대한 두려움 ② 악명을 얻음에 대한 두려움 ③ 죽음에 대한 두려움 ④ 나쁜 길에 들어가는 것에 대한 두려움 ⑤ 대중의 위력에 대한 두려움, 이와 같은 두려움을 모두 영원히 떠났다. 왜 그러한가?

① 이 보살은 '아상我想'(나라는 생각)을 떠났으니, 심지어 자신의 몸뚱이도 사랑하지 않는데, 하물며 재물을 사랑하겠는가? 그러므로 '살아감에 대한 두려움'이 없다. ② 다른 이에게 공양을 구하지 않고, 오로지 일체 중생에게 보시만 하니, '악명을 얻음에 대한 두려움'이 없다. ③ '아견我見'(나라는 견해)을 멀리 떠나고 '아상我想'이 없으니, '죽음에 대한 두려움'이 없다. ④ 자신이 죽어도 절대로 여러 불보살들을 떠나지 않을 것을 아니, '나쁜 길에 들어가는 것에 대한 두려움'이 없다. ⑤ 내가 뜻을 세워 좋아하는 것(출세간의 진여법신眞如法身)은 일체 세간에 동등한 것이 없으니, 하물며 더 나은 것이 있겠는가? 그러므로 '대중의 위력에 대한 두려움'이 없다. 보살은 이와 같이, 털이 곤두서는 두려워할 일을 멀리 떠난다.

何以故 此菩薩 得歡喜地已 所有怖畏 悉得遠離 所謂不活畏
惡名畏 死畏 惡道畏 大衆威德畏 如是怖畏 皆得永離 何以故
此菩薩 離我想故 尙不愛自身 何況資財 是故無有不活畏 不於
他所 希求供養 唯專給施一切衆生 是故無有惡名畏 遠離我見

無有我想 是故無有死畏 自知死已 決定不離諸佛菩薩 是故無有惡道畏 我所志樂 一切世間 無與等者 何況有勝 是故無有大衆威德畏 菩薩如是 遠離驚怖毛豎等事

5. 영원히 열반에 들지 않기를 서원함

"만약 '중생계'가 끝나면, 나의 '서원'(願)[16]도 끝날 것이다. 만약 세계에서 세간이 구르고, 법이 구르고, 지혜가 구르는 세계까지 끝나면, 나의 원도 끝난다. 그러나 중생계는 끝나지 않기에, 세간이 구르고, 법이 구르고, 지혜가 구르는 세계까지도 끝나지 않는다. 그러므로 나의 '큰 서원'(大願)과 '선한 근기'(善根)도 끝날 수 없는 것이다."[17]

불자들이여, 보살은 이와 같은 큰 서원을 세우고는 ① 중생

---

16 '불성의 뜻(서원)'에 따른 본래의 서원은, 깨달음을 얻어 자신을 이롭게 하고(上求菩提·自利), 깨달음을 베풀어 중생을 이롭게 하는 것이다(下化衆生·利他).

17 이 구절은 보살은 결코 현상계를 떠나 열반에 들지 않음을 말하고 있는데, 열반을 추구하는 소승불교에 대한 비판을 담고 있다. "'생사'에 머물면서도 오염된 행위를 하지 않으며, '열반'에 머물면서도 영원히 '열반'에 들지 않는 것이 '보살행'이다." (在於生死 不爲汚行 住於涅槃 不永滅度 是菩薩行, 『유마경維摩經』)

을 이롭게 하는 마음(이익심利益心) ② 부드러운 마음(유연심柔軟心) ③ 진리에 순복하는 마음(수순심隨順心) ④ 고요한 마음(적정심寂靜心) ⑤ 번뇌를 다스린 마음(조복심調伏心) ⑥ 열반의 마음(적멸심寂滅心) ⑦ 겸손한 마음(겸하심謙下心) ⑧ 중생을 윤택하게 하는 마음(윤택심潤澤心) ⑨ 요동하지 않는 마음(부동심不動心) ⑩ 오염되지 않는 마음(불탁심不濁心)을 얻는다.

若衆生界盡 我願乃盡 若世界 乃至世間轉法轉智轉界盡 我願乃盡 而衆生界 不可盡 乃至世間轉法轉智轉界不可盡故 我此大願善根 無有窮盡 佛子 菩薩發如是大願已 則得利益心 柔軟心 隨順心 寂靜心 調伏心 寂滅心 謙下心 潤澤心 不動心 不濁心

6. 진리를 어기는 범부의 삶

불자들이여, 이 보살은 다시 이런 생각을 한다. 여러 부처님의 정법이 ① 이와 같이 깊고, ② 이와 같이 고요하며, ③ 이와 같이 적멸하고, ④ 이와 같이 텅 비었으며, ⑤ 이와 같이 형상이 없고, ⑥ 이와 같이 바라는 것이 없으며, ⑦ 이와 같이 오염됨이

없고, ⑧ 이와 같이 헤아릴 수 없으며, ⑨ 이와 같이 광대한데,

여러 범부들은 ① 마음이 사특한 견해에 떨어지고, ② 무명無明에 가려지며, ③ 교만함의 높은 깃발을 세우고, ④ 갈애의 그물에 빠지며, ⑤ 아첨하고 기만하는 숲 속을 다녀서 능히 스스로 빠져나오지 못한다.

⑥ 마음과 아낌과 질투가 서로 응하니 버리지 못하고, ⑦ 늘 6도에서 생명을 받을 인연을 지어서 '탐욕 · 성냄 · 어리석음'(3독)으로 여러 업을 쌓고 밤낮으로 불리며, ⑧ 분노와 원한의 바람으로 마음의 불이 늘 타오르게 하고, ⑨ 대저 지은 업이 모두 전도되게 되며, ⑩ '욕계의 번뇌'(欲流), '색계 · 무색계의 번뇌'(有流), '무명의 번뇌'(無明流), '견해의 번뇌'(見流)[18]와 상응하면서, 서로 이어져서 '심心(8식) · 의意(7식) · 식識(6식)'의 종자를 일으킨다.

佛子 此菩薩 復作是念 諸佛正法 如是甚深 如是寂靜 如是寂滅 如是空 如是無相 如是無願 如是無染 如是無量 如是廣

---

18 4폭류四暴流(4가지 번뇌, 4가지 사나운 물의 흐름) : ① 욕계의 번뇌(欲流) ② 색계 · 무색계의 번뇌(有流) ③ 무명의 번뇌(無明流) ④ 견해의 번뇌(見流)

大 而諸凡夫 心墮邪見 無明覆翳 立憍慢高幢 入渴愛網中 行
諂誑稠林 不能自出 心與慳嫉 相應不捨 恒造諸趣 受生因緣
貪恚愚癡 積集諸業 日夜增長 以忿恨風 吹心識火 熾然不息
凡所作業 皆顛倒 相應 欲流有流 無明流見流 相續起 心意識
種子

7. 12연기로 굴러가는 중생의 삶

'3계의 밭'에 다시 '고통의 싹'이 생겨난다. 이른바 '이름'(名) 과 '물질'(色)이니,[19] 함께 태어나서 서로 분리되지 않는다. 이 '명색名色'이 자라서 '6곳의 기관'(눈·코·귀·혀·몸·마음)이 생겨나니, 서로 상대하여 '접촉'이 생겨난다. 접촉하니 '느낌'(受)이 생겨나고, 느낌으로 인하여 '갈애'(愛)가 생겨난다.

갈애가 자라서 '취함'(取)이 생겨나고, 취함이 자라서 '존재'(有)가 생겨난다. 존재가 생겨나니 '태어남'(生)과 '늙고 죽음'

---

19 명색名色(5온蘊을 대표함) : ① 명名(느낌受 · 생각想 · 의지行 · 식별識) ② 색色(물질). '명名'은 '추상적 표상'으로 '마음'을 나타내며, '색色'은 '경험적 표상'으로 '물질'을 나타낸다.

(老死), 근심과 슬픔, 고통과 번뇌가 생겨난다.[20] 이와 같이 중생이 태어나고 자라며 고통스러우나, 이 가운데 모두 공空하여,[21] '나'(我)와 '나의 것'(我所)을 떠나니, 지각도 없고, 짓는 것도 없고 느끼는 것도 없어서, 초목이나 돌과 같고, 환영과 같으나, 여러 중생은 알아차리지 못하고 있다.

於三界田中 復生苦芽 所謂名色 共生不離 此名色增長 生六處聚落 於中相對生觸 觸故生受 因受生愛 愛增長故 生取 取增長故 生有 有生故 有生老死 憂悲苦惱 如是衆生 生長苦聚 是中皆空 離我我所 無知無覺 無作無受 如草木石壁 亦如影像 然諸衆生 不覺不知

---

20   12연기 : ① 무명無明(무지·아집, 탐진치貪瞋癡) ② 행行 / ③ 식識 ④ 명색名色 ⑤ 6입六入 ⑥ 촉觸 ⑦ 수受 / ⑧ 애愛 ⑨ 취取 ⑩ 유有 / ⑪ 생生 ⑫ 노사老死

21   3계의 모든 존재는 오직 '한마음'(一心)일 뿐이다(三界唯心). 여래가 이것을 분별하여 설명한 12가지 연기의 요소들도 모두 한마음에 의지하여 이렇게 세운 것이다. (三界所有 唯是一心 如來於此 分別演說十二有支 皆依一心 如是而立, 『화엄경』「십지품」)

8. 지혜·자비를 따르는 보시의 길

보살은 모든 중생들이 이와 같은 고통 속에 있으면서 벗어나지 못하는 것을 보고, '큰 연민'(大悲)과 '지혜'(智慧)를 내어 다시 생각하기를, "이 모든 중생들을 내가 응당 구원하여 최고의 안락한 곳에 머물게 해야 한다. 그러니 '큰 자애'(大慈)와 '광명한 지혜'(光明智)를 내리라!"라고 한다.

불자들이여, 보살마하살[22]은 이와 같은 '대자대비大慈大悲'(큰 자애와 연민)를 따라서 깊고 무거운 마음으로 '1지'에 머물 때, 일체의 물건을 아끼지 않고 크게 버림을 수행하여(보시바라밀), 대저 가진 것을 모두 능히 보시한다.

菩薩見諸衆生 於如是苦聚 不得出離 是故卽生大悲智慧 復作是念 此諸衆生 我應救拔 置於究竟安樂之處 是故卽生大慈光明智 佛子 菩薩摩訶薩 隨順如是 大悲大慈 以深重心 住初地時 於一切物 無所吝惜 求佛大智 修行大捨 凡是所有 一切能施

---

22 '보살 중 위대한 보살'(1~10지 보살)을 말한다.

9.1 지 보살이 성취한 지혜

불자들이여, 보살은 이 '자비慈悲로 크게 보시하는 마음'을 써서 일체 중생을 구호하기를 원하여, 다시 세간과 출세간의 여러 중생에게 이익이 되는 일을 추구하면서도 피곤해하고 염증을 내지 않으니, '피곤해하고 염증을 내지 않는 마음'을 성취한다. 피곤해하고 염증을 내지 않는 마음을 얻었으니, 일체 경론에 있어서 마음이 나약하지 않고, 나약하지 않으므로 '일체 경론의 지혜'(一切經論智)를 성취한다.

이 지혜를 얻으면, ① 응당 해야 할 것(應作, 양심에 합당한 자명한 일)과 ② 응당 해서는 안 되는 것(不應作, 양심에 어긋난 찜찜한 일)을 잘 분석하고 헤아려서, 상·중·하품[23]의 일체 중생에 대하여, ① '마땅함'(應, 양심에 부합하는지 여부, 자명함과 찜찜함으로 구분)을 따르고, ② '역량'(力, 영성지능의 차이)을 따르고, ③ '습기'(習, 기질의 차이)를 따라서, 이와 같이 행한다.[24]

---

23   상·중·하품의 구분은 6바라밀의 이해·실천의 정도에 따른 구분으로 '영성지능·양심지능'의 구분을 의미한다.

24   앉아서 '지止'(선정)에 전념할 때를 제외하고는, 일체의 때에 ① '응당 해야 하는 것'(응작應作)과 ② '응당 해서 안 되는 것'(불응작不應作)을 마땅히 남김없이 관찰해야 한다. 가고 머무르며, 눕고 일어날 때 모두 응당 '지止·관觀'을 함께 행해야 한

그러므로 보살은 '세간의 지혜'(世智, 자명함과 쩜쩜함을 잘 구별함)를 성취한다. 세간의 지혜를 성취하면, ① '때'(時)를 알고 ② '역량'(量)을 알아서, '부끄러워함의 장엄'[25]으로 '자리이타自利利他의 길'을 부지런히 닦으니, 이 때문에 '부끄러워함의 장엄'(장식엄정裝飾嚴淨, 공덕으로 보살의 몸을 장식함)을 성취한다. 이 수행으로 부지런히 닦아서, 벗어나게 되고 후퇴하지 않게 되면, 견고한 힘을 성취한다. 견고한 힘을 얻었으면, 여러 부처님을 부지런히 공양하며, 부처님의 가르침에서 설하신 대로 행한다.

佛子 菩薩以此慈悲大施心 爲欲救護一切衆生 轉更推求世出世間 諸利益事 無疲厭故 卽得成就無疲厭心 得無疲厭心已 於一切經論 心無怯弱 無怯弱故 卽得成就一切經論智 獲是智已 善能籌量 應作不應作 於上中下 一切衆生 隨應隨力 隨其所習 如是而行 是故菩薩 得成世智 成世智已 知時知量 以慚

다. (唯除坐時專念於止 若餘一切 悉當觀察應作不應作 若行若住 若臥若起 皆應止觀俱行,『대승기신론大乘起信論』)

25 참괴장엄慚愧莊嚴 : 유가에서 말하는 '수오지심羞惡之心'(불의를 부끄러워하고 미워하는 마음)의 확충을 의미한다. 내가 당하기 싫은 일을 남에게 가하지 않는 것을 말한다.
"사람은 '부끄러워함'(수오지심羞惡之心)이 없어서는 안 되니, 부끄러워함이 없음을 부끄러워한다면, 부끄러워할 것이 없게 될 것이다." (孟子曰 人不可以無恥 無恥之恥 無恥矣,『맹자』「진심盡心 상」)

愧莊嚴 勤修自利利他之道 是故成就慚愧莊嚴 於此行中 勤修
出離 不退不轉 成堅固力 得堅固力已 勤供諸佛 於佛教法 能
如說行

10. 10가지 단계를 청정하게 하는 법의 성취

불자들이여, 보살은 이와 같이 '모든 단계를 청정하게 하는 10가지 법'(十種淨諸地法)을 성취한다. 이른바 ① 믿음(信) ② 연민(悲) ③ 자애(慈) ④ 내려놓음(捨) ⑤ 피곤해하고 염증 내지 않음(無有疲厭) ⑥ 모든 경론을 이해함(知諸經論) ⑦ 세간법을 잘 이해함(善解世法) ⑧ 부끄러워함(慚愧) ⑨ 견고한 힘(堅固力) ⑩ 여러 부처님을 공양하고 가르친 대로 수행함(供養諸佛依教修行)이 그것이다.

佛子 菩薩如是 成就十種淨諸地法 所謂信悲慈捨 無有疲厭
知諸經論 善解世法 慚愧堅固力 供養諸佛 依教修行

11. 1지 보살의 공양과 회향

불자들이여, 보살이 이 '환희지'에 머물면, 큰 원력으로 '많은 부처님'[26]을 뵙는다. … 모두 큰마음, 깊은 마음으로 부처님을 공경하고 존중하며, 받들어 섬기고 공양한다. 의복과 음식과 침구와 의약품 등 일체의 생활필수품을 모두 부처님께 받들어 베풀며, 또한 일체의 스님들께도 공양한다. 이 선근을 모두 다 '최고의 깨달음'(無上菩提)에 회향廻向한다.[27]

… 이 보살은 10바라밀 가운데 '보시바라밀'이 특히 뛰어나다. 나머지를 닦지 않는 것은 아니나, 다만 역량과 분수에 따를 뿐이다.

佛子 菩薩住此歡喜地已 以大願力 得見多佛 … 悉以大心深心 恭敬尊重 承事供養 衣服飮食 臥具醫藥 一切資生 悉以奉施 亦以供養一切衆僧 以此善根 皆悉迴向無上菩提 … 菩薩 十波羅蜜中 檀波羅蜜增上 餘波羅蜜 非不修行 但隨力隨分

---

26 '많은 부처님'은 결국 우주의 대법신 비로자나불과 그 나툼을 말한다.

27 1지 보살의 '회향'은 '구호일체중생이중생상회향救護一切衆生離衆生相迴向'(10회향 중 1회향에 해당함)이니, '일체 중생을 구호하되 중생상을 떠나는 회향'이다.

··· 1지 환희지 歡喜地의 경지

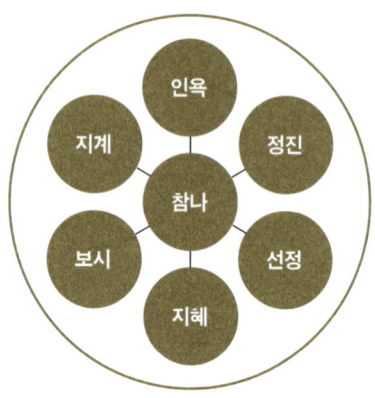

[구일체묘상공 具一切妙相空[28]]

---

28 "'사랑의 마음'(慈愛)의 갑옷을 입고 '연민의 마음'(大悲)에 머무르면서, '일체의 신묘한 형상을 모두 갖춘 공성'(구일체묘상공 具一切妙相空)을 증득하는 선정을 닦아야 한다. 일체의 신묘한 형상을 모두 갖춘 공성이란, ① '보시'를 떠나지 않으며, ② '지계'를 떠나지 않으며, ③ '인욕'(수용)을 떠나지 않으며, ④ '정진'을 떠나지 않으며, ⑤ '선정'을 떠나지 않으며, ⑥ '반야'를 떠나지 않으며, ⑦ '방편'(6바라밀의 자유자재한 적용)을 떠나지 않는다."(『보계경 寶髻經』)
"대저 '한마음'(一心)은 '만 가지 법'(萬法)을 통괄하니, 나누면 '계율·선정·지혜'(三學)이며, 열면 '6바라밀'이 되고, 흐트러뜨리면 '만 가지 행위'(萬行)가 된다. 만행은 한마음이 아닌 적이 없으며, 한마음은 만행을 어긴 적이 없다. '선정'(禪)은 6바라밀 중 하나일 뿐이다. 어찌 능히 모든 법(진리)을 통괄할 수 있겠는가?"(夫一心者萬法之總也 分而爲戒定慧 開而爲六度 散而爲萬行 萬行未嘗非一心 一心未嘗違萬行 禪者六度之一耳 何能總諸法哉, 『송고승전 宋高僧傳』「당규봉초당사종밀전 唐圭峰草堂寺宗密傳」)

1지의 경지는 '환희지歡喜地'(참나에 안주하여 환희를 얻는 단계)라고 불리며, '정심지淨心地'(마음을 청정하게 하는 단계)라고도 불립니다. 이 단계는 '6바라밀의 이해'를 막는 업장을 정화하는 단계[29]로, '6바라밀의 보편법칙'(실천법칙)의 체험적 이해가 가능해지는 단계[30]입니다.[31]

---

29 10지의 성숙 단계 :
① 6바라밀(양심의 신호)의 '이해'를 막는 업장의 정화
② 6바라밀의 '실천'을 막는 업장의 정화
③ 6바라밀의 '보편법칙(양심의 흐름)의 이해'를 막는 업장의 정화
④ 6바라밀의 '보편법칙의 실천'을 막는 업장의 정화
⑤ 6바라밀의 '근본원리(양심의 본질)의 이해'를 막는 업장의 정화
⑥ 6바라밀의 '근본원리의 실천'을 막는 업장의 정화
⑦ 6바라밀의 '온전한 발현'을 막는 업장의 정화
⑧ 6바라밀의 '정밀한 발현'을 막는 업장의 정화
⑨ 6바라밀의 '신령한 발현'을 막는 업장의 정화
⑩ 6바라밀의 '완벽한 발현'을 막는 업장의 정화

30 10단계의 2가지 흐름
1. 1지~6지(下學, 보편법칙을 배움) :
① 1지 : 6바라밀의 보편법칙의 체험적 이해 가능(信忍, 志學)
② 2지 : 보편법칙의 체험적 이해 심화(順忍, 志學)
③ 3지 : 보편법칙의 뼈대에 대한 자명한 이해 가능(法忍, 而立)
④ 4지 : 보편법칙의 뼈대에 대한 자명한 이해 심화(法忍, 不惑)
⑤ 5지 : 보편법칙의 방편에 대한 자명한 이해 가능(法忍, 知命)
⑥ 6지 : 보편법칙의 방편에 대한 자명한 이해 심화(法忍, 耳順)
2. 5지~10지(上達, 근본원리에 통달) :
① 5지 : 6바라밀의 근본원리의 체험적 이해 가능(信忍, 知命)
② 6지 : 근본원리의 체험적 이해 심화(順忍, 耳順)
③ 7지 : 근본원리의 뼈대에 대한 자명한 이해 가능(法忍, 從心)
④ 8지 : 근본원리의 뼈대에 대한 자명한 이해 심화(法忍, 從心)

'이생성장異生性障'(범부의 성질의 장애)³²을 끊고, '변행진여遍行眞如'(아공我空·법공法空에 두루 나타나는 진여, 구공俱空·구공具空의 진여)³³를 얻은 단계입니다.³⁴ '구일체묘상공具一切妙相空'(6

---

⑤ 9지 : 근본원리의 방편에 대한 자명한 이해 가능(法忍)
⑥ 10지 : 근본원리의 방편에 대한 자명한 이해 심화(法忍)

31 진리를 인가하는 4단계의 인가 기준 :
① 체험적 이해의 가능(信忍, 확신하는 인가)
② 체험적 이해의 심화(順忍, 순종하는 인가)
③ 자명한 이해의 가능(法忍, 진리 그대로의 인가)
④ 자명한 이해의 심화(法忍, 법인의 심화)
1지는 '6바라밀의 보편법칙'에 대한 신인信忍의 단계이다.

32 10지의 각 단계에서 끊는 업장 :
① 이생성장異生性障 : 범부의 성질의 장애
② 사행장邪行障 : 3업으로 죄를 짓게 하는 장애
③ 암둔장闇鈍障 : 3가지 지혜를 막는 장애
④ 미세번뇌현행장微細煩惱現行障 : 미세한 번뇌가 현행하는 장애
⑤ 어하승반열반장於下乘般涅槃障 : 열반에 집착하는 장애
⑥ 조상현행장粗相現行障 : 거친 무지가 현행하는 장애
⑦ 세상현행장細相現行障 : 6바라밀을 두루 갖춘 공성(具空)에 안주함을 막는 미세한 무지의 장애
⑧ 무상중작가행장無相中作加行障 : 공성에 노력 없이 안주함을 막는 장애
⑨ 이타중불욕행장利他中不欲行障 : 이타행을 방해하는 이기적인 장애
⑩ 어제법중미득자재장於諸法中未得自在障 : 만법에 자유자재하지 못한 장애

33 10지의 각 단계에서 얻는 진여 :
① 변행진여遍行眞如 : 구공俱空·구공具空의 진여
② 최승진여最勝眞如 : 3업의 선함을 갖춘 뛰어난 진여
③ 승류진여勝流眞如 : 지혜가 뛰어나게 흘러나오는 진여
④ 무섭수진여無攝受眞如 : 아집에 포섭되지 않는 진여
⑤ 유무별진여類無別眞如 : 일체 종류에 차별이 없는 진여

바라밀의 신묘한 형상을 갖춘 공성, 구공俱空·구공具空)[35]의 불성을 자명하게 이해하였으나, 6바라밀의 실천에는 장애가 많은 경지입니다.

10바라밀 중에는 '보시바라밀'[36]이 뛰어납니다. 10단계의 실천(10행) 중에는 1행인 '환희행歡喜行'(환희에 가득 찬 실천)을 닦으며, 10단계의 회향(10회향) 중에는 1회향인 '구호일체중생이중생상회향救護一切衆生離衆生相廻向'(일체 중생을 구호하되 중생상을 떠나는 회향)을 닦습니다.

10단계의 안주(10주) 중에는 1주인 '발심주發心住'(6바라밀을

---

⑥ 무염정진여無染淨眞如 : 오염도 청정도 없는 진여
⑦ 법무별진여法無別眞如 : 만법에 차별이 없는 진여
⑧ 부증감진여不增減眞如 : 더할 것도 덜 것도 없는 진여
⑨ 지자재소의진여智自在所依眞如 : 지혜가 자유자재한 진여
⑩ 업자재소의진여業自在所依眞如 : 업이 자유자재한 진여

34 보살은 10가지 바라밀(6바라밀의 확장판)을 닦아, 단계별로 10가지 장애를 끊고, 10가지 진여를 증득한다.

35 구공(俱空·具空)의 진리 : 아공과 법공을 두루 하나로 꿰뚫어 있는 그대로의 참나(俱空)를 체득하면, 참나에는 6바라밀의 본성이 원만하게 갖추어져 있다(具空)!

36 보시바라밀 :
① 재시財施 : 재물의 베풂
② 법시法施 : 진리의 베풂
③ 무외시無畏施 : 두려움을 덜어 주는 베풂

닦아 자리이타를 이룰 것을 발심)에 해당하니, 불성을 깨달아 무지·아집을 제거하고 6바라밀을 온전히 밝힐 것을 발심하는 단계입니다.

1지는 참나가 늘 흐르는 경지로, 『대승기신론』의 1주의 경지는 참나에서 선정과 지혜바라밀이 샘솟으나, 『화엄경』의 1주(1지)의 경지는 참나에서 6바라밀이 샘솟는 경지입니다. "자신이 받아서 좋았던 것을 남에게 베풀고, 자신이 당해서 싫었던 것을 남에게 가하지 마라."라는 양심의 큰 뜻을 선명히 이해하고, 양심의 직접적인 신호인 '자명'과 '찜찜'을 명확히 구별하는 단계입니다.

순경·역경에 '6바라밀 분석'이 습관화되었으나, 6바라밀 분석이 부분적 자명함에 치우치는 경우가 많습니다. 그리고 6바라밀 분석대로 늘 욕심을 경영하지는 못합니다. 그래서 6바라밀이 욕심에 비해 51% 이상이 되더라도, 그 행사가 부분적 자명함에 빠지는 경우가 많아 늘 균형을 이루지는 않습니다. 그러니 사안마다 6바라밀의 분석을 통해 올바른 균형을 추구해야 합니다.

1주의 경지[37](『대승기신론』의 1주)에서는 '참나의 각성'에 대해 다룬 경전을 이해할 안목이 생기나, 1지(『화엄경』의 1주)에서는 '6바라밀'이 우리 양심의 뜻임을 자명하게 알아서, 6바라밀에 대해 다룬 경전을 이해할 안목이 생깁니다.

　1주의 경지(『대승기신론』)는 '선정'과 '반야'를 단계적으로 닦아 '정혜쌍운定慧雙運'을 얻어서, '아공我空의 진리'[38]와 '법공法空의 진리'[39]를 증득하여 이루어집니다. 마찬가지로 1지의 경지는 6바라밀 중 나머지 '방편'을 모두 단계적으로 닦고, 이와 함께 '반야'가 더욱 정밀히 닦일 때, '반야'와 '방편'이 함께하는

37　여기서 말하는 '1주住'의 경지는, 『대승기신론』에서 말하는 52위 체계에서의 1주를 말한다. 『화엄경』의 1주는 사실 1지의 경지를 말하니 구별해야 한다. 『대승기신론』의 1주 보살은 '정혜쌍운定慧雙運'(선정바라밀과 반야바라밀이 절로 흐르는 경지)을 얻은 경지를 말하며, 『화엄경』의 1주 보살은 1지 보살로서 '반야방편쌍운般若方便雙運'(반야바라밀과 방편을 이루는 나머지 5바라밀이 두루 흐르는 경지)을 얻은 경지를 말한다.

38　아공我空의 진리 :
　　참나·열반은 상락아정하나, 에고의 작용인 생각·감정·오감은 무상·고·무아이다! 에고는 불변하는 독자적 실체가 없다! 참나·열반은 시공과 주객을 초월하나, 에고의 작용에는 '시간성·공간성·이원성·인과성'이 존재한다!

39　법공法空의 진리 :
　　생각·감정·오감의 만법은 참나의 작용이다! 만법은 참나의 작용으로 불변하는 독자적 실체가 없다! 만법은 불생·불멸이니 본래 청정한 열반이다! '지금·여기·나'로부터 '시간성·공간성·이원성'이 생겨난다!

'반야방편쌍운般若方便雙運'을 얻어, '구공具空의 진리'(구일체묘상공具一切妙相空)를 증득하여 1지에 이를 수 있습니다.

1주 발심주發心住의 경지

아난아, 선남자가 진실한 방편으로 이 10가지 마음(十心・十信), ① 믿는 마음(신심信心) ② 마음챙기는 마음(염심念心) ③ 정진하는 마음(정진심精進心) ④ 지혜로운 마음(혜심慧心) ⑤ 고요한 마음(정심定心) ⑥ 물러나지 않는 마음(불퇴심不退心) ⑦ 진리를 수호하는 마음(호법심護法心) ⑧ 회향하는 마음(회향심回向心) ⑨ 계율을 지키는 마음(계심戒心) ⑩ 서원하는 마음(원심願心)을 발하여, 마음의 정수가 빛을 발휘하고, 10가지 작용을 두루 섭렵하되 갈무리하여 원만하게 '한마음'(一心)을 이루게 되는데, 이를 '발심주'라고 한다.

阿難是善男子 以眞方便發此十心 心精發揮十用 涉入圓成 一心 名發心住 (『능엄경』)

··· 1지 보살의 핵심 수행, 보시바라밀

이때 보살이 중생을 만족시키고자, 안과 밖으로 모든 것을 베풀되 집착하지 않으면, 이는 능히 '보시바라밀'을 청정하게 함이다.

是時菩薩 爲令衆生 心滿足故 內外悉捨 而無所著 是則能淨 檀波羅蜜 (『화엄경』「명법품明法品」)

··· 1행 환희행歡喜行의 닦음

1. 일체 중생을 이롭게 하기 위한 보시

(공덕림 보살이 부처님의 가피로 모든 보살에게 설함) 불자여, 이 보살은 대시주가 되니, 대저 소유한 물건을 모두 보시한다. 그 마음은 평등하여, 조금도 아까워하지 않으며, 그 과보를 바라지도 않고, 명예를 바라지도 않으며, 재물(利養)을 바라지도 않는다. 다만 일체 중생을 구제하고 보호하고(救護一切衆生),[40] 일체 중생을 포섭하고 수용하며(攝受一切衆生), 일체 중생을 넉넉히 이롭게 한다(饒益一切衆生).

佛子 此菩薩 爲大施主 凡所有物 悉能惠施 其心平等 無有

---

40 구호일체중생이중생상회향救護一切衆生離衆生相廻向이 1지 보살의 회향인 1회향이다.

悔吝 不望果報 不求名稱 不貪利養 但爲救護一切衆生 攝受一切衆生 饒益一切衆生 (『화엄경』「십행품十行品」)

2. 중생은 보살의 복밭

이와 같이 무량한 백천 중생이 와서 구걸한다고 하더라도, 보살은 그들에게 겁을 먹지 않고, 오히려 '자비의 마음'(慈悲之心, 유가의 측은지심惻隱之心에 해당함[41])을 더욱 일으킨다. 그러므로 중생이 모두 와서 구걸하더라도, 보살은 이를 보고 더욱 환희하며 이와 같이 생각한다. "나는 좋은 이익을 얻었다. 이와 같은 중생들은 나의 '복밭(福田)'[42]이며, 나의 좋은 벗이다. 구하고 청하지 않았어도 와서 나를 가르쳐 불법 가운데 들어가게 한다.

---

41 6바라밀과 유교의 덕목 :
   ① 보시바라밀(인仁, 측은지심惻隱之心) : 상대를 사랑하는 마음
   ② 지계바라밀(의義, 수오지심羞惡之心) : 불의를 배척하는 마음
   ③ 인욕바라밀(예禮, 사양지심辭讓之心) : 상황을 수용하는 마음
   ④ 정진바라밀(신信, 성실지심誠實之心) : 양심에 정진하는 마음
   ⑤ 선정바라밀(경敬, 정려지심靜慮之心) : 대상에 몰입하는 마음
   ⑥ 반야바라밀(지智, 시비지심是非之心) : 선악을 판별하는 마음

42 복전福田 : 공양하여 복덕을 수확하는 밭으로, 보통 불보살과 승려를 의미한다. 그런데 『화엄경』에서는 중생이 보살의 복밭이라고 선언한다.

나는 이제 응당 이와 같이 닦고 배워서, 일체 중생의 마음을 어기지 않을 것이다!"

　如是無量百千衆生 而來乞求 菩薩於彼 曾無退怯 但更增長 慈悲之心 以是衆生 咸來乞求 菩薩見之 倍復歡喜 作如是念 我得善利 此等衆生 是我福田 是我善友 不求不請 而來敎我 入佛法中 我今應當如是修學 不違一切衆生之心

3. 보살의 위대한 보시

　또한 이와 같이 생각한다. "원컨대 나는 이미 지었거나, 현재 짓고 있거나, 마땅히 지을 선한 근기로, 미래에는 일체 세계, 일체 중생 가운데에서 광대한 몸을 받아, 이 몸의 살로 일체의 배가 고파 괴로워하는 중생을 충족시킬 것이다.[43] 만약 한 명의

43　"나는 생명의 떡이니, 나에게 오는 자는 누구든지 결코 굶주리지 않을 것이다. 나를 믿는 자는 누구든지 결코 목마르지 않을 것이다."(『요한복음』 6:35)
　"나는 하늘에서 내려온 살아있는 떡이니, 이 떡을 먹는 자는 누구나 영생할 것이다. 내가 줄 떡은 세상의 생명을 위한 나의 살이다."(『요한복음』 6:51)
　"나의 살을 먹고 나의 피를 마시는 자는 영생을 얻을 것이다. 나는 그들을 마지막 날에 다시 살려 낼 것이다. 나의 살은 '참된 양식'이요, 나의 피는 '참된 음료'이다. 나의 살을 먹고 나의 피를 마시는 자는 내 안에 머무를 것이며, 나도 그 안에 머무를 것

작은 중생까지도 만족을 얻지 못하면, 나는 생명을 버리지 않을 것이며, 몸에서 베어 낸 살도 또한 다함이 없을 것이다.

 이 선한 근기로 '최고의 올바르고 원만한 깨달음'을 얻고 '위대한 열반'(大涅槃)을 증득하기를 원하며, 나의 살(영적인 양식)을 먹은 모든 중생들이 또한 '최고의 올바르고 원만한 깨달음'을 얻고 '평등한 지혜'(平等智)를 얻으며, 모든 불법을 갖추고 널리 불사를 지어서 '궁극의 열반'(無餘涅槃)에 들어가기를 원한다. 만약 한 명의 중생이라도 마음이 만족스럽지 못하면, 나는 끝내 '최고의 올바르고 원만한 깨달음'을 증득하지 않을 것이다."

 又作是念 願我已作 現作 當作 所有善根 令我未來 於一切世界 一切衆生中 受廣大身 以是身肉 充足一切飢苦衆生 乃至若有一小衆生 未得飽足 願不捨命 所割身肉 亦無有盡 以此善根 願得阿耨多羅三藐三菩提 證大涅槃 願諸衆生 食我肉者 亦得阿耨多羅三藐三菩提 獲平等智 具諸佛法 廣作佛事 乃至入於無餘涅槃 若一衆生 心不滿足 我終不證阿耨多羅三

 이다. 살아계신 아버지께서 나를 보내심에, 내가 아버지로 인하여 사는 것처럼, 나를 먹는 사람들도 나로 인하여 살 것이다." (『요한복음』 6:54~57)

藐三菩提

4. 형상이 없는 보시

보살은 이와 같이 중생을 이롭게 하되(利益衆生), ① '자아'[44]가 있다는 생각 ② '중생'이 있다는 생각 ③ '있음'이 있다는 생각 ④ '수명'이 있다는 생각 ⑤ 갖가지 생각 ⑥ '뿌드가라'(윤회의 주체)가 있다는 생각 ⑦ '사람'이 있다는 생각 ⑧ '마나바'(뛰어난 나)가 있다는 생각 ⑨ '지은 사람'이 있다는 생각 ⑩ '받은 사람'이 있다는 생각이 없다.

다만 법계와 중생계의 ① 끝이 없는 법 ② 텅 빈 법 ③ 소유가 없는 법 ④ 형상이 없는 법 ⑤ 형체가 없는 법 ⑥ 장소가 없는 법 ⑦ 의지할 것이 없는 법 ⑧ 지음이 없는 법을 관찰한다.

---

44 여기서 말하는 '자아'란 불변하는 독자적 실체가 될 수 없는 '개체적 자아'(ego)를 말한다. 개체적 자아는 '참나'의 작용일 뿐이니 독자적 실체가 될 수 없다. 참나 또한 '나'이나, 시공을 초월할 불성이기에 개체적 자아가 아니다.
"'나'라는 것은 바로 '여래장'이다. 일체 중생이 모두 '불성'을 갖추고 있으니, 이것이 바로 '나'라는 것이다. 이와 같이 '나'라는 것은 애초부터 항상 무량한 번뇌에 덮여 있어서, 중생들이 보기 어렵다." (我者卽是如來藏義 一切衆生悉有佛性 卽是我義 如是我義從本已來 常爲無量煩惱所覆 是故衆生不能得見, 『열반경涅槃經』)

이러한 관찰을 할 때는 ① '자신'을 보지 못하고, ② '베푸는 물건'을 보지 못하고, ③ '받는 사람'을 보지 못하고, ④ '복밭'을 보지 못하고, ⑤ '업'을 보지 못하고, ⑥ '과보'를 보지 못하고, ⑦ '결과'를 보지 못하고, ⑧ '큰 결과'를 보지 못하고, ⑨ '작은 결과'를 보지 못한다.

菩薩如是 利益衆生 而無我想 衆生想 有想命想 種種想 補伽羅想 人想摩納婆想 作者想受者想 但觀法界衆生界 無邊際法 空法 無所有法 無相法 無體法 無處法 無依法 無作法 作是觀時 不見自身 不見施物 不見受者 不見福田 不見業 不見報 不見果 不見大果 不見小果

5. 1지 보살의 환희행

"내가 마땅히 모든 부처님이 배운 것을 모두 배워서, '일체의 지혜'(一切智)를 증득하고 '일체의 법'(一切法)을 알아서, 모든 중생들을 위하여 '과거 · 현재 · 미래'의 3세에 평등하고 고요하여 무너지지 않는 '법의 성품'을 설하여, 영원히 편안한 쾌락을 얻게 할 것이다!" 불자여, 이것을 보살마하살의 '제1 환희행'이라고 한다.

　我當盡學諸佛所學 證一切智 知一切法 爲諸衆生 說三世平等 隨順寂靜 不壞法性 令其永得安隱快樂 佛子 是名菩薩摩訶薩 第一歡喜行

1지 보살에 이르는 6바라밀의 수행법[45]

① '진리의 본성'(참나의 본성)은 탐욕이 없음을 본체로 삼음을 이해하였기에, 진리의 본성에 순응하고 따라서 '보시바라밀'을 닦으며, ② '진리의 본성'은 오염되지 않아 5욕의 허물에서 벗어나 있음을 이해하였기에, 진리의 본성에 순응하고 따라서 '지계바라밀'을 닦는다.

③ '진리의 본성'에 고뇌가 없어서 성냄과 번뇌를 벗어나 있

---

45 『대승기신론』에서 제시하는 '6바라밀의 수행법'은, 참나에 안주하여 '정혜쌍운定慧雙運'(선정바라밀과 반야바라밀이 절로 흐르는 경지)을 얻은 1주 보살이 나머지 바라밀을 두루 닦아 나가는 길을 제시한 것이다. 1주 보살(『대승기신론』)은 6바라밀을 두루 닦아야 1지 보살의 경지에 이를 수 있다. 그래야 참나에서 6바라밀이 절로 샘솟는 경지에 이르게 된다. 참나에는 본래 6바라밀이 두루 갖추어져 있으니, '구공具空'(6바라밀의 본성을 갖춘 공성)의 진리를 깨닫고, '반야'(반야바라밀)와 '방편'(나머지 5바라밀)을 두루 갖춘 '반야방편쌍운般若方便雙運'을 얻어야 1지 보살의 경지에 이를 수 있다.

음을 이해하였기에, 진리의 본성에 순응하고 따라서 '인욕바라밀'을 닦으며, ④ '진리의 본성'에 몸과 마음의 형상이 없어서 나태함을 벗어나 있음을 이해하였기에, 진리의 본성에 순응하고 따라서 '정진바라밀'을 닦는다.

⑤ '진리의 본성'이 항상 안정되어 있어서 어지럽지 않음을 본체로 삼음을 이해하였기에, 진리의 본성에 순응하고 따라서 '선정바라밀'을 닦으며, ⑥ '진리의 본성'이 광명함을 본체로 삼아 어두움을 벗어나 있음을 이해하였기에, 진리의 본성에 순응하고 따라서 '반야바라밀'을 수행하는 것이다.

以知法性體無慳貪故 隨順修行檀波羅蜜 以知法性無染 離五欲過故 隨順修行尸波羅蜜 以知法性無苦離瞋惱故 隨順修行羼提波羅蜜 以知法性無身心相 離懈怠故 隨順修行毘黎耶波羅蜜 以知法性常定 體無亂故 隨順修行禪波羅蜜 以知法性體明 離無明故 隨順修行般若波羅蜜 (『대승기신론』)

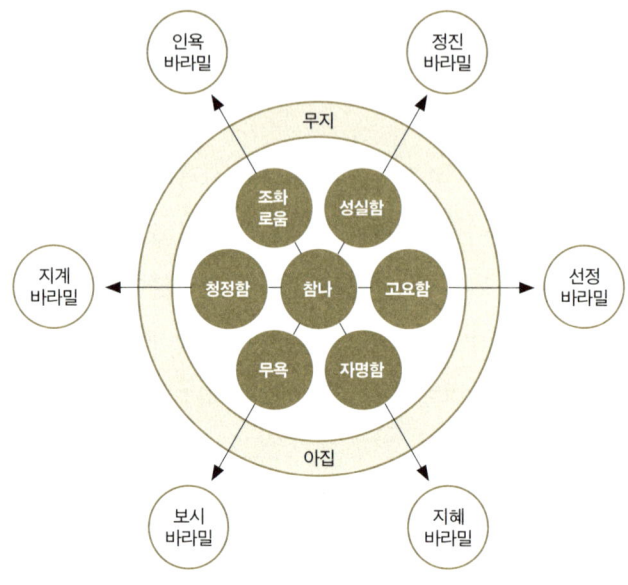

[6바라밀의 본체와 작용]

유튜브(YouTube) | 윤홍식의 화엄경 강의 - 1지

3. 때를 벗는 단계, 2지 이구지(離垢地)

1. 2지 보살에 이르는 10가지 마음

이때 금강장 보살이 해탈월 보살에게 말하였다. 불자여, 보살마하살이 초지를 이미 닦고 제2지에 들어가고자 한다면 마땅히 10가지 깊은 마음을 일으킨다. 무엇이 그 10가지인가? 이른바 ① 정직한 마음(정직심正直心) ② 부드러운 마음(유연심柔軟心) ③ 감당하는 마음(감능심堪能心) ④ 번뇌를 다스린 마음(조복심調伏心) ⑤ 고요한 마음(적정심寂靜心) ⑥ 순수하게 선한 마음(순선심純善心) ⑦ 오염되지 않은 마음(부잡심不雜心) ⑧ 집착이 없는 마음(무고련심無顧戀心) ⑨ 넓은 마음(광심廣心) ⑩ 위대한 마음(대심大心)을 얻는다.

爾時金剛藏菩薩 告解脫月菩薩言 佛子 菩薩摩訶薩 已修初

地 欲入第二地 當起十種深心 何等爲十 所謂正直心 柔軟心 堪能心 調伏心 寂靜心 純善心 不雜心 無顧戀心 廣心 大心 菩薩以此十心 得入第二離垢地

2. 살생을 멀리함[46]

불자여, 보살이 '이구지離垢地'에 머물 때는, 성품이 본래 '일체의 살생'을 멀리하니, 칼과 몽둥이를 쌓아두지 않고, 원한을 품지 않고 부끄러워하며(慚愧, 유가의 수오지심에 해당함), 인자함을 갖춘다(仁恕, 유가의 측은지심에 해당함). 일체 중생 중 생명이 있는 자에게 늘 이롭게 하고 자애로운 마음을 내니, 보살이 나쁜 마음으로라도 중생을 괴롭게 하지 않거늘, 하물며 남에게 '중생'이라는 생각을 일으켜 고의로 살해할 수 있겠는가?

佛子 菩薩住離垢地 性自遠離一切殺生 不畜刀杖 不懷怨恨 有慚有愧 仁恕具足 於一切衆生 有命之者 常生利益慈念之心 是菩薩 尙不惡心 惱諸衆生 何況於他 起衆生想 故以重意 而

---

46 '10선十善' 중 ① 불살생不殺生(身業)에 해당한다.

行殺害

3. 도둑질을 하지 않음[47]

성품이 본래 '도둑질'을 하지 않으니, 보살은 자신의 자산에 늘 만족할 줄 알고, 남에게 자애롭고 인자하여, 습격하여 빼앗지 않는다. 만약 물건이 남의 것이라면 남의 물건이라는 생각을 일으켜, 끝내 그것에 대해 훔치려는 마음을 내지 않는다. 풀잎 하나라도 주지 않으면 취하지 않으니, 하물며 그 나머지 생필품에 있어서는 오죽하겠는가?

性不偸盜 菩薩於自資財 常知止足 於他慈恕 不欲侵損 若物屬他 起他物想 終不於此 而生盜心 乃至草葉 不與不取 何況 其餘 資生之具

---

47 '10선十善' 중 ② 불투도不偸盜(身業)에 해당한다.

4. 음탕하지 않음[48]

성품이 사특하게 음탕하지 않으니, 보살은 자신의 아내에 만족하여 남의 아내를 구하지 않는다. 또 남의 아내나 첩, 남이 보호하는 여자, 혼처가 정해진 친족이나, 법으로 보호되는 여자에 대해서도 탐욕을 일으키지 않는다. 어찌 그런 일을 저지르겠으며, 하물며 도리에 어긋난 짓을 할 수 있겠는가?

性不邪婬 菩薩於自妻知足 不求他妻 於他妻妾 他所護女 親族媒定 及爲法所護 尙不生於貪染之心 何況從事 況於非道

5. 거짓말을 하지 않음[49]

성품이 '거짓말'(妄語)을 하지 않으니, 보살은 늘 진실한 말, 참된 말, 때에 알맞은 말을 하여, 꿈속에서라도 속으로 가리고 숨기는 말을 하는 것을 견디지 못한다. 무의식중에도 하려고 하

---

48 '10선十善' 중 ③ 불사음不邪淫(身業)에 해당한다.

49 '10선十善' 중 ④ 불망어不妄語(口業)에 해당한다.

지 않으니, 하물며 고의로 범할 수 있겠는가?

性不妄語 菩薩常作實語 眞語時語 乃至夢中 亦不忍作覆藏之語 無心欲作 何況故犯

6. 이간질을 하지 않음[50]

성품이 '이간질'(兩舌)을 하지 않으니, 보살은 여러 중생에게 이간질을 하려는 마음이 없으며, 괴롭게 하고 해롭게 하려는 마음도 없다. 이쪽에서 들은 말을 가지고 저쪽의 신뢰를 파괴하고자 저쪽에게 이야기하지 않으며, 저쪽에서 들은 말을 가지고 이쪽의 신뢰를 파괴하고자 이쪽에게 이야기하지 않는다. 파괴되지 않은 신뢰를 파괴하고자 하지 않으며, 이미 파괴된 신뢰를 더욱 증장시키지 않는다. 이간질을 기뻐하지 않으며, 이간질을 즐기지 않으며, 이간질을 하지 않는다. 진실이건 진실이 아니건 이간질을 하지 않는다.

---

50 '10선十善' 중 ⑤ 불양설不兩舌(口業)에 해당한다.

性不兩舌 菩薩於諸衆生 無離間心 無惱害心 不將此語 爲破彼故 而向彼說 不將彼語 爲破此故 而向此說 未破者不令破 已破者不增長 不喜離間 不樂離間 不作離間語 不說離間語 若實若不實

7. 욕설을 하지 않음[51]

성품이 '욕설'(惡口)을 하지 않으니, 이른바 ① 독처럼 남을 해치는 말 ② 거칠고 사나운 말 ③ 남을 괴롭히는 말 ④ 남을 화나게 하는 말 ⑤ 앞에서 하는 말 ⑥ 뒤에서 하는 말 ⑦ 비속하고 악한 말 ⑧ 천박한 말 ⑨ 듣기 즐겁지 않은 말 ⑩ 듣는 자가 기쁘지 않은 말 ⑪ 분노에서 나오는 말 ⑫ 마음을 불처럼 태우는 말 ⑬ 원한을 맺는 말 ⑭ 번뇌를 타오르게 하는 말 ⑮ 사랑스럽지 않은 말 ⑯ 즐겁지 않은 말 ⑰ 자신과 남을 파괴할 수 있는 말을 하지 않는다.

이와 같은 말을 모두 다 버리고 늘 ① 윤택한 말 ② 부드러운

---

51 '10선十善' 중 ⑥ 불악구不惡口(口業)에 해당한다.

말 ③ 마음을 기쁘게 하는 말 ④ 듣기 좋은 말 ⑤ 듣는 자가 기뻐하는 말 ⑥ 남의 마음에 잘 들어가는 말 ⑦ 우아하고 모범이 되는 말 ⑧ 많은 사람이 사랑하고 즐거워하는 말 ⑨ 많은 사람이 기뻐하고 즐거워하는 말 ⑩ 몸과 마음이 기뻐 춤추게 하는 말을 한다.

性不惡口 所謂毒害語 麤獷語 苦他語 令他瞋恨語 現前語 不現前語 鄙惡語 庸賤語 不可樂聞語 聞者不悅語 瞋忿語 如火燒心語 怨結語 熱惱語 不可愛語 不可樂語 能壞自身他身語 如是等語 皆悉捨離 常作潤澤語 柔軟語 悅意語 可樂聞語 聞者喜悅語 善入人心語 風雅典則語 多人愛樂語 多人悅樂語 身心踊悅語

8. 잡스러운 말을 하지 않음[52]

성품이 '잡스러운 말'(綺語)을 하지 않으니, 보살은 늘 ① 치밀하게 사유한 말 ② 때에 알맞은 말 ③ 진실한 말 ④ 의미가 명

---

52 '10선十善' 중 ⑦ 불기어不綺語(口業)에 해당한다.

확한 말 ⑤ 법도에 맞는 말 ⑥ 도리를 따르는 말 ⑦ 악을 교묘하게 조복시키는 말 ⑧ 때에 따라 잘 헤아려서 결정한 말을 즐긴다. 이 보살은 '전해 오는 이야기'라 하더라도 오히려 늘 치밀하게 따져 본다. 하물며 산란한 말을 할 수 있겠는가?

性不綺語 菩薩常樂思審語 時語實語 義語法語 順道理語 巧調伏語 隨時籌量決定語 是菩薩 乃至戲笑尙恒思審 何況故出散亂之言

9. 탐욕을 부리지 않음[53]

성품이 '탐욕'을 부리지 않으니, 보살은 남의 재물이나 남의 물품에 대해 탐심을 내지 않으며, 원하지 않고 구하지 않는다.

性不貪欲 菩薩於他財物 他所資用 不生貪心 不願 不求

---

53 '10선十善' 중 ⑧ 불탐욕不貪慾(意業)에 해당한다.

10. 분노를 떠남[54]

성품이 '분노'를 떠나 있으니, 보살은 일체 중생에게 늘 ① 자애로운 마음 ② 이익을 주려는 마음 ③ 아파해 주는 마음 ④ 기뻐해 주는 마음 ⑤ 온화한 마음 ⑥ 포섭하고 수용하는 마음을 일으켜서, 분노와 원한, 원망과 해로움, 타오르는 번뇌를 영원히 버리고, 늘 인자함으로 중생을 돕고 이롭게 함을 생각하고 실천한다.

性離瞋恚 菩薩於一切衆生 恒起慈心 利益心 哀愍心 歡喜心 和潤心 攝受心 永捨瞋恨 怨害熱惱 常思順行 仁慈祐益

11. 어리석음을 떠남[55]

또한 성품이 '사특한 견해'를 떠나 있으니, 보살은 ① 올바른 도리(正道)에 머물며, ② 점을 치지 않고, ③ 나쁜 계율을 취하

---

54 '10선十善' 중 ⑨ 불진에不瞋恚(意業)에 해당한다.
55 '10선十善' 중 ⑩ 불우치不愚癡(意業)에 해당한다.

지 않으며, ④ 마음의 견해가 정직하고, ⑤ 속이지 않고, ⑥ 아첨하지 않으며, ⑦ '불법승佛法僧'(三寶)에 결정적 믿음을 일으킨다.

又離邪見 菩薩住於正道 不行占卜 不取惡戒 心見正直 無誑無諂 於佛法僧 起決定信

12. 10선업과 10악업의 길[56]

불자여, 보살마하살은 이와 같이 '10가지 선한 업의 길'(十善業道)을 보호하고 지켜서 늘 끊어짐이 없다. 다시 이런 생각을

---

56   10선도十善道와 10악도十惡道 :
　　　① 불살생不殺生 ↔ 살생殺生 (身業)
　　　② 불투도不偸盜 ↔ 투도偸盜 (身業)
　　　③ 불사음不邪淫 ↔ 사음邪淫 (身業)
　　　④ 불망어不妄語 ↔ 망어妄語 (口業)
　　　⑤ 불기어不綺語 ↔ 기어綺語 (口業)
　　　⑥ 불악구不惡口 ↔ 악구惡口 (口業)
　　　⑦ 불양설不兩舌 ↔ 양설兩舌 (口業)
　　　⑧ 불탐욕不貪慾 ↔ 탐욕貪慾 (意業)
　　　⑨ 불진에不瞋恚 ↔ 진에瞋恚 (意業)
　　　⑩ 불우치不愚癡 ↔ 우치愚癡 (意業)

한다. "일체 중생이 악취(惡道)에 떨어지는 것은 모두 '10가지 선하지 않은 업' 때문이니, 이 때문에 나는 마땅히 스스로 올바른 행위를 닦고 또한 남에게도 올바른 행위를 닦으라고 권면할 것이다. 왜냐하면, 스스로 올바른 행위를 닦고 실천하지 않으면서 남으로 하여금 닦도록 하는 것은 옳지 않기 때문이다."

불자여, 이 보살마하살은 다시 이런 생각을 한다. '10가지 선하지 않은 업의 길'은 '지옥·축생·아귀의 세계'에 태어나는 원인이 된다. '10가지 선한 업의 길'은 '사람과 천인과 색구경천의 세계'에 태어나는 원인이 된다.

佛子 菩薩摩訶薩 如是護持十善業道 常無間斷 復作是念 一切衆生 墮惡趣者 莫不皆以十不善業 是故我當自修正行 亦勸於他 令修正行 何以故 若自不能修行正行 令他修者 無有是處 佛子 此菩薩摩訶薩 復作是念 十不善業道 是地獄畜生餓鬼受生因 十善業道 是人天乃至有頂處受生因

13. 성문승과 독각승의 10선업도

또한 이 '상품의 10가지 선한 업의 길'은, 지혜를 닦고 익히나, 마음이 좁고 옹졸하여 3계를 두려워하며 대비심이 없다. 다른 이의 말을 듣고 이해하여 '성문승聲聞乘'을 이룬다.

또한 이 '상품의 10가지 선한 업의 길'은, 청정함을 닦고 다스리되 남의 가르침을 따르는 것이 아니라 스스로 깨닫는다. 대비심과 방편을 갖추지 못하며, 인연법을 깊이 깨닫고 이해하여 '독각승獨覺乘'을 이룬다.

又此上品 十善業道 以智慧修習 心狹劣故 怖三界故 闕大悲故 從他聞聲 而解了故 成聲聞乘 又此上品 十善業道 修治淸淨 不從他教 自覺悟故 大悲方便 不具足故 悟解甚深 因緣法故 成獨覺乘

14. 보살과 여래의 10선업도

또 이 '상품의 10가지 선한 업의 길'은, 청정함을 다스리되 마음이 광대하고 무량하며, 대비심을 갖추고 방편을 포섭하며, 큰 서원을 일으키고 중생을 버리지 않으며, 여러 부처의 위대한 지혜를 구하고 보살의 여러 단계(地)를 청정하게 닦아서, '보살의 광대한 행'을 이룬다.

또한 이 '상상품의 10가지 선한 업의 길'은, 일체의 조건을 청정하게 하고, '10가지 힘'(十力)[57]과 '4가지 두려움이 없음'(四無畏)[58]을 증득하여, '일체의 불법'을 모두 성취한다. 그러므로

57　10력十力(부처가 지닌 전지全知의 10가지 능력) :
　　① 처비처지력(處非處智力) : 중생의 선과 악을 분명히 아는 능력
　　② 업이숙지력(業異熟智力) : 중생의 선악의 행위와 그 과보를 아는 능력
　　③ 정려해탈등지등지력(靜慮解脫等持等至智力) : 중생의 모든 선정禪定을 아는 능력
　　④ 근상하지력(根上下智力) : 중생의 근기를 아는 능력
　　⑤ 종종승해지력(種種勝解智力) : 중생의 여러 가지 뛰어난 이해와 지혜를 아는 능력
　　⑥ 종종계지력(種種界智力) : 중생의 여러 가지 경계를 아는 능력
　　⑦ 변취행지력(遍趣行智力) : 중생이 행업으로 어디에 태어나는지를 아는 능력
　　⑧ 숙주수념지력(宿住隨念智力) : 중생의 전생을 아는 능력
　　⑨ 사생지력(死生智力) : 중생의 죽고 태어남을 아는 능력
　　⑩ 누진지력(漏盡智力) : 중생의 번뇌를 모두 소멸시킬 줄 아는 능력

58　4무외無畏(부처는 10력을 갖추었으므로 두려움이 없음) :
　　① 정등각무외(正等覺無畏) : 바른 깨달음을 얻음에 두려움이 없음
　　② 누영진무외(漏永盡無畏) : 모든 번뇌를 극복함에 두려움이 없음
　　③ 설장법무외(說障法無畏) : 수행에 장애되는 길을 말함에 두려움이 없음
　　④ 설출도무외(說出道無畏) : 출세간의 길을 설함에 두려움이 없음

우리도 이제 '10가지 선'을 똑같이 행하여 응당 일체의 조건을 청정하게 하여야 하니, 이와 같은 방편을 보살은 마땅히 배워야 한다.

又此上品 十善業道 修治淸淨 心廣無量故 具足悲愍故 方便所攝故 發生大願故 不捨衆生故 希求諸佛大智故 淨治菩薩諸地故 淨修一切諸度故 成菩薩廣大行 又此上上 十善業道 一切種淸淨故 乃至證十力四無畏故 一切佛法 皆得成就 是故我今等行十善 應令一切具足淸淨 如是方便 菩薩當學

15. 10악업도의 3가지 과보

불자여, 이 보살마하살은 또한 이런 생각을 한다. '10가지 선하지 않은 업의 길'은, ① 상품은 '지옥'의 원인이 되며, ② 중품은 '축생'의 원인이 되며, ③ 하품은 '아귀'의 원인이 된다.[59]

---

59   10가지 악업을 지으면 인간으로 태어나도 다음의 과보를 받음
     ① 살생殺生 : 단명함 · 병이 많음
     ② 투도偸盜 : 빈궁함 · 재산을 차지하지 못함
     ③ 사음邪淫 : 아내가 정숙하지 못함 · 식솔이 마음에 들지 않음
     ④ 망어妄語 : 비방을 많이 받음 · 사기를 당함

佛子 此菩薩摩訶薩 又作是念 十不善業道 上者地獄因 中者
畜生因 下者餓鬼因

16. 2지 보살의 서원

불자여, '10가지 선하지 않은 업의 길'은 능히 이러한 무량무변의 여러 큰 고통을 낳는다. 이 때문에 보살은 이와 같은 생각을 한다. "내가 마땅히 '10가지 선하지 않은 길'을 멀리 떠나서, '10가지 선한 길'을 진리의 동산으로 여기고 사랑하고 즐기고 안주하면서, 스스로 그 가운데 머물고 또한 남들도 그 가운데 머물도록 권하겠다."

불자여, 이 보살마하살은 다시 일체 중생에게 ① 이익을 주려는 마음(利益心) ② 안락하게 하려는 마음(安樂心) ③ 자애로운

---

⑤ 양설兩舌 : 식솔이 불화함 · 친족이 험악함
⑥ 악구惡口 : 늘 나쁜 말을 들음 · 말에 분쟁이 일어남
⑦ 기어綺語 : 말을 신용하지 않음 · 말이 명확하지 않음
⑧ 탐욕貪慾 : 만족을 모름 · 욕심이 끝이 없음
⑨ 진에瞋恚 : 남이 시비를 검 · 남에게 괴롭힘을 당함
⑩ 우치愚癡 : 악견에 빠짐 · 속임을 당함

마음(慈心) ④ 아파하는 마음(悲心) ⑤ 가엾게 여기는 마음(憐愍心) ⑥ 포섭하고 수용하는 마음(攝受心) ⑦ 지키고 보호하는 마음(守護心) ⑧ 자신처럼 여기는 마음(自己心) ⑨ 스승의 마음(師心) ⑩ 큰 스승의 마음(大師心)을 낸다.

佛子 十不善業道 能生此等無量無邊 衆大苦聚 是故菩薩 作如是念 我當遠離十不善道 以十善道 爲法園苑 愛樂安住 自住其中 亦勸他人 令住其中 佛子 此菩薩摩訶薩 復於一切衆生 生利益心 安樂心 慈心悲心 憐愍心 攝受心 守護心 自己心 師心 大師心

17.2지 보살의 공양과 회향

여러 부처의 처소에서 광대한 마음, 깊은 마음으로 공경하고 존중하며, 받들어 섬기고 공양한다. 의복과 음식과 침구와 의약품 등 일체의 생활필수품을 모두 부처님께 받들어 베풀며, 또한 일체의 스님들께도 공양한다. 이 선근을 모두 '최고의 올바르고

원만한 깨달음'에 회향廻向한다.[60]

여러 부처의 처소에서 존중하는 마음으로, 다시 10가지 선한 길의 법을 받아 행하고, 그 받은 것을 따르되 최고의 깨달음에 이르기까지 끝내 잃어버리지 않는다. … 이 보살은 10바라밀 가운데 '지계바라밀'을 특히 많이 닦는다. 나머지를 닦지 않는 것은 아니나, 다만 역량과 분수에 따를 뿐이다.

於諸佛所 以廣大心深心 恭敬尊重 承事供養 衣服飲食 臥具醫藥 一切資生 悉以奉施 亦以供養一切衆僧 以此善根 廻向阿耨多羅三藐三菩提 於諸佛所 以尊重心 復更受行十善道法 隨其所受 乃至菩提 終不忘失 … 十波羅蜜中 持戒偏多 餘非不行 但隨力隨分

---

60 2지 보살의 '회향'은 '불괴회향不壞廻向'(10회향 중 2회향에 해당함)이니, '자리自利·이타利他의 견고한 토대를 갖춘 회향'이다.

2지 이구지離垢地의 경지

2지의 경지는 '이구지離垢地'(업의 때를 버리는 단계)라고 불리며, '구계지具戒地'(계율을 갖추는 단계)라고도 불립니다. '6바라밀의 실천'을 막는 업장을 정화하는 단계로, '6바라밀의 보편법칙'의 체험적 이해가 심화되는 단계입니다.[61]

'10선도十善道'를 닦아서, '사행장邪行障'(신身·구口·의意의 3가지 업으로 죄를 짓게 하는 장애)을 끊고, '최승진여最勝眞如'(3업의 선함을 갖춤에 있어서 가장 뛰어난 진여)를 얻는 단계입니다. 6바라밀에 위반함이 있으면 늘 알아차리는 경지로, 10바라밀 중에는 '지계바라밀'[62]이 뛰어납니다. 10단계의 실천(10행) 중에

---

61 2지는 6바라밀의 보편법칙에 대한 순인順忍의 단계이다.

62 지계바라밀(3취정계三聚淨戒, 대승계·보살계) :
① 섭율의계攝律儀戒(諸惡莫作) : 악을 짓지 않음을 수용하게 하는 계율

는 2행인 '요익행饒益行'(중생을 넉넉히 이롭게 하는 실천)을 닦으며, 10단계의 회향(10회향) 중에는 2회향인 '불괴회향不壞廻向'(자리自利·이타利他의 견고한 토대를 갖춘 회향)을 닦습니다.

10단계의 안주(10주) 중에는 2주인 '치지주治地住'(수행의 토대를 닦음)에 해당하니 '계율'을 통해 수행의 현실적 토대를 닦는 단계이자, 밀교적으로는 '금강심金剛心'[63]의 토대(地)가 되는 '금강신金剛身'[64]을 각성하는 단계입니다.

중맥中脈을 열고 상단전과 하단전의 정기를 승강시켜, 상·중·하 각 단전을 견고하게 만들어 ① 빈두(精, 정액) ② 프라나(氣, 기운) ③ 나디(氣脈, 경락)로 이루어진 '환신幻身·금강신'을 각성하는 경지입니다. 정기가 '인위적 승강乘降'에서 '자연적 승강'으로 나아가고, '정광명淨光明'(불멸의 정기를 얻은 불성)을 깨

---

② 섭선법계攝善法戒(衆善奉行) : 선한 법을 수용하게 하는 계율
③ 섭중생계攝衆生戒(饒益衆生) : 중생을 수용하게 하는 계율

63 불변하는 정기精氣를 갖춘 불성·참나를 말한다.
64 불멸의 정기로 이루어진 몸으로 시공 안에서 자유자재함을 성취한 '변역신變易身', 마음으로 이루어진 '의성신意成身', 참나의 작용으로 이루어진 환영의 몸인 '환신幻身'에 해당한다. 이 몸을 얻어야 '색자재色自在'(형상의 자유자재)를 얻을 수 있다. 무궁한 보살도의 바탕이 되는 몸이다.

닫습니다. 불성이 '불멸의 정기'(금강신의 본체)를 얻었을 때 '정광명淨光明'이라고 합니다. 아직은 무지와 아집의 업장이 현행하니 '상대적 정광명'의 단계입니다.

 6바라밀 분석에 따른 실천이 습관화된 경지로, 6바라밀 분석대로 '욕심'을 경영하는 것이 '습관'으로 안착됩니다. '참나(양심)의 뜻'에 따라, 참나가 좋아하는 것을 좋아하여 실천하고, 참나가 미워하는 것을 미워하여 실천하지 않음을 습관화하여, 점차 업장을 정화해 나가는 경지입니다. 2지는 6바라밀에 대한 자명함이 심화되면서, 경전에 대한 이해가 나날이 새로워지는 경지입니다.

••• 2주 치지주治地住의 경지

　마음이 빛을 발하는 것이, 마치 맑은 유리 속에서 정밀한 황금이 빛나는 것처럼 됨에, 앞의 미묘한 '마음'(금강심)으로 잘 닦아 '땅'(금강신)을 이루는 것을 '치지주'라고 한다.[65]

　心中發明 如淨琉璃 內現精金 以前妙心履以成地 名治地住 (『능엄경』)

65　'법신法身'(心, 금강심)의 '몸'(금강신)이 될 '땅'(地)이 이루어진다.

••• 2지 보살의 핵심 수행, 지계바라밀

① 모든 계율을 두루 지키되 집착하지 않고, ② 영원히 '에고의 교만'을 떠나면, 이는 능히 '지계바라밀'을 청정하게 함이다.

具持衆戒 而無所著 永離我慢 是則能淨尸波羅蜜 (『화엄경』 「명법품」)

··· 2행 요익행饒益行의 닦음

1. 청정한 계율로 일체의 집착에서 벗어나라

이 보살은 '청정한 계율'(淨戒)을 보호하고 지켜서, '① 색 ② 소리 ③ 냄새 ④ 맛 ⑤ 촉감'(色聲香味觸)에 대해 마음이 집착하지 않고, 또한 중생을 위하여 이와 같이 말한다. "위세에 집착하지도 않고, 종족에 집착하지도 않으며, 부귀에 집착하지도 않고, 색과 모양에 집착하지도 않으며, 왕위에 집착하지도 않는다. 이와 같은 일체의 것에 집착하지 않으면서, 오직 '청정한 계율'만 견고하게 지킬 것이다!"[66]

그리고 이와 같이 생각한다. "내가 청정한 계율을 지키면, 반

---

[66] 2지 보살은 제2행(요익행)을 통해, 이런 자리自利·이타利他의 견고한 토대를 갖추기에, 2지의 회향을 '불괴회향不壞廻向'(견고한 토대를 갖춘 회향)이라고 한다.

드시 일체의 속박, 탐욕과 뜨거운 번뇌, 온갖 난관과 핍박, 훼방과 혼잡함을 벗어나서,[67] 부처님께서 찬탄하셨던 '평등한 정법'을 얻을 것이다."[68]

此菩薩 護持淨戒 於色聲香味觸 心無所著 亦爲衆生 如是宣說 不求威勢 不求種族 不求富饒 不求色相 不求王位 如是一切 皆無所著 但堅持淨戒 作如是念 我持淨戒 必當捨離一切纏縛 貪求熱惱 諸難逼迫 毀謗亂濁 得佛所讚 平等正法 (『화엄경』「십행품」)

2. 보살의 위대한 사업

그때 보살은 단지 이와 같이 생각한다. "일체 중생이 기나긴

---

67 6바라밀의 실천이 습관화되어, '생각·말·행동'(3업)이 죄악에서 벗어나는 경지이다. 그래서 이 경지를 '이구지離垢地', 즉 '업의 때를 벗어나는 경지'라고 부르는 것이다. 이는 유가의 '수오지심'의 확충을 통해 양심의 부끄러움을 벗어남을 말한다.

68 "내가 '율법'이나 '예언서'들을 폐하러 왔다고 생각하지 마라! 폐하러 온 것이 아니라 오히려 그것들을 완성하려고 온 것이다." (『마태복음』 5:17)

세월 동안 '5가지 욕심'[69]을 생각하고, 5욕을 향하여 달려가고, 5욕에 탐착하여, 그 마음을 결정하여 즐기고 물들며 빠져들어 가서, 그 흐름과 굴러감을 따르게 되어 자유자재함을 얻지 못하게 되었다.

내가 이제 응당 이러한 여러 마군과 여러 천녀와 일체 중생들을 '최고의 계율'(無上戒)에 머물게 할 것이며, '청정한 계율'에 머문 뒤에는 '일체지'에서 마음이 물러서지 않게 하여, '최고의 올바르고 원만한 깨달음'을 얻거나 '궁극의 열반'에 들어가게 할 것이다. 왜 그러한가? 이것이 우리들이 해야 할 사업이며, 응당 여러 부처들을 따라서 이와 같이 닦고 배워야 할 것이기 때문이다."

爾時菩薩 但作是念 一切衆生 於長夜中 想念五欲 趣向五欲 貪著五欲 其心決定 耽染沈溺 隨其流轉 不得自在 我今應當令 此諸魔 及諸天女 一切諸生 住無上戒 住淨戒已 於一切智 心 無退轉 得阿耨多羅三藐三菩提 乃至入於無餘涅槃 何以故 此 是我等 所應作業 應隨諸佛 如是修學

---

69 5가지 욕심 :
①5감의 욕심 ②재물욕·식욕·성욕·명예욕·수면욕

3. 널리 중생을 이롭게 하라

일체의 모든 법이 허망하고 진실하지 않아서, 신속히 일어났다가 신속히 사라지며, 견고하지 않아서 꿈과도 같고 그림자와도 같으며 환영과 같고 변화함과 같아서, 어리석은 사람을 속이고 미혹하게 한다.

이와 같이 이해하면, ① 능히 일체의 모든 행위를 깨달아서 '생사'와 '열반'에 통달하고 '부처의 깨달음'을 증득하며, ② 스스로를 제도하고 남들을 제도하며, ③ 스스로를 해탈하게 하고 남들을 해탈시키며, ④ 스스로를 조복하고 남들을 조복시키며, ⑤ 스스로를 고요하게 하고 남들을 고요하게 하며, ⑥ 스스로를 편안하게 하고 남들을 편안하게 하며, ⑦ 스스로를 때에서 벗어나게 하고(離垢)[70] 남들도 때에서 벗어나게 하며, ⑧ 스스로를 청정하게 하고 남들도 청정하게 하며, ⑨ 스스로를 열반에 들게 하고 남들도 열반에 들게 하며, ⑩ 스스로를 행복하게 하고 남들도 행복하게 한다.

---

70 제2지는 이구지離垢地이다.

一切諸法 虛妄不實 速起速滅 無有堅固 如夢如影 如幻如化 誑惑愚夫 如是解者 卽能覺了一切諸行 通達生死 及與涅槃 證佛菩提 自得度 令他得度 自解脫 令他解脫 自調伏 令他調伏 自寂靜 令他寂靜 自安隱 令他安隱 自離垢 令他離垢 自淸淨 令他淸淨 自涅槃 令他涅槃 自快樂 令他快樂

4. 2지 보살의 요익행

불자여, 이 보살이 다시 이와 같이 생각한다. "내가 마땅히 ① 일체의 여래를 따르며, ② 일체 세간의 행위를 떠나고, ③ 일체의 여러 불법을 갖추며, ④ 최고의 평등한 자리에 머물고, ⑤ 중생을 평등하게 관찰하며, ⑥ 경계에 밝게 통달하고, ⑦ 여러 과실을 벗어나며, ⑧ 여러 분별을 끊어 버리고, ⑨ 여러 집착을 버리며, ⑩ 뛰어난 솜씨로 벗어날 것이다.

또한 마음은 ① 위가 없고, ② 말할 수 없으며, ③ 의지할 곳이 없고, ④ 움직임이 없으며, ⑤ 헤아릴 수 없고, ⑥ 끝이 없으며, ⑦ 다함이 없고, ⑧ 색깔도 없는, '깊고 깊은 지혜'에 항상 안주할 것이다." 불자여, 이것을 보살마하살의 '제2 요익행'이라고 한다.

佛子 此菩薩 復作是念 我當隨順一切如來 離一切世間行 具一切諸佛法 住無上平等處 等觀衆生 明達境界 離諸過失 斷諸分別 捨諸執著 善巧出離 心恒安住 無上無說 無依無動 無量無邊 無盡無色 甚深智慧 佛子 是名菩薩摩訶薩 第二饒益行

유튜브(YouTube) | 윤홍식의 화엄경 강의 - 2지

4. 지혜의 빛이 샘솟는 단계,
3지 발광지(發光地)

1. 3지 보살에 이르는 10가지 마음

불자여, 이 보살마하살이 제2지를 청정하게 하고 제3지에 들어가고자 한다면, 마땅히 10가지 깊은 마음을 일으켜야 한다. 무엇이 그 10가지인가? ① 청정한 마음(청정심淸淨心) ② 진리에 안주하는 마음(안주심安住心) ③ 번뇌를 싫어하여 버린 마음(염사심厭捨心) ④ 탐욕을 떠난 마음(이탐심離貪心) ⑤ 물러나지 않는 마음(불퇴심不退心) ⑥ 견고한 마음(견고심堅固心) ⑦ 광명함이 성대한 마음(명성심明盛心) ⑧ 용맹한 마음(용맹심勇猛心) ⑨ 넓은 마음(광심廣心) ⑩ 큰마음(대심大心)이 그것이다. 보살이 이 10가지 마음을 일으키면 제3지에 들어간다.

佛子 菩薩摩訶薩 已淨第二地 欲入第三地 當起十種深心 何

等爲十 所謂淸淨心 安住心 厭捨心 離貪心 不退心 堅固心 明盛心 勇猛心 廣心 大心 菩薩以是十心 得入第三地

2. 일체 유위법의 실상

불자여, 보살마하살이 제3지에 머물면서, '일체 유위법有爲法'의 진실 그대로의 모습(如實相)을 관찰한다. 이른바 ① 무상하고(無常), ② 괴로우며(苦), ③ 청정하지 않고(不淨), ④ 편안하지 않으며(不安隱), ⑤ 파괴되어 무너지고, ⑥ 오래가지 못하며, ⑦ 찰나에 생겨났다가 사라지고, ⑧ 과거로부터 생겨난 것도 아니며, ⑨ 미래로 가 버리는 것도 아니고, ⑩ 현재에 머물러 있는 것도 아니라는 것을 관찰한다.

佛子 菩薩摩訶薩 住第三地已 觀一切有爲法如實相 所謂無常苦 不淨不安隱 敗壞不久住 刹那生滅 非從前際生 非向後際去 非於現在住

3. 부처님의 지혜로 나아감

또한 이 '유위법'을 관찰하여, ① 도와줄 이도 없고, ② 의지할 이도 없으며, ③ 근심과 슬픔과 함께 하며, ④ 고통과 번뇌와 함께 머물고, ⑤ 사랑과 증오에 얽매이며, ⑥ 시름과 근심은 점점 많아지고, ⑦ 조금도 쉬지 않으며, ⑧ 탐진치의 불이 타올라서 그치지 않으며, ⑨ 많은 우환에 얽혀 밤낮으로 불어나고, ⑩ 환상과 같아서 진실하지 못하다는 것을 보게 되면,

일체의 유위법으로부터 떠나고자 하는 마음이 배가 되어 '부처님의 지혜'(佛智慧)로 나아간다. 그리하여 부처님의 지혜는 ① 불가사의하며, ② 동등한 것이 없고, ③ 헤아릴 수 없으며, ④ 얻기 어렵고, ⑤ 잡스럽지 않으며, ⑥ 번뇌가 없고, ⑦ 근심이 없으며, ⑧ 두려움이 없는 성에 이르고, ⑨ 다시는 물러나지 않으며, ⑩ 능히 고통을 받고 있는 무량한 중생들을 구제할 수 있음을 보게 된다.

又觀此法 無救無依 與憂與悲 苦惱同住 愛憎所繫 愁感轉多
無有停積 貪恚癡火 熾然不息 衆患所纏 日夜增長 如幻不實
見如是已 於一切有爲 倍增厭離 趣佛智慧 見佛智慧 不可思議

無等無量 難得無雜 無惱無憂 至無畏城 不復退還 能救無量苦難衆生

4.3지 보살의 10가지 자비심

보살은 이와 같이 '여래의 지혜'(如來智慧)가 헤아릴 수 없이 이로운 것을 보고, 일체의 '유위법'이 헤아릴 수 없이 허물이 많은 것을 봄에 일체 중생에게 10가지 '측은한 마음'(哀愍心)을 일으킨다(자비의 발현). 무엇이 그 10가지인가?

① 일체 중생이 고독하여 의지할 곳이 없음을 보고 측은한 마음을 일으키며, ② 일체 중생이 빈궁하여 곤궁하고 궁핍한 것을 보고 측은한 마음을 일으키고, ③ 일체 중생이 '탐진치' 3독의 불에 타는 것을 보고 측은한 마음을 일으키며, ④ 일체 중생이 '존재(3계)의 감옥'에 갇혀 있는 것을 보고 측은한 마음을 일으키고, ⑤ 일체 중생이 '번뇌의 빽빽한 숲(정글)'에 덮이고 막혀 있는 것을 보고 측은한 마음을 일으키며,

⑥ 일체 중생이 진리를 관찰하지 못함을 보고 측은한 마음을

일으키고, ⑦ 일체 중생이 선법을 바라지 않는 것을 보고 측은한 마음을 일으키며, ⑧ 일체 중생이 모든 불법을 잃어버린 것을 보고 측은한 마음을 일으키고, ⑨ 일체 중생이 '생사의 흐름'에 따르는 것을 보고 측은한 마음을 일으키며, ⑩ 일체 중생이 '해탈의 방편'을 잃어버린 것을 보고 측은한 마음을 일으킨다. 이것이 그 10가지이다.

菩薩如是 見如來智慧 無量利益 見一切有爲 無量過患 則於一切衆生 生十種哀愍心 何等爲十 所謂見諸衆生 孤獨無依 生哀愍心 見諸衆生 貧窮困乏生 哀愍心 見諸衆生 三毒火然 生哀愍心 見諸衆生 諸有牢獄之所禁閉 生哀愍心 見諸衆生 煩惱稠林恒所覆障 生哀愍心 見諸衆生 不善觀察 生哀愍心 見諸衆生 無善法欲 生哀愍心 見諸衆生 失諸佛法 生哀愍心 見諸衆生 隨生死流 生哀愍心 見諸衆生 失解脫方便 生哀愍心 是爲十

5. 3지 보살의 10가지 서원

보살은 이와 같이 '중생계'가 무량한 고뇌로 가득 찬 것을 보고, "① 이와 같은 중생을 내가 응당 구제하리라! ② 내가 응당 해탈하게 하리라! ③ 내가 응당 청정하게 하리라! ④ 내가 응당 제도하리라! ⑤ 내가 응당 좋은 곳에 정착하게 하리라! ⑥ 내가 응당 안락하게 머물게 하리라! ⑦ 내가 응당 기쁘게 하리라! ⑧ 내가 응당 알고 보게 하리라! ⑨ 내가 응당 번뇌를 조복시키리라! ⑩ 내가 응당 열반에 들게 하리라!"라고 생각하며 크게 정진한다.

菩薩如是 見衆生界 無量苦惱 發大精進 作是念言 此等衆生 我應救 我應脫 我應淨 我應度 應著善處 應令安住 應令歡喜 應令知見 應令調伏 應令涅槃

6. 여래의 지혜로 중생을 구제하고자 서원함

보살은 이와 같이 '일체의 유위법'을 떠나고자 하고, 일체 중생을 측은하게 여기며, '일체의 지혜에 대한 앎'(一切智智)에 뛰어난 이익이 있음을 알고, 여래의 지혜에 의지하여 중생을 구제하고자 하며, "이 일체 중생이 번뇌와 큰 고통 속에 떨어져 있으니, 어떠한 방편으로 구제하여 궁극의 열반의 즐거움에 머물게 할 수 있을까?"라고 생각한다.

 다시 생각하길, "중생을 구제하여 열반에 안주하게 하려면, '장애가 없는 해탈의 지혜'(無障礙解脫智)를 떠나서는 안 된다. 장애가 없는 해탈의 지혜는 '일체법을 진실 그대로 깨달음'(一切法如實覺)을 떠나지 않는다. 일체법을 진실 그대로 깨달음은 '작용도 없고 생겨남도 없는 지혜'(無行無生行慧光)를 떠나지 않으며, 작용도 없고 생겨남도 없는 지혜는 '뛰어난 선정의 힘으로 결정하는 관찰지'(禪善巧決定觀察智)를 떠나지 않는다. 뛰어난 선정의 힘으로 결정하는 관찰지는 '뛰어나게 많이 들음'(善巧多聞)을 떠나지 않는다."라고 한다.[71]

 菩薩 如是厭離一切有爲 如是愍念一切衆生 知一切智智 有勝利益 欲依如來智慧 救度衆生 作是思惟 此諸衆生 墮在煩惱大苦之中 以何方便 而能拔濟 令住究竟涅槃之樂 便作是念 欲度衆生 令住涅槃 不離無障礙解脫智 無障礙解脫智 不離一切法如實覺 一切法如實覺 不離無行無生行慧光 無行無生行慧

---

71 지혜를 얻는 순서 :
① 문聞(진리를 들음) → ② 사思(생각을 정리함) → ③ 수修(수행을 통해 지혜를 증득함)

光 不離禪善巧決定觀察智 禪善巧決定觀察智 不離善巧多聞

7. 올바른 진리의 탐구와 익힘

보살은 이와 같이 관찰하여 깨닫고는 '올바른 진리'(正法)에 대한 탐구와 익힘에 더욱 정진하며, 밤낮으로 오로지 ① 진리를 듣고, ② 진리를 기뻐하고, ③ 진리를 즐기고, ④ 진리에 의지하고, ⑤ 진리를 따르고, ⑥ 진리를 이해하고, ⑦ 진리에 순종하고, ⑧ 진리에 도달하고, ⑨ 진리에 안주하고, ⑩ 진리를 실천하기를 원한다.

菩薩如是 觀察了知已 倍於正法 勤求修習 日夜唯願 聞法 喜法 樂法 依法 隨法 解法 順法 到法 住法 行法

8. 오직 진리를 구함

보살이 이렇게 '부처님의 법'을 구하고자 노력함에, 가진 보물과 재물을 아까워하지 않고, 물건을 보더라도 희귀하다거나

가치 있다고 여기지 않고, 다만 부처님의 법을 설명할 수 있는 사람을 만나기 어렵다는 생각을 한다. 이 때문에 보살은 안팎의 재물을 부처님의 법을 구하기 위해 모두 버릴 수 있으며, 행하지 못할 공경이 없으며, 버리지 못할 교만이 없으며, 하지 못할 섬김이 없으며, 감당하지 못할 고통이 없다.

일찍이 듣지 못했던 진리를 한 구절만 들어도 큰 환희가 생기니, 3천대천세계를 가득 채운 보물을 얻는 것보다 뛰어나다고 여긴다. 일찍이 듣지 못했던 바른 진리를 한 게송만 들어도 큰 환희가 생기니, 전륜성왕의 자리를 얻는 것보다 뛰어나다고 여긴다. 일찍이 듣지 못했던 바른 진리를 한 게송만 얻어서 보살행을 청정하게 할 수 있어도, 제석천이나 범천왕의 자리를 얻어 무량한 백천 겁을 머무는 것보다 뛰어나다고 여긴다.

菩薩如是 勤求佛法 所有珍財 皆無吝惜 不見有物 難得可重 但於能說佛法之人 生難遭想 是故菩薩 於內外財 爲求佛法 悉能捨施 無有恭敬而不能行 無有憍慢而不能捨 無有承事而不能作 無有勤苦而不能受 若聞一句 未曾聞法 生大歡喜 勝得三千大千世界 滿中珍寶 若聞一偈 未聞正法 生大歡喜 勝得轉輪聖王位 若得一偈 未曾聞法 能淨菩薩行 勝得帝釋梵王位 住

無量百千劫

9. 보살행을 청정하게 하는 진리

만약 어떤 사람이 "내게 부처님께서 설명하신, 능히 '보살행을 청정하게 하는 진리'의 한 구절이 있는데, 그대가 만약 큰 불구덩이에 들어가서 큰 고통을 겪으면 응당 들려주겠다."라고 하면, 그때 보살은 이렇게 생각한다.

"내가 부처님께서 설명하신, 보살행을 청정하게 하는 진리의 한 구절을 위해서라면, 3천대천세계를 가득 채운 큰 불 속도, 오히려 범천(힌두교 최고의 하늘인 브라마의 하늘)의 위로부터 몸을 던져 들어가서 친히 감수할 것이다. 하물며 작은 불구덩이야 어찌 들어가지 못하겠는가? 그리고 이제 부처님의 법을 구하기 위해서는 응당 일체 지옥의 온갖 고뇌도 감수할 것인데, 하물며 인간에게 있는 작은 고뇌들도 감수하지 못하겠는가?" 보살은 이와 같이 정진하여, '부처님의 법'을 구하고, 그 들은 대로(聞)

관찰하고(思) 수행한다(修).[72]

  이 보살은 진리를 듣고서, 마음을 잘 챙겨 텅 비고 고요한 곳에 안주하면서, 이런 생각을 한다. "말한 대로 수행을 해야 부처님의 법을 얻을 것이다. 다만 입으로 말할 뿐이라면, 청정해질 수 없다!"[73]

  若有人言 我有一句 佛所說法 能淨菩薩行 汝今若能入大火阬 受極大苦 當以相與 菩薩爾時 作如是念 我以一句 佛所說法 淨菩薩行故 假使三千大千世界 大火滿中 尙欲從於梵天之上 投身而下 親自受取 況小火阬 而不能入 然我今者 爲求佛法 應受一切地獄衆苦 何況人中 諸小苦惱 菩薩如是 發勤精進 求於佛法 如其所聞 觀察修行 此菩薩 得聞法已 攝心安住 於空閑處 作是思惟 如說修行 乃得佛法 非但口言 而可淸淨

---

72 3가지 지혜(3혜慧):
    ① 문혜聞慧: 들어서 얻은 지혜
    ② 사혜思慧: 생각해서 얻은 지혜
    ③ 수혜修慧: 수행으로 얻은 지혜

73 '출세간의 지혜'(절대계의 지혜)는 오직 선정에서 나온다. 3지 보살은 '진리의 빛'이 터져 나오는 '발광지發光地'이기에, '진리의 인가'에 능하니 '인욕바라밀'에 뛰어나다. 그리고 이러한 지혜(진리의 인가)는 '선정바라밀'에서 나온다.

10. 색계 4선정의 증득

불자여, 이 보살은 이 '발광지發光地'에 머물 때, ① 욕심과 악함과 선하지 않은 법을 떠나고,[74] 대상에 대한 '알아차림'(심尋)과 '관찰'(사伺)이 있으며, 멀리 떠남에서 생긴 '거친 희열'(喜)과 '은은한 즐거움'(樂)이 있는 '제1선'(初禪, 심사희락정尋伺喜樂定)에 머무른다.

② 대상에 대한 '알아차림'(尋)과 '관찰'(伺)이 사라지면, '내적인 청정'(內淨, 마음의 정화)과 '마음의 집중'(一心)을 성취하고, 대상에 대한 알아차림과 관찰이 없으며, 선정에서 생기는 '거친 희열'과 '은은한 즐거움'을 갖춘 '제2선'(희락정喜樂定)에 머무른다.

③ '거친 희열'을 멀리 떠난 뒤, '평정심'에 머무르며(捨), 마음을 챙기고, 바르게 알아차리며, 몸으로 '은은한 즐거움'을 느끼며, 여러 성인들이 "능히 평정심을 갖추고 마음을 챙기며 즐겁다!"라고 말했던 '제3선'(낙정樂定)에 머무른다.

---

74 '욕계欲界'를 떠나서 '색계色界'에 도달함. 이는 '몸의 정화'로 '외적 청정'(外淨)에 해당한다.

④ '은은한 즐거움'이 끊어짐에, 먼저 고통이 사라지고, 기쁨과 근심도 사라져서, 괴로움도 없고 즐거움도 없는 '평정심'에 머무르며(捨), 마음을 챙기며(念), 청정한 '제4선'에 머무른다(정定).[75]

   佛子 是菩薩 住此發光地時 卽離欲惡不善法 有覺有觀 離生喜樂 住初禪 滅覺觀 內淨一心 無覺無觀 定生喜樂 住第二禪 離喜住捨 有念正知 身受樂 諸聖所說 能捨有念受樂 住第三禪 斷樂 先除苦 喜憂滅 不苦不樂 捨念淸淨 住第四禪

11. 무색계 4선정의 증득

⑤ 일체의 '물질'에 대한 생각을 초월하여, '대상'에 대한 생각을 없애고, 온갖 생각을 하지 않으면, '끝이 없는 허공'에 들어

---

75   1. 8가지 동법動法(재환災患, 중생의 마음을 산란하게 함) :
    ① 심尋 ② 사伺 → 제2선정에서 사라짐
    ③ 우憂 ④ 고苦 → 제1선정에서 사라짐
    ⑤ 희喜 → 제3선정에서 사라짐
    ⑥ 낙樂 ⑦ 출식出息 ⑧ 입식入息 → 제4선정에서 사라짐
    2. 제4선정(不動地)에는 3재三災가 미치지 못함 :
    ① 심사尋伺(火災) ② 희락喜樂(水災) ③ 출입식出入息(風災)

가서 '허공이 끝이 없는 곳'(허공무변처虛空無邊處)에 머무른다.

⑥ 일체의 허공이 끝이 없는 곳을 초월하여 '끝이 없는 의식'에 들어가서 '의식이 끝이 없는 곳'(식무변처識無邊處)에 들어가 머무른다.

⑦ 일체의 의식이 끝이 없는 곳을 초월하여 '아무것도 없는 곳'에 들어가서 '아무것도 없는 곳'(무소유처無所有處)에 머무른다.

⑧ 일체의 아무것도 없는 곳을 초월하여 '생각이 있는 것도 아니고, 생각이 없는 것도 아닌 곳'(비유상비무상처非有想非無想處)에 머무른다. 다만 '진리'(法)에 순응하고 따를 뿐이니, 실천함에 있어 '즐거움'에 집착하지 않는다.[76]

---

76 앞의 '4선정'(①~④)과 뒤의 4선정(⑤~⑧)은 본래 별도의 수련체계이다. 불교에서 '색계정'과 '무색계정'으로 통합되어 설명되었는데, 불교의 3계 우주론의 바탕이 된다. 석가모니는 뒤의 4선정(무색계정)을 힌두교 성자들에게 배웠고, 스스로 터득하고 있던 앞의 4선정(색계정)을 통해 보리수 아래에서 최고의 깨달음을 얻었다.
'8선정'(4색계정·4무색계정)에 대한 설명은 초기불교의 설명 그대로이다. 그런데 초기불교과 달리 '멸진정'(일시적 열반의 체험)으로 끝을 맺지 않고, '4무량심'으로 나아간다. 이는 '열반'에 안주하지 않고 '자비'를 실천하는 것을 강조하는, 대승불교의 입장을 반영한 것으로 보인다.

超一切色想 滅有對想 不念種種想 入無邊虛空 住虛空無邊
處 超一切虛空無邊處 入無邊識 住識無邊處 超一切識無邊處
入無少所有 住無所有處 超一切無所有處 住非有想非無想處
但隨順法故 行而無所樂著

12. 4무량심의 증득

불자여, 이 보살은 마음이 '자애로움'(慈)을 따르니, ① 광대하고, ② 무량하며, ③ 둘이 없고, ④ 원수도 없으며, ⑤ 장애도 없고, ⑥ 번뇌도 없으며, ⑦ 모든 곳(10방)에 두루 이르고, ⑧ 법계를 다하며, ⑨ 허공계를 다하고, ⑩ 일체의 세간에 두루 이른다. '슬퍼함'(悲), '기뻐함'(喜), '평정심'(捨)[77]도 또한 이와 같다.[78]

---

77 4가지 무량한 마음(4무량심無量心):
① 자애로움(慈): 남을 사랑하여 이롭게 함
② 슬퍼함(悲): 남의 아픔을 함께 아파함
③ 기뻐함(喜): 남의 기쁨을 함께 기뻐함
④ 평정심(捨): 평정심에 머무름

78 초기불경 중 『삼명三明경』(3가지 베다에 밝은 사람들에 대한 비판)에서는, '4무량심'을 닦으면 '범천의 세계'(하느님의 세계, 성자들의 세계)에 태어난다고 한다.

佛子 此菩薩 心隨於慈 廣大無量 不二 無怨無對 無障無惱 遍至一切處 盡法界虛空界 遍一切世間 住悲喜捨 亦復如是

13. 신족통神足通의 증득[79]

불자여, 이 보살은 '무량한 신통력'을 얻어서, ① 대지를 흔들 수 있고, ② 한 몸을 여러 몸으로 만들 수 있으며, ③ 여러 몸을 한 몸으로 만들 수 있고, ④ 사라지기도 하고 나타나기도 하며, ⑤ 담이나 산을 허공처럼 걸림 없이 통과할 수 있고, ⑥ 가부좌를 하고 새처럼 날아다닐 수 있으며,

⑦ 물속에 들어가듯이 땅속을 들어갈 수 있고, ⑧ 물을 땅처럼 밟을 수 있으며, ⑨ 큰 불꽃 더미처럼 몸에서 연기가 나고 타오르게 할 수 있고, ⑩ 큰 구름처럼 비를 내리게 할 수 있으며, ⑪ 큰 위력을 지닌 허공에 있는 해와 달을 만지고 더듬을 수 있고, ⑫ 그 몸이 '범천의 세계'(하느님의 세계)에 이르기까지 자유

---

79 초기불경 중 『사문과경沙門果經』에 나온 설명과 거의 유사하다. 『사문과경』에서는 이 모든 신통력은 모두 제4선정에서 나온다. 『사문과경』에서는 4선정을 얻고 6신통을 얻기 전에 먼저 제4선정에서 '의성신意成身'을 만드는 것에 주력해야 함을 강조한다.

자재하다.

　佛子 此菩薩 得無量神通力 能動大地 以一身爲多身 多身爲
一身 或隱或顯 石壁山障 所往無礙 猶如虛空 於虛空中 跏趺
而去 同於飛鳥 入地如水 履水如地 身出煙焰 如大火聚 復雨
於水 猶如大雲 日月在空 有大威力 而能以手 捫摸摩觸 其身
自在 乃至梵世 此菩薩

14. 천이통天耳通의 증득

　인간의 귀보다 뛰어난 '하늘귀'(天耳)가 청정하여, 사람과 천
인의 소리, 가깝거나 먼 소리를 모두 듣는다. 심지어 모기 · 등
에 · 파리 등의 소리들도 모두 듣는다.

　天耳淸淨 過於人耳 悉聞人天 若近若遠 所有音聲 乃至蚊蚋
虻蠅等聲 亦悉能聞

15. 타심통他心通의 증득

이 보살은 남의 마음을 아는 지혜로써, 진실 그대로 다른 중생의 마음을 안다. ① 이른바 '탐욕이 있는 마음'(有貪心)을 진실 그대로 탐욕이 있는 마음이라고 알고, '탐욕을 떠난 마음'(離貪心)을 진실 그대로 탐욕을 떠난 마음이라고 안다. ② '분노가 있는 마음'(有瞋心)과 '분노를 떠난 마음'(離瞋心), ③ '어리석음이 있는 마음'(有癡心)과 '어리석음을 떠난 마음'(離癡心), ④ '번뇌가 있는 마음'(有煩惱)과 '번뇌가 없는 마음'(無煩惱心), ⑤ '작은 마음'(小心)과 '넓은 마음'(廣心), ⑥ '큰마음'(大心)과 '무량한 마음'(無量心),

⑦ '위축된 마음'(略心)과 '위축되지 않은 마음'(非略心), ⑧ '산란한 마음'(散心)과 '산란하지 않은 마음'(非散心), ⑨ '안정된 마음'(定心)과 '안정되지 않은 마음'(非定心), ⑩ '해탈한 마음'(解脫心)과 '해탈하지 못한 마음'(非解脫心), ⑪ '위가 있는 마음'(有上心)과 '위가 없는 마음'(無上心), ⑫ '잡스럽게 오염된 마음'(雜染心)과 '잡스럽게 오염되지 않은 마음'(非雜染心), ⑬ '넓은 마음'(廣心)과 '넓지 않은 마음'(非廣心)을 모두 진실 그대로 안다. 보살은 이와 같이 남의 마음을 아는 지혜로 중생의 마음을

안다.

此菩薩 以他心智 如實而知他衆生心 所謂有貪心 如實知有貪心 離貪心 如實知離貪心 有瞋心離瞋心 有癡心離癡心 有煩惱心無煩惱心 小心廣心 大心無量心 略心非略心 散心非散心 定心非定心 解脫心非解脫心 有上心無上心 雜染心非雜染心 廣心非廣心 皆如實知 菩薩如是 以他心智 知衆生心

16. 숙명통宿命通의 증득

이 보살은 무량한 전생의 삶의 여러 모습을 기억하여 안다. 이른바 1생을 기억하여 알고, 2생을 기억하여 알고, 3생, 4생과 10생, 20생, 그리고 100생, 무량한 100생, 무량한 1,000생, 무량한 백천 생을 기억하여 안다. 우주가 생기는 겁과 무너지는 겁, 생겨나고 무너지는 겁, 무량한 생겨나고 무너지는 겁을 기억하여 안다.

내가 일찍이 어느 곳에서 ① 이런 이름과 이런 성을 지녔으며, ② 이런 종족이었고, ③ 이런 음식을 먹었으며, ④ 이런 수명을 지녔고, ⑤ 이렇게 오래 살았으며, ⑥ 이런 고통과 즐거움을 겪었고, ⑦ 그곳에서 죽어서 다른 곳에 태어났으며, ⑧ 거기서 죽어서 이곳에 태어났고, ⑨ 이런 형상을 지녔으며, ⑩ 이런 모습을 했고, ⑪ 이런 음성을 지녔다는 것을 기억하여 안다. 이와 같이 과거의 무량한 여러 모습을 모두 기억할 수 있다.

此菩薩 念知無量宿命差別 所謂念知一生 念知二生 三生 四生 乃至十生 二十三十 乃至百生 無量百生 無量千生 無量百千生 成劫壞劫 成壞劫 無量成壞劫 我曾在某處 如是名 如是姓 如是種族 如是飮食 如是壽命 如是久住 如是苦樂 我於彼死 生於某處 從某處死 生於此處 如是形狀 如是相貌 如是言音 如是過去 無量差別 皆能憶念

17. 천안통 天眼通 의 증득[80]

이 보살은 사람의 눈보다 뛰어난 '하늘눈'(天眼)이 청정하여,

---

80 『화엄경』에서는 '6신통' 중 ① 신족통 ② 천이통 ③ 타심통 ④ 숙명통 ⑤ 천안통의 증득을 설명하고, ⑥ 누진통은 다루지 않는다. 번뇌를 다하는 '누진통漏盡通'은 '3계의 초월'과 '열반의 안주'를 목표로 하니, 초기불교의 부처와 아라한이 이를 닦았으나, 대승보살은 윤회를 수용하기에 이를 설명하지 않은 것으로 보인다.

① 일체 중생이 태어날 때와 죽을 때, ② 좋은 모습과 나쁜 모습, ③ 좋은 갈래와 나쁜 갈래, ④ 업을 따라가는 것을 진실 그대로 안다.

만약 저 중생이 '몸'으로 악행을 짓고 '말'로 악행을 짓고 '생각'으로 악행을 짓고, 성현을 비방하고, 사특한 견해와 사특한 견해에 따른 업을 갖추면, 그 인연으로 몸이 죽을 때 반드시 나쁜 갈래에 떨어져 지옥에 태어나며,

만약 저 중생이 몸으로 선행을 짓고 말로 선행을 짓고 생각으로 선행을 짓고, 성현을 비방하지 않고, 올바른 견해와 올바른 견해에 따른 업을 갖추면, 그 인연으로 선한 갈래에 태어나 여러 하늘나라에 나는 것을, 보살은 하늘눈으로 모두 진실 그대로 안다.

此菩薩 天眼淸淨 過於人眼 見諸衆生 生時死時 好色惡色 善趣惡趣 隨業而去 若彼衆生 成就身惡行 成就語惡行 成就意惡行 誹謗賢聖 具足邪見 及邪見業 因緣 身壞命終 必墮惡趣 生地獄中 若彼衆生 成就身善行 成就語善行 成就意善行 不謗賢聖 具足正見 正見業 因緣 身壞命終 必生善趣 諸天之中 菩

薩天眼 皆如實知

18. 일체 선정의 증득

이 보살은 일체의 선정·삼매·삼마발저[81]에 능히 들어가고 능히 나오되, 그 힘을 따라 생을 받지 않는다.[82] 다만 '보리분법 菩提分法'(깨달음을 돕는 요소, 6바라밀의 실천법칙)을 원만하게 성취할 수 있는 곳을 따라, 원력으로 그 가운데 태어난다.

此菩薩 於諸禪三昧 三摩鉢底能入能出 然不隨其力受生 但隨能滿菩提分處 以意願力 而生其中

---

81 선정·삼매의 여러 구분 :
　　① 정려靜慮(dhyana) : 관찰과 병행할 수 있는 선정
　　② 등지等持(samadhi) : 평정심 유지, 정혜등지定慧等持
　　③ 등인等引(samahita) : 평등심, 신통력을 이끌어내는 평등심
　　④ 등지等至(samapatti) : 평등심의 극치
　　⑤ 지止(samatha) : 생각의 정지

82 3지 보살은 온갖 선정에 통달하나, 선정의 과보를 누리기 위해 그 과보에 해당하는 곳에 태어나지 않고, 오로지 '자리이타'의 원력에 따라 '보리분법'(6바라밀의 실천법칙)을 성취하는 데 가장 적합한 곳에 태어난다.

19. 3지 보살의 공양과 회향

모두 큰마음, 깊은 마음으로 부처님을 공경하고 존중하며, 받들어 섬기고 공양한다. 의복과 음식과 침구와 의약품 등 일체의 생활필수품을 모두 부처님께 받들어 베풀며, 또한 일체의 스님들께도 공양한다. 이 선근을 모두 다 '최고의 올바르고 원만한 깨달음'에 회향廻向한다.[83] 부처님의 처소에서 공경히 진리를 청하여 듣고 받아 지녀서, 역량에 따라 닦는다.

이 보살은 '일체법'이 생겨나지도 않으며 소멸되지도 않되, '인연'에 따라 존재한다는 것을 관찰한다.[84] ① 견해의 속박은 먼저 소멸되었으며, 일체의 ② 욕계의 속박 ③ 색계의 속박 ④ 무색계의 속박 ⑤ 무명의 속박이 모두 점차 약해진다.

무량한 백천억 나유타[85] 겁에, ① 사특한 탐욕 ② 사특한 분

---

83 3지 보살의 '회향'은 '등일체불회향等一切佛廻向'(10회향 중 3회향에 해당함)이니, 일체의 부처와 평등한 회향이다.

84 3지 보살은 '반야바라밀'(공성의 지혜)이 탁월하니, '출세간의 무량한 지혜'를 광명하게 발출한다.

85 나유타(nayuta, 那由他) : 보통 1,000억의 수를 말함

노 ③ 사특한 어리석음이 쌓이지 않고 모두 끊어지므로, 선한 근기가 점차 밝아지고 정화된다. … 이 보살은 10바라밀 가운데 '인욕바라밀'을 특히 많이 닦는다. 나머지를 닦지 않는 것은 아니나, 다만 역량과 분수에 따를 뿐이다.

悉以廣大心深心 恭敬尊重 承事供養 衣服飮食 臥具湯藥一切資生 悉以奉施 亦以供養一切衆僧 以此善根 迴向阿耨多羅三藐三菩提 於其佛所 恭敬聽法 聞已受持 隨力修行 此菩薩觀一切法 不生不滅 因緣而有 見縛先滅 一切欲縛 色縛有縛 無明縛 皆轉微薄 於無量百千億那由他劫 不積集故 邪貪邪瞋及以邪癡 悉得除斷 所有善根 轉更明淨 … 十波羅蜜中 忍波羅蜜偏多 餘非不修 但隨力隨分

··· 3지 발광지發光地의 경지

3지의 경지는 '발광지發光地'(지혜의 빛이 샘솟는 단계)라고 불리며, '구혜지具慧地'(지혜를 갖추는 단계)라고도 불립니다. '6바라밀의 보편법칙(실천법칙)'에 대한 이해를 막는 업장을 정화하는 단계로,[86] '6바라밀의 보편법칙'의 '뼈대'에 대한 자명한 이해가 가능해지는 단계입니다.[87]

'암둔장闇鈍障'(문聞 · 사思 · 수修의 3가지 지혜를 막는 장애)을 끊고, '승류진여勝流眞如'(지혜가 뛰어나게 흘러나오는 진여)를 얻는

---

86 양심(6바라밀)의 계발 단계 :
　　① 1지에서는 '양심의 신호'(자명 · 찜찜)를 이해(志學)
　　② 3지에서는 '양심의 흐름'(결, 보편법칙)을 이해(立)
　　③ 5지에서는 '양심의 본질'(근본원리)을 이해(知天命)
　　④ 7지에서는 '양심'을 온전히 실현함(從心)

87 3지는 6바라밀의 보편법칙의 뼈대에 대한 법인法忍의 단계이다.

단계입니다. 세간의 모든 '선정'을 성취하여, '출세간의 지혜의 광명'이 터져 나오는 경지로, '출세간의 지혜'(6바라밀의 근본실상에 대한 지혜)를 얻어서, 세간의 지혜인 '6바라밀의 보편법칙'을 듣고 이해하고 체득함에 장애가 없습니다.

3지에서는 '6바라밀의 보편법칙'의 '뼈대'가 확립되나, 아직 그러한 미세한 번뇌가 현행하여, 6바라밀의 보편법칙[88]에 늘 안주하지는 못합니다. 10바라밀 중에는 '인욕바라밀'[89]이 뛰어납니다. 10단계의 실천(10행) 중에는 3행인 '무위역행無違逆行'(참나의 뜻을 어기지 않는 실천)을 닦으며, 10단계의 회향(10회향) 중에는 3회향인 '등일체불회향等一切佛廻向'(일체의 부처와 평등한 회향)을 닦습니다.

10단계의 안주(10주) 중에는 3주인 '수행주修行住'(수행으로

---

88 6바라밀의 현실적 실천법칙으로 '보리분법菩提分法'(깨달음을 돕는 요소)을 말한다. '6바라밀의 근본실상'을 현실에서 구현하기 위한 구체적 실천법칙을 말한다. 이 법칙에 늘 안주한다는 것은, 일상에서 매사에 6바라밀의 실천법칙을 온전히 따르는 것을 말한다.
89 인욕忍辱바라밀(선정의 힘으로 진리를 인가하고 수용함) :
　① 내원해인耐怨害忍 : 남에게 받은 증오나 피해를 인내함
　② 안수고인安受苦忍 : 고통을 편안하게 수용하여 인내함
　③ 체찰법인諦察法忍 : 진리를 연구하고 체득하여 인가함

출세간의 지혜를 얻음에 안주함)에 해당하는데, 출세간의 지혜를 얻어 '6바라밀의 근본원리'에 대한 직관이 깊어져서, 세간에서 '6바라밀의 실천법칙'의 뼈대를 이해함에 안주하고, 이 법칙대로 수행에 나감에 안주하는 단계입니다.

하지만 아직 '보편법칙의 실천'에 안주하는 단계는 못 됩니다. 그것은 4지(4주)에서 이루어집니다. 그래서 4주를 '생귀주生貴住'(불성의 명령에 따른 보편법칙의 이해·실천에 안주하기에, 출세간의 여래의 가문에 태어남에 안주한 경지)라고 하는 것입니다.

밀교적으로는, 우리 몸 안에서 '법륜法輪'(불멸의 정기가 온몸의 정기를 순환시킴)을 자유로이 굴려서, '불멸의 정기'와 결합된 '불성', 즉 '정광명淨光明'을 배양하는 단계입니다. 그리하여 ① 빈두(精, 정액) ② 프라나(氣, 기운) ③ 나디(氣脈, 경락)로 이루어진 '환신幻身'(참나의 작용인 환영의 몸), '의성신意成身'(마음으로 만드는 몸, 밀교 금강신金剛身)이 만들어지는 단계입니다.

3지는 6바라밀의 '자명과 찜찜'의 구별이 정밀해지고, 1·2지를 통해 획득한 '부분적 자명함'이 활연관통으로 꿰어져, 자명함 간의 우선순위가 선명해져서 '전체적인 자명함'을 이해하게 되니, 6바라밀의 분석을 통해 참나의 온전한 목소리인 '6바라밀의 균형'에 접근하게 됩니다. 구체적 사안에 대한 6바라밀의 정밀한 분석과 실천 속에서, 세간의 '6바라밀의 보편법칙'의 이론적 뼈대가 명확해집니다. '6바라밀의 보편법칙'을 동서양 경전을 근거로 일관되게 설명할 수 있으며, 양심의 큰 얼개를 분석할 수 있는 경지입니다.

일상에서 깨어있음이 견고해져, 구체적 사안에서 '6바라밀'을 우선순위에 맞게 분석하고 명확히 균형여부를 판정하여, '전체적인 자명함'을 이해할 수 있는 지혜가 생기는 단계로, 6바라밀에 대한 입체적 분석이 이루어집니다. 아직 모든 일에서 선악을 판정할 수 있는 것은 아니며, '6바라밀의 보편법칙'대로 늘 욕심을 경영하지는 못합니다.

'참나의 뜻'(출세간의 근본원리)에 근거한 '세간의 보편법칙'(보리분법)이 이해되는 경지로, 3지는 '6바라밀의 근본원리'의 현실적 적용인 '6바라밀의 보편법칙(실천법칙)'의 큰 뼈대를 이해할 정도로 자명함이 배양됩니다. 3지는 6바라밀에 대한 자명함이 확대되어 경전의 뼈대를 설명할 정도의 학문이 확립됩니다. '문聞(진리를 들음) · 사思(진리를 사유함) · 수修(진리를 체득함)'를 통해 경전을 이해하고 진리를 '인가(인욕)'하는 안목이 탁월합니다.

⋯ 3주 수행주 修行住의 경지

 '마음'(금강심, 법신)과 '땅'(금강신, 법신의 몸)이 서로 침투하고 서로를 알아 모두 밝고 또렷해져서(정광명의 배양), 시방을 돌아다니는 데 걸림이 없는 것을 '수행주'라고 한다.[90]

心地涉知 俱得明了 遊履十方 得無留礙 名修行住 (『능엄경』)

---

90 3주의 경지는 밀교적으로, '법륜'이 소우주인 온몸을 두루 돌아다님에 장애가 없는 것을 말한다. 법륜의 자유자재한 운전을 통해, '정광명淨光明'(불멸의 정기와 결합된 불성)을 함께 배양하는 것이다.

··· 3지 보살의 핵심 수행, 인욕바라밀

① 일체의 모든 악을 모두 능히 참아 내며, ② 모든 중생에게 그 마음이 평등하여 동요함이 없어서 '대지'와 같이 능히 일체를 받아 주면, 이는 능히 '인욕바라밀'[91]을 청정하게 함이다.

悉能忍受一切諸惡 於諸衆生 其心平等 無有動搖 譬如大地 能持一切 是則能淨忍波羅蜜 (『화엄경』「명법품」)

---

91 '인욕바라밀'은 '진실 · 진리'에 순응하는 것이니, 받아들여 마땅한 일체의 것은 모두 참아내야 한다. 단, 악을 옳다고 인정하는 것이 아니라, 중생의 악함을 '진실'로서 있는 그대로 수용하는 것이다. 그러나 '진리'를 받아들여야 하니, 악을 선으로 바로잡으려고 분발해야 한다. 단순한 용서가 아니라, 상대방의 악함을 그대로 수용하되, 악을 선으로 바로잡도록 최선을 다해 노력해야 한다. 인욕바라밀로 '악'을 대하는 것은, '보편적 용서'(측은지심에 순응)와 '자명한 분노'(수오지심에 순응)를 함께 활용하는 것이다. 이것이 올바른 '보살의 길'이다.

⋯ 3행 무위역행無違逆行의 닦음

1. 수용과 조화에 안주하라

이 보살은 항상 '수용하는 법'을 닦아서 늘 겸손하고 공경한다.[92] 자신을 해치지 않고 남을 해치지 않으며 모두를 해치지 않는다. '나'를 취하지도 않고 '남'을 취하지도 않으며 '모두'를 취하지 않는다. '나'에게 집착하지도 않고 '남'에게 집착하지도 않으며 '모두'에게 집착하지 않는다.

또한 '명예'나 '재화'를 탐하지 않으며, 다만 이렇게 생각한다. "내가 마땅히 중생을 위하여 진리를 설명하여, 일체의 악을

---

92 유가의 '사양지심辭讓之心 · 공경지심恭敬之心'(양심 중 수용과 조화의 마음)에 해당하니, 상황을 있는 그대로 수용하고, 상황과 조화를 이루려는 마음으로, 불가의 '인욕바라밀'과 통한다.

떠나게 하고, 탐욕·분노·어리석음과 교만·감춤·아낌·질시·아첨·속임을 끊게 하고, 늘 '인욕과 조화'에 안주하게 할 것이다!"

　此菩薩 常修忍法 謙下恭敬 不自害 不他害 不兩害 不自取 不他取 不兩取 不自著 不他著 不兩著 亦不貪求名聞利養 但作是念 我當常爲衆生說法 令離一切惡 斷貪瞋癡憍慢覆藏 慳嫉諂誑 令恒安住忍辱柔和 (『화엄경』「십행품」)

2. 인욕바라밀에 안주하라

　또한 이 중생들이 하나하나 각자 백천억 나유타 아승지의 손을 갖고서, 하나하나 손에 각자 백천억 나유타 아승지의 무기를 들고, 보살을 박해하기를 아승지 겁이 경과하도록 쉬지 않더라도, 보살은 이 극심한 고초를 만나 몸의 털이 모두 곤두서고 목숨이 장차 끊어지려고 함에, 이와 같이 생각한다.

　"내가 이러한 고통으로 인하여 마음이 움직이고 어지러워진다면, ① 자신의 번뇌를 굴복시키지 못하고, ② 자신을 수호하지 못하고, ③ 스스로 밝게 깨닫지 못하고, ④ 스스로 닦고 익히지 못하고, ⑤ 스스로 바르게 결정하지 못하고, ⑥ 스스로 고요하지 못하고, ⑦ 스스로 아끼지 못하고, ⑧ 스스로 집착을 일으키게 되니, 어떻게 능히 남의 마음을 청정하게 하겠는가?"

又此衆生 一一各有百千億 那由他阿僧祇手 一一手各執百千億 那由他阿僧祇器仗 逼害菩薩 如是經於阿僧祇劫 曾無休息 菩薩遭此極大楚毒 身毛皆豎 命將欲斷 作是念言 我因是苦 心若動亂 則自不調伏 自不守護 自不明了 自不修習 自不正定 自不寂靜 自不愛惜 自生執著 何能令他 心得淸淨

3. 불법 가운데 안주하라

그때 보살은 다시 이와 같이 생각한다. "내가 시작이 없는 세월 동안, 생사에 머물면서 온갖 고뇌를 겪어왔다!" 이와 같이 사유하고 스스로를 거듭 격려하여, 마음으로 하여금 청정하게 하여 환희를 얻고, 스스로를 잘 조복시키고 포섭하여, 스스로 능히 불법 가운데 안주하며, 또한 중생으로 하여금 이 법을 함께 얻게 한다.

菩薩爾時 復作是念 我從無始劫 住於生死 受諸苦惱 如是思惟 重自勸勵 令心淸淨 而得歡喜 善自調攝 自能安住於佛法中 亦令衆生 同得此法

4. 진리를 수용하라

다시 사유함에, "이 몸이 텅 비고 고요하니, '나'와 '나의 것'이 없으며 참된 실체가 없다. 또한 본성이 텅 비어서 둘이 아니니, 즐거움과 고통이 모두 없다. 모든 법이 텅 빈 것(諸法空)을 내가 마땅히 이해하여, 널리 남을 위하여 설명하여 여러 중생으로 하여금 이 견해를 없애도록 할 것이다.

사정이 이러하니 내가 이제 고초를 겪더라도 응당 참고 받아들여야 할 것이니, ① 자비심으로 중생을 염려하기 때문이며(慈念衆生), ② 넉넉히 중생을 이롭게 하기 위해서이며(饒益衆生), ③ 중생을 안락하게 하기 위해서이며(安樂衆生), ④ 중생을 안타까워하기 때문이며(憐愍衆生), ⑤ 중생을 포섭하고 수용하기 위해서이며(攝受衆生), ⑥ 중생을 버리지 않기 위해서이며(不捨衆生), ⑦ 스스로 깨달음을 얻기 위해서이며, ⑧ 남을 깨닫게 하기 위해서이며, ⑨ 마음을 물러나지 않게 하기 위해서이며, ⑩ 부처님의 도를 향해서 나아가기 위해서이다." 이것을 보살마하살의 '제3 무위역행'이라고 한다.

　復更思惟 此身空寂 無我我所 無有眞實 性空無二 若苦若樂 皆無所有 諸法空故 我當解了 廣爲人說 令諸衆生 滅除此見 是故我今 雖遭苦毒 應當忍受 爲慈念衆生故 饒益衆生故 安樂衆生故 憐愍衆生故 攝受衆生故 不捨衆生故 自得覺悟故 令他覺悟故 心不退轉故 趣向佛道故 是名菩薩摩訶薩 第三無違逆行

유튜브(YouTube) | 윤홍식의 화엄경 강의 - 3지

5. 지혜가 타오르는 단계,
4지 염혜지 焰慧地

1. 4지의 10가지 지혜

불자여, 보살이 이 '염혜지焰慧地'에 머물면 능히 '10가지 지혜'로써 진리를 성숙시켜서 '내밀한 법'[93]을 얻어서 '여래의 가

---

93 '내밀한 법'(內法)이란 '보리분법菩提分法'(깨달음의 요소 · 깨달음을 돕는 요소 · 각지覺支 · 조도품助道品 · 조보리법助菩提法)이니, 출세간의 근본원리에 바탕을 둔 '세간의 보편법칙'을 말한다. 대표적인 보리분법으로 37조도품이 있으며, 대승적 보리분법으로는 ① 4무량심四無量心(무량한 마음, 자慈 · 비悲 · 희喜 · 사捨) ② 4섭법四攝法(중생을 포섭하는 방법, 보시布施 · 애어愛語 · 이행利行 · 동사同事)이 있다. 37조도품의 내용은 다음과 같다.
① 4념처四念處(신身 · 수受 · 심心 · 법法)
② 4정근四正勤(四意斷 · 四正斷, 율의단律儀斷 · 단단斷斷 · 수호단隨護斷 · 수단修斷)
③ 4여의족四如意足(욕욕 · 염념 · 정진精進 · 관觀)
④ 5근五根(신信 · 정진精進 · 염념 · 정정 · 혜慧)
⑤ 5력五力(신信 · 정진精進 · 염념 · 정정 · 혜慧)
⑥ 7각지七覺支
⑦ 8정도(八正道, 계戒 · 정정 · 혜慧 3학의 확장판, 정견正見 · 정사유正思惟 · 정

문'(如來家)에 태어난다.[94] 무엇이 그 10가지인가?

① 깊은 마음으로 물러나지 않음이며, ② '불佛·법法·승僧'[95]의 3가지 보물에 청정한 믿음을 내어 절대로 무너지지 않음이며, ③ 모든 행위의 생멸을 관찰함이며, ④ 모든 법法의 자성이 생겨나지 않음을 관찰함이며, ⑤ 세간의 생성과 소멸을 관찰함이며, ⑥ 업으로 인하여 태어남을 관찰함이며, ⑦ 생사와 열반을[96] 관찰함이며, ⑧ 중생의 국토(업에 따라 태어나는 곳)와 업을 관찰함이며, ⑨ 과거와 미래를 관찰함이며, ⑩ 일체가 다함이 없음을 관찰함이 그것이다. 이것이 10가지이다.[97]

어正語·정업正業·정명正命·정정진正精進·정념正念·정정正定)

94 1지에서 '여래의 가문'에 이미 태어났으나, 여기서는 '여래의 지혜'인 '출세간의 지혜'가 밝게 드러나서 '세간의 보편법칙'에 안주하였고, '여래의 몸'인 보신(의성신·금강신)이 더욱 온전해져 가기에 '여래의 가문'에 태어났다고 한 것이다(生貴住).

95 대승불교의 '3보', 즉 '불佛·법法·승僧'은 소승불교적 의미를 넘어서니, ① '불佛'은 역사적 석가모니불이 아닌 초인격적인 우주적 법신 '비로자나불'과 10지 보살을 의미하며, ② '법法'은 법신이 지닌 '진리'(dharma)를 의미하며, ③ '승僧'은 비로자나불(佛)의 가르침(法)에 따라 현상계에서 진리를 배우고 중생을 교화하는 개체적 인격을 지닌 '보살들의 모임', 즉 '깨달은 중생들의 모임'을 의미한다.

96 ① '생사'에 머물면서도 오염된 행위를 하지 않으며, ② '열반'에 머물면서도 영원히 '열반'에 들지 않는 것이 '보살행'이다. (在於生死 不爲汚行 住於涅槃 不永滅度 是菩薩行, 『유마경維摩經』)

97 이후에는 4지 보살이 출세간의 '6바라밀의 근본원리'를 깨달아, 세간에서 '6바라밀

佛子 菩薩住此焰慧地 則能以十種智 成熟法故 得彼內法 生如來家 何等爲十 所謂深心不退故 於三寶中 生淨信 畢竟不壞故 觀諸行生滅故 觀諸法自性無生故 觀世間成壞故 觀因業有生故 觀生死涅槃故 觀衆生國土業故 觀前際後際故 觀無所有盡故 是爲十

2. 4가지 마음챙김(四念處)[98]

불자여, 보살은 이 제4지에 머물면서, ① '내적인 몸'(內身)에서 '몸'을 관찰하여, 노력하고 분발하며 마음을 챙기고 알아차려서, 세간의 탐욕과 근심을 제거한다. 또한 '외적인 몸'(外身)에서 '몸'을 관찰하여, 노력하고 분발하며 마음을 챙기고 알아차려서, 세간의 탐욕과 근심을 제거한다. 또한 '내적·외적인 몸'

의 보편법칙'에 안주함(보편법칙에 대한 이해의 심화, 의혹이 없음, 세간사에서 6바라밀의 판단과 실천이 탁월함, 불혹不惑)을 나타내기 위해, '보리분법菩提分法'을 설명한다. 언제 어디서나 보리분법에 안주하여 부처님의 법을 따름이, 4지 보살이 세간을 초월하여 '여래의 가문'에 태어남이다. 그는 세간에 살면서 출세간의 진리를 따르는 존재이다.

98 대표적인 보리분법인 '37조도품助道品' 중 '4념처念處'(4가지 마음챙김의 대상)는 ① 신身(몸의 촉감) ② 수受(좋고 싫은 느낌) ③ 심心(생각) ④ 법法(법칙)을 말한다.

(內外身)에서 몸을 관찰하여, 노력하고 분발하며 마음을 챙기고 알아차려서 세간의 탐욕과 근심을 제거한다.

이와 같이 ② '내적인 느낌'(內受), '외적인 느낌'(外受), '내적·외적인 느낌'(內外受)에서 '느낌'을 관찰하며, ③ '내적인 마음'(內心), '외적인 마음'(外心), '내적·외적인 마음'(內外心)에서 '마음'을 관찰하며, ④ '내적인 법칙'(內法), '외적인 법칙'(外法), '내적·외적인 법칙'(內外法)에서 '법칙'을 관찰하여, 노력하고 분발하며 마음을 챙기고 알아차려서, 세간의 탐욕과 근심을 제거한다.

佛子 菩薩住此第四地 觀內身循身觀 勤勇念知 除世間貪憂 觀外身循身觀 勤勇念知 除世間貪憂 觀內外身循身觀 勤勇念知 除世間貪憂 如是 觀內受外受內外受循受觀 觀內心外心內外心循心觀 觀內法外法內外法循法觀 勤勇念知 除世間貪憂

3. 4가지 올바른 노력(四正勤)[99]

다시 이 보살은, ① 아직 생겨나지 않은 모든 악과 선하지 않은 법을 생겨나지 않게 하고자, 의욕을 내어 부지런히 정진하여 마음을 발하여 바르게 노력한다(律儀斷). ② 이미 생겨난 모든 악과 선하지 않은 법을 끊고자, 의욕을 내어 부지런히 정진하여 마음을 발하여 바르게 노력한다(斷斷).

③ 아직 생겨나지 않은 선한 법을 생겨나게 하고자, 의욕을 내어 부지런히 정진하여 마음을 발하여 바르게 노력한다(隨護斷). ④ 이미 생겨난 여러 선한 법을 유지하여 잃어버리지 않으며, 닦아서 증가시키고 광대하게 하고자, 의욕을 내어 부지런히 정진하여 마음을 발하여 바르게 노력한다(修斷).

復次此菩薩 未生諸惡不善法爲不生故 欲生勤精進 發心正

---

99 '37조도품' 중 '4정근正勤'(4가지 올바른 노력, 4의단四意斷·4정단四正斷)은 ① 율의단律儀斷(아직 나타나지 않은 악이 나타나지 않게 노력) ② 단단斷斷(이미 나타난 악을 끊고자 노력) ③ 수호단隨護斷(아직 나타나지 않은 선이 나타나게 노력) ④ 수단修斷(나타난 선을 더욱 닦도록 노력)을 말한다. '노력'(勤)이 '버림'(斷)으로 바뀐 것은 팔리어에서 산스크리트어로 바뀌면서 철자에 오류가 생긴 것이라고 한다 (전재성 역주,『십지경, 오리지널 화엄경』참조).

斷 已生諸惡不善法爲斷故 欲生勤精進發心正斷 未生諸善法
爲生故 欲生勤精進發心正行 已生諸善法爲住不失故 修令增
廣故 欲生勤精進發心正行

4. 4가지 신통의 토대(四如意足)[100]

다시 이 보살은, ① '욕망'(欲)에 대한 몰입의 노력으로 성취한 '신통의 토대'(神足)를 닦아서, 싫어함을 의지하며, 떠남을 의지하며, 소멸함을 의지하며, 버림에 회향한다.[101] ② '정진精進' ③ '마음'(心) ④ '관찰'(觀)에 대한 몰입의 노력으로 성취한 신통의 토대를 닦아서, 싫어함을 의지하며, 떠남을 의지하며, 소멸함을 의지하며, 버림에 회향한다.

復次此菩薩 修行欲定斷行 成就神足 依止厭 依止離 依止滅
迴向於捨 修行精進定心定觀定斷行 成就神足 依止厭 依止離

---

100 '37조도품' 중 '4여의족四如意足'(4신족四神足, 4가지 신통의 토대·기초)은 ① 욕여의족欲如意足(욕망하라!) ② 정진여의족精進如意足(노력하라!) ③ 염여의족 念如意足(몰입하라!) ④ 관여의족觀如意足(연구하라!)을 말한다.

101 '탐진치'를 싫어하여 떠나 소멸시키고 버림을 말한다.

依止滅 迴向於捨

5. 5가지 근기(伍根)[102]

다시 이 보살은 ① '믿음의 근기'(信根)를 닦아서, 싫어함을 의지하며, 떠남을 의지하며, 소멸함을 의지하며, 버림에 회향한다. ② '정진의 근기'(精進根) ③ '마음챙김의 근기'(念根) ④ '선정의 근기'(定根) ⑤ '지혜의 근기'(慧根)를 닦아서, 싫어함을 의지하며, 떠남을 의지하며, 소멸함을 의지하며, 버림에 회향한다.

復次此菩薩 修行信根 依止厭 依止離 依止滅 迴向於捨 修行精進根 念根 定根 慧根 依止厭 依止離 依止滅 迴向於捨

---

102 '37조도품' 중 '5근五根'(5가지 근기)은 ① 신근信根(믿음의 근기, 3보三寶) ② 정진근精進根(정진의 근기, 4정근四正勤) ③ 염근念根(마음챙김의 근기, 4념처四念處) ④ 정근定根(선정의 근기, 4선정四禪定) ⑤ 혜근慧根(지혜의 근기, 4성제四聖諦)을 말한다.

6. 5가지 힘[103]

다시 이 보살은 ① '믿음의 힘'(信力)을 닦아서, 싫어함을 의지하며, 떠남을 의지하며, 소멸함을 의지하며, 버림에 회향한다. ② '정진의 힘'(精進力) ③ '마음챙김의 힘'(念力) ④ '선정의 힘'(定力) ⑤ '지혜의 힘'(慧力)을 닦아서, 싫어함을 의지하며, 떠남을 의지하며, 소멸함을 의지하며, 버림에 회향한다.

復次此菩薩 修行信力 依止厭 依止離 依止滅 迴向於捨 修行精進力 念力 定力 慧力 依止厭 依止離 依止滅 迴向於捨

---

[103] '37조도품' 중 '5력五力'(5가지 힘)은 ① 신력信力(믿음의 힘) ② 정진력精進力(정진의 힘) ③ 염력念力(마음챙김의 힘) ④ 정력定力(선정의 힘) ⑤ 혜력慧力(지혜의 힘)을 말한다.

7. 7가지 깨달음의 요소 (七覺支)[104]

다시 이 보살은, ① '마음챙김의 깨달음의 요소'(念覺分)를 닦아서, 싫어함을 의지하며, 떠남을 의지하며, 소멸함을 의지하며, 버림에 회향한다. ② '진리의 선택의 깨달음의 요소'(擇法覺分) ③ '정진의 깨달음의 요소'(精進覺分) ④ '기쁨의 깨달음의 요소'(喜覺分) ⑤ '안락의 깨달음의 요소'(猗覺分) ⑥ '선정의 깨달음의 요소'(定覺分) ⑦ '평정의 깨달음의 요소'(捨覺分)를 닦아서, 싫어함을 의지하며, 떠남을 의지하며, 소멸함을 의지하며, 버림에 회향한다.

復次此菩薩 修行念覺分 依止厭 依止離 依止滅 迴向於捨 修行擇法覺分 精進覺分 喜覺分 猗覺分 定覺分 捨覺分 依止厭 依止離 依止滅 迴向於捨

---

104 '37조도품' 중 '7각지覺支'(7가지 깨달음의 요소) :
  ① 깨어있는 '염念각지'(4념처四念處)
  ② 참된 진리를 가려내는 '택법擇法각지'(4법인四法印)
  ③ 선을 실천하고 악을 물리침에 정진하는 '정진精進각지'
  ④ 수행 중에 희열을 느끼는 '희喜각지'
  ⑤ 수행자의 몸과 마음이 경쾌하고 안락해지는 '경안輕安각지'
  ⑥ 고요한 선정에 드는 '정定각지'
  ⑦ 평정심을 유지하는 '사捨각지'

8. 8가지 올바른 길(八正道)[105]

다시 이 보살은, ① '올바른 견해'(正見)를 닦아서, 싫어함을 의지하며, 떠남을 의지하며, 소멸함을 의지하며, 버림에 회향한다. ② '올바른 사유'(正思惟) ③ '올바른 말'(正語) ④ '올바른 업'(正業) ⑤ '올바른 생활 수단'(正命) ⑥ '올바른 노력'(正精進) ⑦ '올바른 마음챙김'(正念) ⑧ '올바른 선정'(正定)을 닦아서, 싫어함을 의지하며, 떠남을 의지하며, 소멸함을 의지하며, 버림에 회향한다.

復次此菩薩 修行正見 依止厭 依止離 依止滅 迴向於捨 修行正思惟 正語正業 正命正精進 正念正定 依止厭 依止離 依止滅 迴向於捨

---

105 '37조도품' 중 '8정도正道'(8가지 올바른 길)는 ① 정견正見(올바른 견해) ② 정사유正思惟(올바른 사유) ③ 정어正語(올바른 말) ④ 정업正業(올바른 업) ⑤ 정명正命(올바른 생활 수단) ⑥ 정정진正精進(올바른 정진) ⑦ 정념正念(올바른 마음챙김) ⑧ 정정正定(올바른 선정)을 말한다. '8정도'는 '3학'(계戒·정定·혜慧)의 확장판이니, ①과 ②는 '지혜', ③~⑤는 '계율', ⑦과 ⑧은 '선정', ⑥은 3학의 정진에 해당한다.

9. 보리분법을 닦는 이유

보살이 이와 같은 '공덕功德'을 닦는 것은, ① 일체의 중생을 버리지 않기 위함이며, ② '본래의 서원'(양심의 명령)을 지켜 가고자 함이며, ③ '위대한 연민'을 우선하기 때문이며, ④ '위대한 자애'를 성취하려고 하기 때문이며, ⑤ '일체지一切智'(여래의 지혜)에 대한 앎을 생각하기 때문이며, ⑥ '불국토의 장엄함'을 성취하려고 하기 때문이며,

⑦ '여래의 힘'(十力)과 '두려움이 없음'(四無畏)과 '함께하지 않는 부처의 법'(十八不共法)[106]을 성취하고자 상호相好와 음성

---

106 여래만이 지닌 18가지 함께하지 않는 '부처의 법' :
　① 신무실身無失 : 행위에 과실이 없음
　② 구무실口無失 : 말씀에 과실이 없음
　③ 염무실念無失 : 생각에 과실이 없음
　④ 무이상無異想 : 2가지 생각이 없음
　⑤ 무부정심無不定心 : 언제 어디서나 마음이 고요함
　⑥ 무불지이사無不知已捨 : 알고서 버리지 않은 것이 없음
　⑦ 욕무감欲無減 : 중생구제의 욕망이 줄어들지 않음
　⑧ 정진무감精進無減 : 정진력이 줄어들지 않음
　⑨ 염무감念無減 : 마음챙김이 줄어들지 않음
　⑩ 혜무감慧無減 : 지혜가 줄어들지 않음
　⑪ 해탈무감解脫無減 : 해탈이 줄어들지 않음
　⑫ 해탈지견무감解脫智見無減 : 해탈에 대한 지견이 줄어들지 않음
　⑬ 일체신업수지혜행一切身業隨智慧行 : 일체의 몸으로 짓는 업이 지혜를 따름

을 모두 갖추려고 하기 때문이며, ⑧ '상상上上의 수승한 길'을 구하기 때문이며, ⑨ 들었던 매우 심오한 부처의 해탈에 따르기 때문이며, ⑩ '위대한 지혜'와 '뛰어난 솜씨의 방편'을 사유하기 때문이다.[107]

菩薩修行如是功德 爲不捨一切衆生故 本願所持故 大悲爲首故 大慈成就故 思念一切智故 成就莊嚴佛土故 成就如來力無所畏不共佛法 相好音聲悉具足故 求於上上殊勝道故 隨順所聞甚深佛解脫故 思惟大智善巧方便故

---

⑭ 일체구업수지혜행一切口業隨智慧行 : 일체의 입으로 짓는 업이 지혜를 따름
⑮ 일체의업수지혜행一切意業隨智慧行 : 일체의 마음으로 짓는 업이 지혜를 따름
⑯ 지혜지견과거세무애智慧知見過去世無碍 : 지혜로 과거 세상을 아는 것에 걸림이 없음
⑰ 지혜지견미래세무애智慧知見未來世無碍 : 지혜로 미래 세상을 아는 것에 걸림이 없음
⑱ 지혜지견현재세무애智慧知見現在世無碍 : 지혜로 현재 세상을 아는 것에 걸림이 없음

107 '지혜'는 '반야바라밀'의 실천이며, '방편'은 '나머지 바라밀'의 실천이니, 지혜와 방편을 성취하기 위해서는 '6바라밀'을 닦아 나가야 한다.

10. 여래의 뜻을 따르는 삶

불자여, 보살이 이 '염혜지'에 머물면, '육신'에 집착하는 견해를 비롯하여, '나라는 집착' '사람이라는 집착' '중생이라는 집착' '나이를 먹는 존재라는 집착' '5온·18계[108]·12처[109]에 대한 집착'에서, 일어나고 출몰하고 사유되고 관찰되고 '나의 것'이 되고 '재물'이 되고 '집착처'가 되는 이러한 모든 것들로부터 일체 떠난다.[110]

이 보살은 여래가 꾸짖고 번뇌에 오염된 업을 보면 모두 다 버리며, '보살의 깨달음'(菩薩道)에 부합하며 여래가 칭찬한 업을 보면 모두 다 닦아서 행한다.

佛子 菩薩住此焰慧地 所有身見爲首 我人衆生 壽命 蘊界處 所起執著 出沒思惟 觀察治故 我所故 財物故 著處故 於如是

---

108 18계는 '6근根·6경境·6식識'을 말한다.

109 12처는 '6근根과 6경境'의 6내처內處와 6외처外處를 말한다.

110 일체의 세간을 초월하여, '출세간의 지혜'로 사물을 판단한다. 언제 어디서나 '4무량심'이나 '4섭법'을 포함한 일체의 '보리분법'에 안주한다. 이것이 '여래의 가문'에서 태어남이니, 세간에 살면서 '출세간의 길'(여래의 길)을 따르는 것이다.

等 一切皆離 此菩薩 若見業 是如來所訶 煩惱所染 皆悉捨離 若見業 是順菩薩道 如來所讚 皆悉修行

11. 보리분법의 실천으로 얻는 10가지 마음

불자여, 이 보살이 '방편과 지혜'를 일으켜(6바라밀의 실천) 깨달음의 요소(道分)와 깨달음을 돕는 요소(助道分)를 익히고 닦음에, 이처럼 ① 윤택한 마음(潤澤心) ② 유연한 마음(柔軟心) ③ 조복하여 순복시킨 마음(調順心) ④ 중생을 이롭게 하고 안락하게 하는 마음(利益安樂心)

⑤ 잡스럽게 오염되지 않은 마음(無雜染心) ⑥ 상상上上의 수승한 법을 구하는 마음(求上上勝法心) ⑦ 수승한 지혜를 구하는 마음(求殊勝智慧心) ⑧ 일체의 세간을 구하고자 하는 마음(救一切世間心) ⑨ 스승을 공경하고 가르침과 명령을 어기지 않는 마음(恭敬尊德無違教命心) ⑩ 들은 바 진리대로 모두 잘 닦는 마음(隨所聞法皆善修行心)을 얻는다.

佛子 此菩薩 隨所起方便慧 修習於道及助道分 如是而得潤

澤心 柔軟心 調順心 利益安樂心 無雜染心 求上上勝法心 求
殊勝智慧心 救一切世間心 恭敬尊德無違敎命心 隨所聞法皆
善修行心

12. 4지 보살의 성취

이 보살은 ① 마음의 세계가 청정하며, ② '깊은 마음'을 잃어
버리지 않으며, ③ 깨달아 이해함이 밝고 예리하며,[111] ④ 선한
근기가 불어나고 자라며,[112] ⑤ 세간의 더러움과 혼탁함을 떠나
며,[113] ⑥ 모든 의혹을 끊으며(斷諸疑惑),[114] ⑦ 밝은 판단을 갖
추며,[115] ⑧ 기쁨과 즐거움이 충만하며, ⑨ 부처가 친히 보호하

---

111 6바라밀의 실천법칙인 '보리분법'에 대한 이해가 3지에 비해 심화되었음을 의미한
다. 4지에 와서는 보리분법의 실천에 안주하게 되었다.

112 보리분법의 실천에 안주하였기에, 일상의 삶 속에서 늘 6바라밀을 실천할 수 있으
니, 선한 근기가 불어나고 자라나게 된 것이다.

113 세간 속에 살되, 출세간의 '근본원리'에 바탕을 둔 '보리분법'에 안주하였으니, 세간
을 떠나 여래의 가문에 태어난 것이다. 그래서 4주의 경지를 '생귀주生貴住'(귀한
여래의 가문에 태어남에 안주한 경지)라고 하는 것이다.

114 유가에서는 양심의 판단과 실천에 막힘이 없는 경지를 '불혹不惑'(인생의 40세에
해당하는 경지)이라고 하였으니, 그 뜻이 통한다.

115 일상사의 모든 일에서 '여래의 뜻' '양심의 뜻'에 부합하는 '선'과 부합하지 않는 '악'

고 기억해 주며, ⑩ 무량한 마음(4무량심)의 즐거움이 모두 성취된다.

是菩薩 心界淸淨 深心不失 悟解明利 善根增長 離世垢濁 斷諸疑惑 明斷具足 喜樂充滿 佛親護念 無量志樂 皆悉成就

13. 4지 보살의 공양과 회향

부처님을 모두 공경하고 존중하며, 받들어 섬기고 공양한다. 의복과 침구와 음식과 의약품 등 일체의 생활필수품을 모두 부처님께 받들어 베풀며, 또한 일체의 스님들께도 공양한다. 이 선근을 모두 다 '최고의 올바르고 원만한 깨달음'에 회향廻向한다.[116]

부처님의 처소에서 공경히 진리를 청하여 듣고 받아 지녀서, 모두 갖추어 수행한다. 다시 저 불법의 가운데로 출가하여 '도'

을 의혹이 없이 자명하게 판정할 수 있는 경지이다.
116 4지 보살의 '회향'은 '지일체처회향至一切處廻向'(10회향 중 4회향에 해당함)이니, 선한 힘이 일체처에 이르는 회향이다.

(보살도)를 닦는다.[117] 또한 다시 닦고 다스려서 깊은 마음으로 믿고 이해하며, 무량한 백천억 나유타 겁을 경과하는 동안에 모든 선한 근기가 더욱 밝아지고 정화된다. … 이 보살은 10바라밀 가운데 '정진바라밀'을 특히 많이 닦는다. 나머지를 닦지 않는 것은 아니나, 다만 역량과 분수에 따를 뿐이다.

皆恭敬尊重 承事供養 衣服臥具 飮食湯藥 一切資生 悉以奉施 亦以供養一切衆僧 以此善根 皆悉迴向阿耨多羅三藐三菩提 於彼佛所 恭敬聽法 聞已受持 具足修行 復於彼諸佛法中 出家修道 又更修治 深心信解 經無量百千億那由他劫 令諸善根 轉復明淨 … 十波羅蜜中 精進偏多 餘非不修 但隨力隨分

---

117 '세속의 집안'을 벗어나 '여래의 가문'에 태어남을 말한다. 출세간에 뿌리를 둔 '양심의 실천법칙'을 따름에 안주했음을 의미한다.

••• 4지 염혜지焰慧地의 경지

4지의 경지는 '염혜지焰慧地'(지혜가 타오르는 단계)라고 불립니다. '6바라밀의 보편법칙의 실천'을 막는 업장을 정화하는 단계로, '6바라밀의 보편법칙의 뼈대'에 대한 자명한 이해가 심화되는 단계입니다.[118]

3지에서 발출한 '지혜의 빛'이 더욱 타올라, '타오르는 지혜의 불꽃'으로 '미세번뇌현행장微細煩惱現行障'(미세한 번뇌가 현행하는 장애)을 끊고, '무섭수진여無攝受眞如'(아집에 포섭되지 않는 진여)를 얻는 단계입니다. '생각·말·행동'(3업)에서, 세간에 적용되는 6바라밀의 보편법칙(보리분법)에 안주하는 경지입니다. 그러나 아직 '열반에 집착하는 소승의 장애'가 있어서, 아직

---

118 4지는 6바라밀의 보편법칙의 뼈대에 대한 법인法忍이 심화된 단계이다.

세간의 각종 방편에 원만하지는 못합니다.

10바라밀 중에는 '정진바라밀'[119]이 뛰어납니다. 10단계의 실천(10행) 중에는 4행인 '무굴요행無屈橈行'(굽히고 꺾임이 없는 실천)을 닦으며, 10단계의 회향(10회향) 중에는 4회향인 '지일체처회향至一切處廻向'(선한 힘이 일체처에 이르는 회향)을 닦습니다.

10단계의 안주(10주) 중에는 4주인 '생귀주生貴住'(불성의 명령에 따른 보편법칙의 이해·실천에 안주하기에, 출세간의 여래의 가문에 태어남에 안주한 경지)에 해당하는데, 밀교적으로 '금강신金剛身·의성신意成身'을 더욱 견고하게 배양하는 단계이며, '출세간의 지혜'로 매사에 늘 전체적인 자명함을 이루어 '6바라밀의 보편법칙'을 실천함에 안주하여, 세속을 떠나 여래의 가문에 태어났다고 인정되는 경지입니다.[120]

---

119 정진바라밀 :
  ① 피갑정진被甲精進 : 갑옷을 입은 전사처럼 어떤 난관과 역경도 모두 돌파하는 정진
  ② 섭선정진攝善精進 : 일체의 선법을 모두 섭수하는 정진(自利)
  ③ 이락정진利樂精進 : 중생을 이롭고 즐겁게 하는 정진(利他)

120 "불자여, 보살이 이 '염혜지焰慧地'에 머물면 능히 '10가지 지혜'로써 진리를 성숙시켜 '내밀한 법'(內法, 보리분법)을 얻어서 '여래의 가문'(如來家)에 태어난다."(佛子 菩薩住此焰慧地 則能以十種智 成熟法故 得彼內法 生如來家,『화엄경』「십지품」)

세간에 적용되는 '6바라밀의 보편법칙'에 대한 자명한 이해가 심화되어, 현실의 구체적 사안에서 선과 악, 즉 여래의 뜻에 부합하는지의 여부를 판단함에 의혹이 없어진 경지(유가의 불혹不惑의 경지)를 말합니다.[121] 출세간의 '6바라밀 근본실상'이 더욱 드러남에 따라, '6바라밀 분석'을 통해 일상사의 모든 일에서, '6바라밀의 실천법칙'에 부합하는 '선善'과 어긋나는 '악惡'을 선명히 판정할 수 있습니다.

　'6바라밀의 보편법칙(실천법칙)'대로 욕심을 경영하는 것이 습관으로 안착된 경지이니, 양심의 정밀한 분석이 가능해집니다. '양심의 좋아함·싫어함(好惡)'(여래의 호오好惡)이 정밀해짐에 따라, 선악의 판정에 더욱 밝아져 의혹이 없어진 경지로, 4지에서는 3지에서 확립한 경전의 뼈대에 살을 붙여 가게 됩니다. 경전에 대한 이해가 정밀해져 가는 것이죠. 그러나 아직 경전의 내용과 하나로 통하지는 못하여 찜찜함이 남아 있는 경

121　"이 보살은 여래가 꾸짖고 번뇌에 오염된 업을 보면 모두 다 버리며, '보살의 깨달음'(菩薩道)에 부합하며 여래가 칭찬한 업을 보면 모두 다 닦아서 행한다." (此菩薩 若見業 是如來所訶 煩惱所染 皆悉捨離 若見業 是順菩薩道 如來所讚 皆悉修行, 『화엄경』「십지품」)
　　"(4지 보살은) 모든 의혹을 끊으며, 밝은 판단을 갖춘다." (斷諸疑惑 明斷具足, 『화엄경』「십지품」)

지입니다.

4주 생귀주生貴住의 경지

　행위가 '부처'와 동일하고 '부처의 기운'을 받은 것이, 마치 중음신이 부모를 구할 때 은밀히 그 믿음이 통한 것과 같으니,[122] 여래의 종성에 들어가는 것을 '생귀주'라고 한다.[123]

　行與佛同 受佛氣分 如中陰身自求父母 陰信冥通 入如來種 名生貴住 (『능엄경』)

122　비록 중음신의 상태로 완전한 몸이 갖추어지지는 않았으나, 혼백을 갖추어 이미 그 부모와 통하고 있음을 말한다.

123　밀교적으로, 3계의 업을 벗어나 부처님의 가문에 태어남을 말하니, 3계를 초월한 '법신의 몸'이 배양되어, 육신과 분리되어 작용할 수 있으나 아직 배양이 완전하지는 않은 경지를 의미한다.

··· 4지 보살의 핵심 수행, 정진바라밀

① 모든 업을 두루 짓되 항상 닦아서 게으르지 않으며, ② 모든 하는 것에서 늘 물러나지 않으며, ③ 용맹한 세력도 그를 능히 굴복시킬 수 없으며, ④ 모든 공덕을 취하지도 버리지도 않으면서[124] 일체의 지혜의 문을 만족시킬 수 있으면, 이는 '정진바라밀'을 청정하게 함이다.

普發衆業 常修靡懈 諸有所作 恒不退轉 勇猛勢力 無能制伏 於諸功德 不取不捨 而能滿足 一切智門 是則能淨精進波羅蜜
(『화엄경』「명법품」)

---

124 일체의 공덕을 짓되, 그 공덕에 집착하지 않음을 말한다.

··· 4행 무굴요행無屈撓行의 닦음

1. 쉼이 없는 정진[125]의 이유

① 오직 '일체의 번뇌'를 끊기 위하여 정진을 행하며, ② 오직 '일체 미혹의 뿌리'를 뽑기 위해 정진을 행하며, ③ 오직 '일체의 습기'를 제거하기 위해 정진을 행하며, ④ 오직 '일체 중생의 세계'를 알기 위해 정진을 행하며, ⑤ 오직 일체 중생이 여기서 죽어 저기에 태어나는 것을 알기 위해 정진을 행하며,

⑥ 오직 '일체 중생의 번뇌'를 알기 위해 정진을 행하며, ⑦ 오직 '일체 중생의 마음이 즐기는 것'을 알기 위해 정진을 행하며, ⑧ 오직 '일체 중생의 경계'를 알기 위해 정진을 행하며, ⑨

---

[125] 유가의 '성실지심誠實之心'(양심 중 쉼 없이 정진하는 마음)에 해당하니, 양심의 구현을 위해 어떤 난관도 돌파해 내는 마음으로, 불가의 '정진바라밀'과 통한다.

오직 '일체 중생의 모든 근기'의 뛰어남과 열등함을 알기 위해 정진을 행하며, ⑩ 오직 '일체 중생의 마음이 행하는 것'을 알기 위해 정진을 행한다.

⑪ 오직 '일체의 법계'를 알기 위해 정진을 행하며, ⑫ 오직 '일체 불법의 근본 성품'을 알기 위해 정진을 행하며, ⑬ 오직 '일체 불법의 평등한 성품'을 알기 위해 정진을 행하며, ⑭ 오직 '3세의 평등한 성품'을 알기 위해 정진을 행하며, ⑮ 오직 '일체 불법의 광명한 지혜'를 알기 위해 정진을 행하며,

⑯ 오직 '일체 불법의 지혜'를 증득하기 위해 정진을 행하며, ⑰ 오직 '일체 불법의 하나의 실상'을 알기 위해 정진을 행하며, ⑱ 오직 '일체 불법의 끝이 없음'을 알기 위해 정진을 행하며, ⑲ 오직 '일체 불법의 광대하게 결정하는 뛰어난 솜씨의 지혜'를 얻기 위해 정진을 행하며, ⑳ 오직 '일체 불법의 구절과 의미를 분별하여 풀어서 설명하는 지혜'를 얻기 위해 정진을 행한다.

但爲斷一切煩惱故 而行精進 但爲拔一切惑本故 而行精進 但爲除一切習氣故 而行精進 但爲知一切衆生界故 而行精進

但爲知一切衆生死此生彼故 而行精進 但爲知一切衆生煩惱故 而行精進 但爲知一切衆生心樂故 而行精進 但爲知一切衆生境界故 而行精進 但爲知一切衆生諸根勝劣故 而行精進 但爲知一切衆生心行故 而行精進 但爲知一切法界故 而行精進 但爲知一切佛法根本性故 而行精進 但爲知一切佛法平等性故 而行精進 但爲知三世平等性故 而行精進 但爲得一切佛法智光明故 而行精進 但爲證一切佛法智故 而行精進 但爲知一切佛法一實相故 而行精進 但爲知一切佛法無邊際故 而行精進 但爲得一切佛法 廣大決定善巧智故 而行精進 但爲得分別演說 一切佛法句義智故 而行精進 (『화엄경』「십행품」)

2. 일체 중생을 모두 고통에서 벗어나게 하리라

만약 어떤 사람이 "(중생을 모두 궁극의 열반에 들어가게 하려면) 무량한 아승지의 큰 바닷물을 그대가 하나의 털끝으로 찍어서 물방울을 모두 없애고, 무량한 아승지의 세계를 모두 부수어 티끌로 만들고, 그 물방울과 티끌들을 하나하나 세어 그 수를 다 알고는, 중생을 위하여 그러한 많은 겁 동안 생각 생각 중에 고통 받기를 끊임이 없어야 할 것이다!"라고 말한다고 하

더라도,

 보살은 이러한 말을 듣고 찰나의 회한의 마음도 없이, 다만 다시 뛰어난 환희가 솟구쳐서, 스스로 매우 다행이라고 여기고 크고 좋은 이익을 얻었다고 여겨서, "나의 힘으로 저 중생들로 하여금 영원히 모든 고통에서 벗어나게 할 것이다!"라고 한다. 보살은 이렇게 행하는 방편으로 일체 세계에서 일체 중생으로 하여금 '남음이 없는 궁극의 열반'(無餘涅槃)에 도달하게 하니, 이것을 보살마하살의 '제4 무굴요행'이라고 한다.

 設復有人 作如是言 有無量阿僧祇大海 汝當以一毛端 滴之令盡 有無量阿僧祇世界 盡抹爲塵 彼滴及塵一一數之 悉知其數 爲衆生故 經爾許劫 於念念中 受苦不斷 菩薩不以聞此語故 而生一念 悔恨之心 但更增上歡喜踊躍 深自慶幸 得大善利 以我力故 令彼衆生 永脫諸苦 菩薩以此所行方便 於一切世界中 令一切衆生 乃至究竟 無餘涅槃 是名菩薩摩訶薩 第四無屈橈行

유튜브(YouTube) | 윤홍식의 화엄경 강의 – 4지

6. 방편이 갖추어진 단계, 5지 난승지 難勝地

1. 5지 보살의 10가지 평등하고 청정한 마음

불자여, 보살마하살이 제4지에서 행해야 할 길을 원만하게 잘 닦아서 제5지에 들어가고자 한다면, 마땅히 10가지 평등하고 청정한 마음에 들어가야 한다. 무엇이 그 10가지인가?

① 이른바 '과거의 불법'에 평등하고 청정한 마음이며, ② '미래의 불법'에 평등하고 청정한 마음이며, ③ '현재의 불법'에 평등하고 청정한 마음이며, ④ '계율'에 평등하고 청정한 마음이며, ⑤ '마음'에 평등하고 청정한 마음이며, ⑥ '견해의 의심과 후회를 제거함'에 평등하고 청정한 마음이며,

⑦ '길과 길이 아님'에 대한 지혜에 평등하고 청정한 마음이

며, ⑧ '수행에 대한 지견'에 평등하고 청정한 마음이며, ⑨ '일체의 보리분법에 대한 상상上上의 관찰'에 평등하고 청정한 마음이며, ⑩ '일체의 중생을 교화함'에 평등하고 청정한 마음이다. 보살마하살은 이 10가지 평등하고 청정한 마음으로 보살의 제5지에 들어간다.

佛子 菩薩摩訶薩 第四地所行道 善圓滿已 欲入第五難勝地 當以十種平等淸淨心趣入 何等爲十 所謂於過去佛法平等淸淨心 未來佛法平等淸淨心 現在佛法平等淸淨心 戒平等淸淨心 心平等淸淨心 除見疑悔平等淸淨心 道非道智平等淸淨心 修行智見平等淸淨心 於一切菩提分法上上觀察平等淸淨心 敎化一切衆生平等淸淨心 菩薩摩訶薩 以此十種平等淸淨心 得入菩薩第五地

2. 5지 보살의 성취

불자여, 보살마하살이 이 제5지에 머무르면서, ① '보리분법'(6바라밀의 실천법칙)을 잘 닦고, ② '깊은 마음'을 잘 청정하게 하고, ③ 다시 '위의 뛰어난 길'을 추구하고, ④ '진여眞如'(불멸하

는 참나)를 따르고, ⑤ '원력'을 지니고, ⑥ '자비와 연민'으로 일체의 중생을 버리지 않고,

⑦ '복덕'(福)과 '지혜'(智), '깨달음을 돕는 것'(助道)을 모아서 쌓고, ⑧ '부지런히 닦고 익힘'에 쉬지 않고, ⑨ 뛰어난 솜씨의 방편을 펼치고, ⑩ 상상上上의 경지를 관찰하고 밝게 관조하고, ⑪ 여래의 가피를 받고, ⑫ '마음챙김'과 '알아차림'의 힘을 지녀서,[126] 물러나지 않는 마음을 얻는다.

佛子 菩薩摩訶薩 住此第五地已 以善修菩提分法故 善淨深心故 復轉求上勝道故 隨順眞如故 願力所持故 於一切衆生慈愍不捨故 積集福智助道故 精勤修習不息故 出生善巧方便故 觀察照明上上地故 受如來護念故 念智力所持故 得不退轉心

---

126 '마음챙김'은 '선정'의 기초요, '알아차림'은 '지혜'의 기초이니, 5지 보살의 '정혜쌍운定慧雙運'(선정과 지혜를 함께 운용함)이 원만함을 말한다. 5지 보살은 '선정바라밀'에 뛰어나서, 이를 바탕으로 '6바라밀의 근본실상'을 깨달을 수 있다.

3. 4성제의 증득

불자여, 이 보살마하살은 ① "이것은 '고통'이라는 성스러운 진리이다."(苦聖諦)라고 진실 그대로 알고(如實知), ② "이것은 '고통의 원인'이라는 성스러운 진리이다."(苦集聖諦)라고 진실 그대로 알며, ③ "이것은 '고통의 소멸'이라는 성스러운 진리이다."(苦滅聖諦)라고 진실 그대로 알고, ④ "이것은 '고통을 소멸시키는 길'이라는 성스러운 진리이다."(苦滅道聖諦)라고 진실 그대로 안다.

佛子 此菩薩摩訶薩 如實知此是苦聖諦 此是苦集聖諦 此是苦滅聖諦 此是苦滅道聖諦

4. 5지 보살이 인가할 수 있는 진리

이 보살은 ① 중생심이 즐기는 것을 따라 환희하기에 '세속의 진리'(俗諦)를 잘 알고, ② 하나의 실상에 통달하였기에 '최고의 진리'(第一義諦)를 잘 알며, ③ 법의 '자상自相'(자체의 형상)과 '공상共相'(공통의 형상)을 깨달았기에 '형상의 진리'(相諦)를

잘 알고, ④ 모든 법의 분수와 지위의 차별을 깨달았기에 '차별의 진리'(差別諦)를 잘 알며,

⑤ 5온蘊·18계界·12처處를 잘 분별하기에 '성립하는 진리'(成立諦)를 잘 알고, ⑥ 몸과 마음의 고뇌를 깨달았기에 '사물의 진리'(事諦)를 잘 알며, ⑦ 모든 갈래와 중생이 서로 이어짐을 깨달았기에 '생성의 진리'(生諦)를 잘 알고, ⑧ 일체의 번뇌를 끝내 없애기에 '다하여 생겨나지 않는 진리'(盡無生諦)를 잘 알며,

⑨ 이원성이 없음을 나투기에 '도에 들어가는 지혜의 진리'(入道智諦)를 알고, ⑩ 일체의 행위와 형상을 바르게 깨달았기에 '일체의 보살의 경지를 단계별로 이어서 성취하여 여래의 지혜를 성취하는 진리'(一切菩薩地 次第相續成就 乃至如來智成就諦)를 잘 안다. 이는 어디까지나 '믿고 이해하는 지혜의 힘'(信解智力)으로 아는 것이지, '궁극의 지혜의 힘'(究竟智力)으로 아는 것은 아니다.[127]

---

127 5지 보살은 '6바라밀의 근본실상(근본원리)'에 대해 체험적 이해가 가능한 경지이기에 여기서 강조하는 것이다. 그러나 아직은 '신인信忍'(체험적 이해의 가능, 개념이 체험보다 앞섬)의 단계로, '법인法忍'(자명한 이해, 개념과 체험이 일치)의 단계가 아니다.

此菩薩 隨衆生心樂令歡喜故 知俗諦 通達一實相故 知第一
義諦 覺法自相共相故 知相諦 了諸法分位差別故 知差別諦 善
分別蘊界處故 知成立諦 覺身心苦惱故 知事諦 覺諸趣生相續
故 知生諦 一切熱惱畢竟滅故 知盡無生智諦 出生無二故 知入
道智諦 正覺一切行相故 善知一切菩薩地 次第相續成就 乃至
如來智成就諦 以信解智力知 非以究竟智力知

5. 지혜의 힘으로 진리의 실상을 인가함[128]

불자여, 이 보살마하살은 이와 같은 여러 진리를 알고서, 일체의 '유위법有爲法'이 허망하고 속이는 것이며 어리석은 이를 속이고 미혹시키는 것이라는 것을 실상 그대로(如實) 안다. 보살은 이때 여러 중생에게 '큰 연민'(大悲)을 키우고 '큰 자애'(大

6지 보살이 되면 '6바라밀의 근본실상'에 대해 체험적 이해가 심화되는 '순인順忍'의 단계에 이르며, 7지·8지 이후에 '법인法忍'을 얻게 된다. '믿고 이해하는 지혜의 힘'(信解智力)으로 인가한다고 해서, 단순히 믿음과 개념으로 아는 것이 아니다. 아직은 체험이 약하다는 의미이다. 체험과 개념이 일치할 때 '궁극의 지혜의 힘'(究竟智力)으로 인가할 수 있는 것이다.

128 유가에서 '양심의 명령'을 실상 그대로 깨닫는 경지를 '지천명知天命'(인생의 50세에 해당함)의 경지라고 하니, 뜻이 서로 통한다.

慈)의 광명함을 낸다.

 불자여, 이 보살마하살은 이러한 지혜의 힘을 얻고서, 일체의 중생을 버리지 않고, 항상 '부처의 지혜'(佛智)를 구하며, 일체의 유위행有爲行의 과거와 미래를 실상 그대로 관찰하여, 과거의 '무명無明'과 '존재'(有)와 '갈애'(愛)로 말미암아 생겨나고(12연기), 5온의 집에서 태어나고 죽고 흐르고 구르며 벗어나지 못하며, 고통의 무더기가 자라남에, '나'(개체적 자아)도 없고,[129] '나 이'를 먹은 이'도 없고, '키우는 이'도 없고, 다시 '계속 뒤의 몸을 받을 이'도 없어서, '나'와 '나의 것'을 떠난 것임을 실상 그대로 안다.

 과거와 같이 미래 또한 이와 같아서 모두 있는 것이 아니니, 허망하게 탐내고 집착함을 끊고 다하고 벗어나, 있거나[130] 없거나[131] 모두를 실상 그대로 안다(如實知).[132]

---

129 '개체적 자아'가 독자적인 실체가 아니라 참나의 작용임을 실상 그대로 인가한다.

130 세간의 '의타기성依他起性'(인과적 실재)을 실상 그대로 깨달음을 말하니, '세간의 logos(진리, dharma)'인 '세간의 보편법칙'을 실상 그대로 파악함을 말한다.

131 출세간의 '원성실성圓成實性'(초월적 실재)을 실상 그대로 깨달음을 말하니, '출세간의 logos'인 '출세간의 근본원리'를 실상 그대로 파악함을 말한다.

佛子 此菩薩摩訶薩 得如是諸諦智已 如實知一切有爲法 虛妄詐僞 誑惑愚夫 菩薩爾時 於諸衆生 轉增大悲 生大慈光明 佛子 此菩薩摩訶薩 得如是智力 不捨一切衆生 常求佛智 如實觀一切有爲行 前際後際 知從前際無明有愛故生生死流轉 於諸蘊宅 不能動出 增長苦聚 無我無壽者 無養育者 無更數取後趣身者 離我我所 如前際 後際亦如是 皆無所有 虛妄貪著 斷盡出離 若有若無 皆如實知

6.5지 보살이 갖춘 공덕

불자여, 보살마하살은 이 제5 난승지에 머물면서, ① 여러 법을 잊지 않기에 '마음을 챙긴 이'(念者)라고 불리며, ② 잘 결택하기에 '지혜로운 이'(智者)라고 불리며, ③ 경經의 뜻을 잘 알아서 차례대로 잘 잇고 합하기에 '뜻을 갖춘 이'(有趣者)라고 불리

---

132 현상계의 '시간 · 공간 · 주객 · 인과'를 초월한, '참나'를 실상 그대로 알고, 일체의 유위법이 참나의 작용(일체유심一切唯心)이라는 것을 실상 그대로 안다. 이것이 망상을 버리고, '세간의 logos'(보편법칙)와 '출세간의 logos'(근본원리)를 실상 그대로 아는 경지이다.
'유식학의 3자성自性'으로 논하면, '변계소집성遍計所執性'(아집 · 법집, 망상적 실재)을 버리고, 세간의 '의타기성依他起性'(인연법, 인과적 실재)과 출세간의 '원성실성圓成實性'(진여성, 초월적 실재)을 실상 그대로 깨달음을 말한다.

며, ④ 나와 남을 잘 보호하기에 '부끄러움을 갖춘 이'(慚愧者)라고 불리며,¹³³ ⑤ 계행戒行을 버리지 않기에 '견고한 이'(堅固者)라고 불리며,

⑥ 능히 옳은 자리와 그른 자리를 잘 관찰하기에 '깨달은 이'(覺者)라고 불리며, ⑦ 다른 것을 따르지 않기에 '지혜를 따르는 이'(隨智者)라고 불리며, ⑧ 올바른 말과 올바르지 않은 말의 차별을 잘 알기에 '지혜를 따르는 이'(隨慧者)라고 불리며, ⑨ 선정을 잘 닦았기에 '신통한 이'(神通者)라고 불리며, ⑩ 능히 세상의 행위를 잘 따르기에 '방편에 솜씨가 좋은 이'(方便善巧者)라고 불리며,

⑪ 복덕福德을 잘 모으기에 '만족을 모르는 이'(無厭足者)라고 불리며, ⑫ 항상 지혜智慧를 구하기에 '쉬지 않는 이'(不休息者)라고 불리며, ⑬ 큰 자비를 모으기에 '피곤해 하지 않는 이'(不疲倦者)라고 불리며, ⑭ 일체의 중생으로 하여금 열반에 들어가게 하기에 '남을 위하여 부지런히 닦는 이'(爲他勤修者)라고 불리며, ⑮ '여래의 힘'(十力)과 '두려워하지 않음'(四無畏)과 '아라한

---

133 유가에서 말하는 '양심' 중 '수오지심羞惡之心'(양심에 어긋남을 부끄러워하고 미워하는 마음)을 갖춤에 해당한다.

·보살과 함께 하지 않는 법'(十八不共法)을 구하기에 '부지런히 구하여 나태하지 않은 이'(勤求不懈者)라고 불리며,

⑯ 장엄한 불토를 성취하기에 '뜻을 발하고 능히 행하는 이'(發意能行者)라고 불리며, ⑰ 능히 여래의 상호相好를 모두 갖출 수 있기에 '온갖 선업을 부지런히 닦는 이'(勤修種種善業者)라고 불리며, ⑱ 장엄한 여래의 몸(身)·말(語)·뜻(意)을 구하기에 '항상 부지런히 닦고 익히는 이'(常勤修習者)라고 불리며, ⑲ 일체의 보살과 법사法師가 가르치는 대로 행하기에 '진리를 크게 존중하고 공경하는 이'(大尊重恭敬法者)라고 불리며, ⑳ 위대한 방편으로 항상 세간에서 실천하고, 밤낮으로 다른 마음을 멀리 떠나서 일체 중생을 교화하는 것을 항상 즐거워하기에, '마음에 장애가 없는 이'(心無障礙者)라고 불린다.

佛子 菩薩摩訶薩 住此第五難勝地 名爲念者 不忘諸法故 名爲智者 能善決了故 名爲有趣者 知經意趣 次第連合故 名爲慚愧者 自護護他故 名爲堅固者 不捨戒行故 名爲覺者 能觀是處非處故 名爲隨智者 不隨於他故 名爲隨慧者 善知義非義句差別故 名爲神通者 善修禪定故 名爲方便善巧者 能隨世行故 名爲無厭足者 善集福德故 名爲不休息者 常求智慧故 名爲不疲

倦者 集大慈悲故 名爲爲他勤修者 欲令一切衆生 入涅槃故 名爲勤求不懈者 求如來力無畏不共法故 名爲發意能行者 成就莊嚴佛土故 名爲勤修種種善業者 能具足相好故 名爲常勤修習者 求莊嚴佛身語意故 名爲大尊重恭敬法者 於一切菩薩法師處 如敎而行故 名爲心無障礙者 以大方便 常行世間故 爲日夜遠離餘心者 常樂敎化一切衆生故

7.5지 보살의 중생교화

불자여, 보살마하살은 이와 같이 부지런히 수행하면서, ① '보시布施'(나눔)로 중생을 교화하며, ② '애어愛語'(부드러운 말)와 '이행利行'(이로운 행위)과 '동사同事'(함께 함)로 중생을 교화하며,[134] ③ '색신色身'을 나타내 보여서 중생을 교화하며, ④ '모든 진리'를 풀어서 설명하여 중생을 교화하며, ⑤ '보살행'을 열

---

134 ①~②는 '4섭법'(보시布施·애어愛語·이행利行·동사同事)을 통해 중생을 교화함을 말한다.
   ① 보시섭 : 내가 받고 싶은 것을 남에게 베풀어라!
   ② 애어섭 : 내가 듣고 싶은 말을 남에게 하여라!
   ③ 이행섭 : 내가 당하기 싫은 것을 남에게 가하지 말라!
   ④ 동사섭 : 남을 나처럼 사랑하여 고락을 함께 하라!

어 보여서 중생을 교화하며,

⑥ '여래의 큰 위력'을 나타내 보여서 중생을 교화하며, ⑦ '생사와 환난'을 나타내 보여서 중생을 교화하며, ⑧ '여래의 지혜와 이익'을 칭찬하여 중생을 교화하며, ⑨ '위대한 신통력'을 나타내 보여서 중생을 교화하며, ⑩ '온갖 방편행方便行'을 활용하여 중생을 교화한다.

佛子 菩薩摩訶薩 如是勤修行時 以布施教化衆生 以愛語利行同事 教化衆生 示現色身 教化衆生 演說諸法 教化衆生 開示菩薩行 教化衆生 顯示如來大威力 教化衆生 示生死過患 教化衆生 稱讚如來智慧利益 教化衆生 現大神通力 教化衆生 以種種方便行 教化衆生

8. 지혜와 방편을 닦음에 쉼이 없는 5지 보살

불자여, 이 보살마하살은 능히 이와 같은 부지런한 '방편'으로 중생을 교화하며, 마음은 항상 이어져서 '부처의 지혜'를 추구한다. 지은 선한 근기가 물러나지 않으며, 항상 뛰어난 행위의 진리를 부지런히 닦고 배운다.

佛子 此菩薩摩訶薩 能如是勤方便 敎化衆生 心恒相續 趣佛智慧 所作善根 無有退轉 常勤修學殊勝行法

9. 온갖 방편을 갖추어 중생을 이롭게 하라

불자여, 이 보살마하살은 중생을 이롭게 하기 위하여(利益衆生), '세간의 기예'를 두루 익힌다. 이른바 문자 · 산수 · 도서 · 도장 등과 지수화풍의 온갖 이론에 모두 통달하며, 또한 처방약을 잘 알아서 여러 병을 치료하며, 간질 · 소갈병과 귀신 · 독충의 해로움을 모두 능히 처단하여 소멸시킨다.

또한 문장 · 글씨 · 찬가 · 노래 · 춤 · 풍악 · 해학 · 고담 등을 모두 잘하며, 나라의 성 · 마을 · 궁실 · 정원 · 하천 · 저수지와 풀 · 나무 · 꽃 · 약초를 배치함에 모두 마땅함을 얻을 수 있다. 또한 금 · 은 · 마니주 · 진주 · 유리 · 소라 · 벽옥 · 산호 등이 감춰진 자리를 모두 알아서 파내 사람들에게 보여 주며, 해 · 달 · 별 · 별자리와 새가 우는 징조 · 지진 · 꿈의 길흉 · 몸의 형상의 좋고 나쁨을 모두 잘 관찰하여 하나의 착오도 없다.

또한 계율을 지킴 · 4선정에 들어감 · 신통 · 4가지 무량심 · 4가지 무색계 등과 나머지 일체의 '세간의 일'(현상계에서 일으키는 에고의 작업)에 있어, 중생을 고통스럽게 하지 않고 이롭게 하는 것이라면, 모두 다 열어 보여서 단계적으로 최고의 불법에 안주하게 한다.

佛子 此菩薩摩訶薩 爲利益衆生故 世間技藝 靡不該習 所謂文字算數 圖書印璽 地水火風 種種諸論 咸所通達 又善方藥 療治諸病 顚狂乾消 鬼魅蠱毒 悉能除斷 文筆讚詠 歌舞妓樂 戲笑談說 悉善其事 國城村邑 宮宅園苑 泉流陂池 草樹花藥 凡所布列 咸得其宜 金銀摩尼 眞珠琉璃 螺貝璧玉 珊瑚等藏 悉知其處 出以示人 日月星宿 鳥鳴地震 夜夢吉凶 身相休咎 咸善觀察 一無錯謬 持戒入禪 神通無量 四無色等 及餘一切世間之事 但於衆生 不爲損惱 爲利益故 咸悉開示 漸令安住 無上佛法

10. 5지 보살의 공양과 회향

부처님을 모두 공경하고 존중하며, 받들어 섬기고 공양한다. 의복과 침구와 음식과 의약품 등 일체의 생활필수품을 모두 부처님께 받들어 베풀며, 또한 일체의 스님들께도 공양한다. 이 선근을 모두 '최고의 올바르고 원만한 깨달음'에 회향廻向한다.[135]

부처님의 처소에서 공경히 진리를 청하여 듣고 받아 지녀서, 모두 갖추어 수행해 다시 저 불법의 가운데로 출가한다(진리의 집에 태어남). 이미 출가하고서 다시 진리를 듣고(聞法) 다라니(摠持)를 얻어서 진리를 듣고 지니는 '법사法師'(진리의 스승)가 된다. 이 지에 머무는 중에 백겁을 경과하고, 천겁을 경과하고, 무량한 백천억 나유타 겁을 경과하는 동안에, 모든 선한 근기가 더욱 밝아지고 정화된다. … 이 보살은 10바라밀 가운데 '선정바라밀'이 특히 뛰어나다. 나머지를 닦지 않는 것은 아니나, 다만 역량과 분수에 따를 뿐이다.

---

135 5지 보살의 '회향'은 '무진공덕장회향無盡功德藏廻向'(10회향 중 5회향에 해당함)이니, 다함이 없는 공덕을 갖춘 회향이다.

悉恭敬尊重 承事供養 衣服飮食 臥具湯藥 一切資生 悉以奉施 亦以供養一切衆僧 以此善根 迴向阿耨多羅三藐三菩提 於諸佛所 恭敬聽法 聞已受持 隨力修行 復於彼諸佛法中 而得出家 旣出家已 又更聞法 得陀羅尼 爲聞持法師 住此地中 經於百劫 經於千劫 乃至無量百千億那由他劫 所有善根 轉更明淨
… 此菩薩 十波羅蜜中 禪波羅蜜偏多 餘非不修 但隨力隨分

··· 5지 난승지難勝地의 경지

    5지의 경지는 '난승지難勝地'(방편을 갖추어 대적하기 어려운 단계)라고 불립니다. '6바라밀의 근본원리'의 이해를 막는 업장을 정화하는 단계입니다. '6바라밀의 보편법칙'의 방편에 대한 자명한 이해가 가능하며,[136] '6바라밀의 근본원리'의 체험적 이해가 가능한 단계입니다.[137]

    '어하승반열반장於下乘般涅槃障'(열반에 집착하는 소승의 장애)을 끊고, '유무별진여類無別眞如'(일체 종류의 차별이 없는 진여)를 얻는 단계입니다. '6바라밀의 보편법칙'을 실천함에 있어서, 세간의 온갖 방편에도 원만하며(보시·지계·인욕·정진을 선정으로

---

136 5지는 6바라밀의 보편법칙의 방편에 대한 법인法忍의 단계이다.

137 5지는 6바라밀의 근본원리에 대한 신인信忍의 단계이다.

녹여냄), 중생구제를 위해 세간의 온갖 기예를 갖추는 단계입니다. 세간의 지혜와 출세간의 지혜가 조화를 이루는 지극히 얻기 어려운 경지이기에, 대적하기 어려운 경지라고 불립니다.

그러나 아직은 '자리自利'(자신을 이롭게 함)에 탁월한 단계로, '이타利他'(남을 이롭게 함)에 탁월하기 위해서는 7지 보살 이상이 되어야 합니다. '6바라밀의 근본원리'가 자연스럽게 '6바라밀의 보편법칙'으로 인도하는 체험을 하는 단계이지만, 아직 '6바라밀의 근본실상'의 인도를 온전히 따르지는 못합니다.

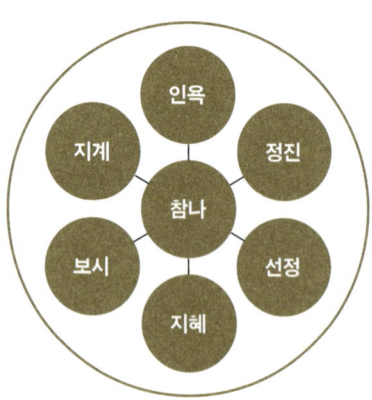

[구일체묘상공具一切妙相空]

'공성空性'(구일체묘상공具一切妙相空, 6바라밀을 갖춘 공성)에 안주하지 못하는 경지이기 때문입니다. 공성에 안주하는 것은 6지, 7지를 거쳐 8지에 이르러야 완성됩니다. 만법을 차별하고 집착하는 '거친 무지'(粗相)가 현행하는 단계로, '4성제·8정도'의 이해와 실천에 뛰어난 단계입니다. '4섭법'의 실천도 탁월합니다.

10바라밀 중에는 '선정바라밀'[138]이 뛰어납니다. 10단계의 실천(10행) 중에는 5행인 '이치란행離癡亂行'(어리석고 어지러움이 없는 실천)을 닦으며, 10단계의 회향(10회향) 중에는 5회향인 '무진공덕장회향無盡功德藏廻向'(다함이 없는 공덕을 갖춘 회향)을 닦습니다.

10단계의 안주(10주) 중에는 5주인 '방편구족주方便具足住'(세간법에서 방편을 원만하게 갖춤에 안주함)에 해당하는데, '6바라밀의 보편법칙'을 실천함에 방편까지 두루 갖추어 원만해짐을 의미하며, 밀교적으로는 '금강신'(환신)이 온전한 모습을 갖추

---

138 선정바라밀(선정의 힘으로 근본실상을 선명히 이해함) :
  ① 안주정려安住精慮 : 편안히 머무는 선정
  ② 인발정려引發靜慮 : 지혜와 신통을 이끌어 내는 선정
  ③ 변사정려辯事靜慮 : 중생구제 사업을 판별하는 선정

게 되는 것을 뜻합니다.

5지는 그 행사에 있어 '6바라밀의 분석'을 하지 않더라도 '전체적 자명함'을 얻어 균형을 잡을 수 있는 안목은 얻었으나, 6바라밀이 항상 51% 이상이 되지는 못합니다. '무상無相'(6바라밀을 갖춘 공성)에서 6바라밀이 자동으로 발현되나, 이에 안주하지 못하고 '6바라밀의 근본원리'대로 늘 욕심을 경영하지는 못하는 단계입니다.

출세간의 '6바라밀의 근본실상'이 선명하게 드러나는 경지로, 금강신(환신)이 온전한 모습을 갖춤에, 일상에서 깨어있음이 견고해져서 모든 일에서 자유로이 6바라밀을 판정하는 경지입니다. 방편에 있어서도 '6바라밀'을 자유로이 판정하며, 참나에 내재된 본연의 균형감각(6바라밀)이 드러나는 경지입니다.

'6바라밀 분석'을 인위적으로 하지 않아도, 6바라밀이 스스로 드러나 작동하는 '자동법'이 이루어집니다. 5지는 '세간의 보편법칙'이 그 방편에 있어서까지 원만하게 이해되어, '출세간의 근본실상'이 절로 선명하게 드러날 정도로 자명함이 배양된 경지입니다.

5지가 되면 경전의 내용이 마음에서 자동으로 펼쳐질 정도로 자명함이 확대되어, 경전의 내용을 자연히 알게 됩니다. 경전도 결국 '6바라밀의 근본실상과 실천법칙'에 대한 설명일 뿐이니, 자신의 6바라밀의 균형 감각이 드러나서 경전을 그냥 이해하게 되는 것입니다. 성현의 마음이 그대로 이해되는 경지인 것입니다.

5주 방편구족주方便具足住의 경지

'도태道胎'가 이미 여기저기 돌아다님에 부처님의 자손으로 친히 받들어지게 되니, 이는 태아가 이미 완성됨에 사람의 모양에 결함이 없는 것과 같으니 '방편구족주'라고 한다.[139]

既遊道胎 親奉覺胤 如胎已成 人相不缺 名方便具足住 (『능엄경』)

---

139 '법신法身'의 '보신報身', 즉 '금강신'이 온전히 모습을 갖춤을 말한다.

··· 5지 보살의 핵심 수행, 선정바라밀

① 5욕의 경계에 탐착하지 않고, ② 여러 단계의 선정을 모두 성취하고, ③ 늘 바르게 사유하여 집착하지도 않고 벗어나지도 않으며,[140] ④ 일체의 번뇌를 소멸시키며, ⑤ 무량한 모든 삼매의 문을 내고, ⑥ 끝이 없는 위대한 신통력을 성취하며, ⑦ 역으로 순으로 단계별로 모든 삼매에 들어가며, ⑧ 하나의 삼매의 문에서 끝이 없는 삼매의 문에 들어가며, ⑨ 일체 삼매의 경계를 모두 알며, ⑩ 일체 삼매와 삼마발저의 '지혜의 도장'(智印)과 서로 어긋나지 않아서, 일체의 지혜의 경지에 속히 들어갈 수 있으니, 이는 '선정바라밀'을 청정하게 함이다.

---

140 "잊지도 말고 조장하지도 말라!"(勿忘 勿助長, 『맹자孟子』)하는 경지이니, '정혜쌍운定慧雙運'(선정과 지혜가 쌍으로 운용됨)이 원만하게 광명해진 경지이다(定慧圓明).

於五欲境 無所貪著 諸次第定 悉能成就 常正思惟 不住不出 而能銷滅 一切煩惱 出生無量諸三昧門 成就無邊大神通力 逆順次第 入諸三昧 於一三昧門 入無邊三昧門 悉知一切三昧境界 與一切三昧 三摩鉢底智印 不相違背 能速入於一切智地 是則能淨禪波羅蜜 (『화엄경』「명법품」)

••• 5행 이치란행離癡亂行의 닦음

1. 바른 마음챙김으로 닦는 이치란행

이 보살은 '바른 마음챙김'을 성취하여,[141] 마음이 산란하지 않고 견고하여 움직이지 않으며, 최고로 뛰어나고 청정하며, 넓고 커서 헤아릴 수 없고 미혹하지 않는다.[142] 이 '바른 마음챙김'으로 인해, '세간의 일체 언어'(드러난 logos, 세간의 보편법칙)를 잘 이해하며, '출세간의 모든 법과 언어'(감춰진 logos, 출세간의 근본원리)를 능히 지닌다.[143]

---

141 '정념正念'(바른 마음챙김)은 '선정·지혜'의 토대가 된다. 선정바라밀과 반야바라밀이 함께 펼쳐지는 '정혜쌍운定慧雙運'의 토대가 되는 것이다. 유가의 '경敬'(마음을 하나로 모아 양심이 늘 깨어있음)에 해당하니, 마음을 챙겨 고요하되 또랑또랑하게 유지하는 것으로, 불가의 '선정바라밀'과 통한다.

142 '정념'을 바탕으로 '선정바라밀'을 성취함을 말한다.

143 '정념'을 바탕으로 '반야바라밀'을 성취하여, 세간의 다르마(logos, 보편법칙)와 출

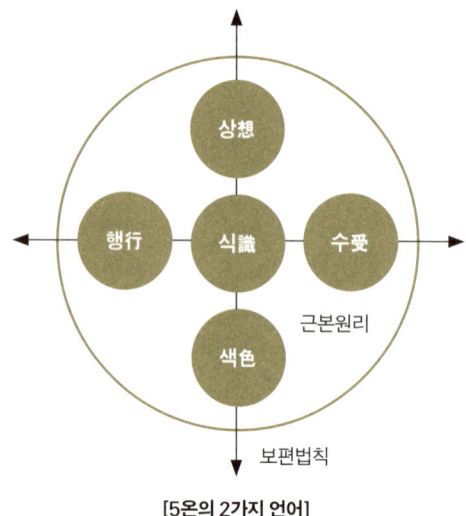

[5온의 2가지 언어]

이른바 '색의 법'(色法)과 '색이 아닌 법'(受想行識)의 언어를 능히 지니며, 색色을 건립하는 '자성의 언어'를 능히 지니며, 나아가 '수受·상想·행行·식識'을 건립하는 '자성의 언어'를 능히 지닌다.[144] 그래서 마음이 어리석거나 산란하지 않다.[145]

세간의 다르마(logos, 근본원리·본유종자本有種子)를 파악함을 말한다.

144 '5온'(色受想行識)의 세간에 나타나는 '보편법칙'(색수상행식의 언어)을 파악하며, 세간의 작용의 뿌리가 되는 출세간의 '근본실상'(자성의 언어)을 능히 파악함을 말한다. 5온은 현상계의 만법을 대표하니, 이를 통해 현상계와 절대계의 지혜를 얻음을 설명한다.

145 마음이 늘 고요하되 세간·출세간의 진리에 자명한, '정혜원명定慧圓明'(선정과 지혜가 원만하고 광명함)의 경지를 말한다.

此菩薩 成就正念 心無散亂 堅固不動 最上清淨 廣大無量 無有迷惑 以是正念故 善解世間 一切語言 能持出世 諸法言說 所謂能持色法 非色法言說 能持建立色 自性言說 乃至能持建立受想行識 自性言說 心無癡亂 (『화엄경』「십행품」)

2. 이치란행의 성취

보살이 이와 같이, ① 고요한 '몸'과 '말'과 '생각'의 행위를 성취하며, ② '일체지'(여래의 지혜)에 이르도록 영원히 물러나지 않으며, ③ 일체의 모든 선정의 문에 잘 들어가며, ④ 모든 삼매가 동일한 본체의 성질을 지님을 알며, ⑤ 일체의 법에 끝이 없음을 깨달으며, ⑥ 일체의 법의 진실한 지혜를 얻으며, ⑦ 온갖 종류의 소리를 떠나서 깊은 삼매를 얻으며, ⑧ 무량한 모든 삼매의 문을 얻어서, 헤아릴 수 없는 '광대한 자비심'을 증장한다.

菩薩如是 成就寂靜 身語意行 至一切智 永不退轉 善入一切諸禪定門 知諸三昧 同一體性 了一切法 無有邊際 得一切法 眞實智慧 得離音聲 甚深三昧 得阿僧祇諸三昧門 增長無量廣大悲心

3. 중생을 위한 서원

이때 보살은 찰나에 셀 수 없는 백천 삼매를 얻어서, 이와 같은 온갖 소리를 들어도 마음이 미혹해지거나 어지럽혀지지 않으며, '삼매'를 점점 더 키워가면서 이와 같이 생각한다. "내가 마땅히 일체 중생으로 하여금 '최고의 청정한 마음챙김'에 안주하면서(정혜원명定慧圓明에 안주), 일체지에 물러나지 않고 마침내 궁극의 열반을 성취하게 할 것이다!" 이것을 보살마하살의 '제5 이치란행'이라고 한다.

是時菩薩 於一念中 得無數百千三昧 聞如是聲 心不惑亂 令其三昧 漸更增廣 作如是念 我當令一切衆生 安住無上 淸淨念中 於一切智 得不退轉 究竟成就無餘涅槃 是名菩薩摩訶薩 第五離癡亂行

유튜브(YouTube) │ 윤홍식의 화엄경 강의 – 5지

7. 진리가 인도하는 단계, 6지 현전지(現前地)

1. 진리를 따르고 순종하는 단계

이때 금강장 보살이 해탈월 보살에게 말하였다. 불자여, 보살 마하살이 이미 제5지를 갖추고 제6 현전지現前地에 들어가고자 한다면, 응당 10가지 '평등平等한 법法'을 관찰해야 한다. 무엇이 그 10가지인가?

이른바, ① 일체의 법法이 형상이 없기에 평등하며, ② 몸이 없기에 평등하며, ③ 생겨남이 없기에 평등하며, ④ 이루어짐이 없기에 평등하며, ⑤ 본래 청정하기에 평등하며, ⑥ 희론戲論이 없기에 평등하며, ⑦ 취하고 버림이 없기에 평등하며, ⑧ 고요하기에 평등하며, ⑨ '환영·꿈·그림자·메아리·물속의 달·거울 속의 형상·불꽃·화현化現'과 같기에 평등하며, ⑩ 존재함과 존재하지 않음이 둘이 아니기에 평등하다.

보살은 이와 같이 일체 '법의 자성'이 청정함을 관찰하여, 이를 따르고 순종하며 어기지 않아 제6 현전지에 들어간다. '밝고 예리하게 따르고 순종하는 인가'(明利隨順忍)는 얻었으나,[146] 아직 '불생불멸의 진리의 인가'(無生法忍, 만법을 꿰뚫는 6바라밀의 진리를 있는 그대로 인가)를 얻은 것은 아니다.[147]

爾時金剛藏菩薩 告解脫月菩薩言 佛子 菩薩摩訶薩 已具足 第五地 欲入第六現前地 當觀察十平等法 何等爲十 所謂一切 法無相故平等 無體故平等 無生故平等 無成故平等 本來淸淨 故平等 無戲論故平等 無取捨故平等 寂靜故平等 如幻如夢 如 影如響 如水中月如鏡中像 如焰如化故平等 有無不二故平等 菩薩如是 觀一切法 自性淸淨 隨順無違 得入第六現前地 得明

---

146 유가에서는 '양심의 명령'(天命, 법법의 본성)을 잘 듣고(耳) 순종하는(順) 경지를 '이순耳順'(인생의 60세에 해당하는 경지)이라고 하였으니, 그 뜻이 통한다.

147 '무생법인無生法忍'은 생겨남이 없는 진리인, 공성에 새겨진 불생불멸의 6가지 진리의 본성(6바라밀의 뿌리로 만법의 핵심이 됨)을 있는 그대로 인가하는 것이다. 이러한 '무생법인'은 결국 '6바라밀을 갖춘 공성'(無相)을 자명하게 인가하고, 그 공성에 안주함을 말하니, 7지를 거쳐 8지에서 온전히 얻게 된다(6바라밀의 근본원리의 법인法忍 단계). 7지~8지는 유가의 '종심從心'(천명에 안주한 경지)의 단계에 해당한다.

利隨順忍 未得無生法忍

2. 나에 대한 집착을 버려라

불자여, 이 보살마하살은 이와 같이 관찰하고서(일체법의 자성이 청정함), 다시 '큰 자비'(大悲)를 으뜸으로 삼고, 큰 자비를 더욱 높이고, 큰 자비를 만족시키고자 세간이 생겨나고 소멸함을 관찰하여 이렇게 생각한다. "세간에서 태어나는 것은 모두 '나에 대한 집착'[148]으로 말미암는다. 만약 이 집착만 버릴 수 있다면 태어날 곳이 없을 것이다."

佛子 此菩薩摩訶薩 如是觀已 復以大悲爲首 大悲增上 大悲滿足 觀世間生滅 作是念 世間受生 皆由著我 若離此著 則無生處

---

148 개체적 자아인 '에고'가 참나의 작용임을 모르고 독립적이고 불변하는 실체로 보는 집착을 말한다.

3. 첫 번째 12연기[149]의 관찰 – 1[150]

그리고 다시 이렇게 생각한다. 범부는 지혜가 없어서 '나'에 집착하여 항상 존재함과 존재하지 않음을 구하며,[151] 올바른 사유를 하지 못하여 망령된 행동을 일으키고 사특한 길을 행하며, ① 죄를 짓는 행위(욕계의 악업) ② 복을 받을 행위(욕계의 선업) ③ 움직임이 없는 행위[152]를 쌓아서 모으고 증장시킨다.[153]

復作是念 凡夫無智 執著於我 常求有無 不正思惟 起於妄行 行於邪道 罪行福行不動行 積集增長

---

149 12연기 :
① 무명無明(무지·아집, 탐진치貪瞋癡) ② 행行 / ③ 식識 ④ 명색名色 ⑤ 6입六入 ⑥ 촉觸 ⑦ 수受 / ⑧ 애愛 ⑨ 취取 ⑩ 유有 / ⑪ 생生 ⑫ 노사老死
'삼세양중인과三世兩重因果'의 관점에서 보면, ①~②는 전생에 해당하며, ③~⑩은 현생에 해당하고, ⑪~⑫는 내생에 해당한다. 그리고 ①~②와 ⑧~⑩은 '원인'(因)이 되며, ③~⑦과 ⑪~⑫는 '과보'(果)에 해당한다.

150 12연기의 관찰 중 ① '연기의 요소가 서로 이어진다는 관점'에서의 관찰이다.

151 12연기 중 ① '무명無明'(무지·아집, 탐진치貪瞋癡)에 해당한다.

152 '움직임이 없는 행위'(不動行)는 '색계와 무색계의 선정'을 말한다.

153 12연기 중 ② '행行'(행위, 업의 형성)에 해당한다.

4. 첫 번째 12연기의 관찰 - 2

여러 행위에 의해 심어진 '마음의 종자'[154]에 번뇌가 있고 집착이 있어서, 다시 뒤에 태어남과 늙음과 죽음이 일어나게 된다. '업'은 밭이 되고, '의식'은 종자가 되며, '무명無明'은 덮개가 되어, '갈애'(愛)의 수분이 윤택하게 해 주며, '나라는 교만'이 물을 대 주고, '견해의 그물'이 증장하여 '이름'(名, 추상적 표상)과 '물질'(色, 경험적 표상)의 싹이 생겨난다.[155]

於諸行中 植心種子 有漏有取 復起後有生及老死 所謂業爲田 識爲種 無明闇覆 愛水爲潤 我慢漑灌 見網增長 生名色芽

---

154 12연기 중 ③ '식識'(의식)에 해당한다.
155 12연기 중 ④ '명색名色'(이름과 물질)에 해당한다. ① '이름'은 '수상행식受想行識'의 마음을 말하며, ② '물질'은 '지수화풍'의 '색色'을 말한다. 결국 이는 '5온', 즉 ① 물질(색色) ② 느낌(수受) ③ 생각(상想) ④ 의지(행行) ⑤ 식별(식識)이 생겨남을 말한다.

5. 첫 번째 12연기의 관찰 - 3

'명색名色'이 증장하여 '5가지 감각기관'(五根)이 생겨나며,[156] 여러 감각기관이 서로 부딪치면서 '접촉'(觸)이 생겨난다.[157] 접촉이 부딪쳐서 '느낌'(受)이 생겨나며,[158] 느낌으로부터 바라고 구함이 있으니 '갈애'(愛)가 생겨난다.[159] 갈애가 증장하여 '취함'(取)이 생겨나며,[160] 취함이 증장하여 '존재'(有)가 생겨난다.[161]

존재가 여러 갈래 중에 '5온蘊의 몸'을 일으키는 것을 '태어남'(生)이라 부르고,[162] 태어나서 쇠약하게 변화하는 것을 '늙

---

156 12연기 중 ⑤ '6입六入'(6가지 인식기관, 눈·코·귀·혀·몸·마음)을 말한다.

157 12연기 중 ⑥ '촉觸'(6근根·6경境·6식識의 접촉)에 해당한다.

158 12연기 중 ⑦ '수受'(느낌, 즐거운 느낌·괴로운 느낌·즐겁지도 괴롭지도 않은 느낌)에 해당한다.

159 12연기 중 ⑧ '애愛'(갈애, 4성제의 집성제集聖諦, 즉 '고통의 원인'에 해당함)에 해당한다.

160 12연기 중 ⑨ '취取'(취함)에 해당한다.

161 12연기 중 ⑩ '유有'(존재)에 해당한다.

162 12연기 중 ⑪ '생生'(새로운 5온의 탄생)에 해당한다.

음'이라 하고, 마침내 소멸하는 것을 '죽음'이라고 한다.[163] 늙어서 죽는 동안, 온갖 번뇌를 일으키고, 번뇌를 원인으로 하여 근심(憂)·걱정(愁)·슬픔(悲)·한탄(歎)의 온갖 고통이 모두 모이게 된다.

이러한 인연으로 생겨나나(유전문流轉門) 생겨나게 하는 자는 없으며,[164] '자성'(logos)대로 소멸하나(환멸문還滅門) 또한 소멸하게 하는 자는 없다.[165] 보살은 이와 같이 '연기緣起'(인연에 의해 일어남)의 형상을 따라 순응하며 관찰한다.[166]

名色增長 生五根 諸根相對 生觸 觸對生受 受後希求生愛 愛增長生取 取增長生有 有生已 於諸趣中 起五蘊身名生 生已 衰變爲老 終歿爲死 於老死時 生諸熱惱 因熱惱故 憂愁悲歎 衆苦皆集 此因緣故 集無有集者 任運而滅 亦無滅者 菩薩如是

---

163 12연기 중 ⑫ '노사老死'(늙음과 죽음)에 해당한다.

164 본래 텅 빈 법법에 따라 12연기가 스스로 생겨난다.

165 본래 텅 빈 법법에 따라 12연기가 스스로 소멸한다.

166 '12연기'는 '윤회에 대한 거부와 열반에 대한 추구'의 내용을 담고 있기에, '진속불이眞俗不二'를 주장하는 대승불교는 이를 궁극의 진리로 여기지 않는다. 따라서 6지 보살은 '반야바라밀'에 근거하여, 12연기가 본래 텅 비어 청정함을 깨달으며, 나아가 12연기 자체를 거부하지 않는다.

隨順觀察緣起之相

6. 첫 번째 12연기의 관찰-4

불자여, 이 보살마하살은 이와 같이 생각한다. '최고의 진리'(생멸이 본래 텅 비어 청정함, 제법본공諸法本空)를 깨닫지 못하는 것을 ① '무명無明'이라고 부른다. 무명으로 업을 지은 과보는 ② '행위'(行)이며, 행위에 의지하는 처음의 마음이 ③ '의식'(識)이다. 의식과 함께 '4취온四取蘊'(色受想行의 4가지 집착의 다발)이 생겨나서 ④ '명색名色'(이름과 물질)이 되며, 명색이 증장하여 ⑤ '6가지 인식이 일어나는 자리'(六處)가 된다. '6가지 인식기관'(六根)과 '6가지 인식의 대상'(六境)과 '6가지 인식'(六識)의 3가지 일이 합하여 ⑥ '접촉'(觸)이 된다.

접촉과 함께 생겨나는 것이 ⑦ '느낌'(受)이며, 느낌에 물들어 집착하는 것이 ⑧ '갈애'(愛)이다. 갈애가 증장하여 ⑨ '취함'(取)이 되며, 취함이 일으킨 번뇌가 있는 업(有漏業)이 ⑩ '존재'(有)가 된다. 업을 따라 '5온蘊'(5가지 다발)이 일어나는 것이 ⑪ '태어남'(生)이며, 5온이 성숙함이 ⑫ '늙음'(老)이 되고, 5온이 무너짐이 ⑬ '죽음'(死)이 된다.

죽어서 헤어질 때 어리석고 미혹하여 탐하고 연모하여 마음이 괴로운 것은 '걱정'(愁)이 되며, 눈물을 흘리면서 탄식하는 것은 '한탄'(歎)이 되며, 5가지 감각기관(五根)에 있어서는 '고통'(苦)이 되며, 마음(意)에 있어서는 '근심'(憂)이 되며, 근심과 고통이 더욱 많아지는 것이 '번뇌'(惱)이다.[167]

佛子 此菩薩摩訶薩 復作是念 於第一義諦 不了故名無明 所作業果是行 行依止初心是識 與識共生四取蘊爲名色 名色增長爲六處 根境識三事合是觸 觸共生有受 於受染著是愛 愛增長是取 取所起有漏業爲有 從業起蘊爲生 蘊熟爲老 蘊壞爲死 死時離別 愚迷貪戀 心胸煩悶爲愁 涕泗諸嗟爲歎 在五根爲苦 在意地爲憂 憂苦轉多爲惱

---

167 이상에서 설명된 12연기는 '무명의 12연기 · 유루有漏의 12연기'이다. 번뇌가 쌓여가는 12연기인 것이다. 이는 '소승불교'의 관점에서 설명된 12연기이니, 12연기를 본래 텅 빈 것으로 보는 '대승불교'의 관점에서, '명명의 12연기 · 무루無漏의 12연기'를 다음과 같이 상정해 볼 수 있다.
무루의 12연기 : ① 명명(자성청정심自性淸淨心) ② 행행(여실행如實行 · 원원願願) / ③ 식식(지혜) ④ 명색名色(불심佛心 · 여래색신) ⑤ 6입六入(부사의업不思義業) ⑥ 촉촉(정념정념) ⑦ 수수(선열선열禪悅 · 자비심)/ ⑧ 애애(무탐無貪) ⑨ 취취(무주無住) ⑩ 유유(무루의 업) / ⑪ 생생(무루의 삶) ⑫ 노사(윤회를 통한 중생구제). 이에 대해 틱낫한 스님의 선구적 작업으로부터 도움을 받았음을 밝힌다.

7. 첫 번째 12연기의 관찰 – 5

이와 같이 '나'도 '나의 것'도 '짓는 이'도 '받는 이'도 없는 가운데, '고통의 나무'는 증장한다. 또한 이와 같이 생각한다. "'짓는 이'가 있다면 '짓는 일'이 있을 것이다. 그러나 '짓는 이'가 없다면 '짓는 일'도 없을 것이다. 최고의 진리에 의하면 모두 얻을 수 없다."[168]

如是但有苦樹增長 無我無我所 無作無受者 復作是念 若有作者 則有作事 若無作者 亦無作事 第一義中 俱不可得

8. 2번째 12연기의 관찰 – 1[169]

불자여, 이 보살마하살은 다시 이와 같이 생각한다. 3계의 모

---

[168] '유위有爲'는 유위에 의해 성립되지 못하고, '무위無爲'의 신묘한 작용에 의해 성립된다. 12연기의 유위업은 텅 빈 공성의 무위업에 의해 성립된다. 일체 만법의 작용은 본래 비로자나불의 나툼이며, 진리의 바다에서 일렁이는 파도일 뿐이다. 바다와 파도는 둘이 아니니, 보살은 소승불교에서 말하는 '유루의 12연기' 또한 진리의 작용임을 통찰한다.

[169] 12연기의 관찰 중 ② '한마음에 포섭된다는 관점'에서의 관찰이다.

든 존재는 오직 '한마음'(一心)일 뿐이다(三界唯心). 여래가 이것을 분별하여 설명한 12가지 연기의 요소들도 모두 '한마음'에 의지하여 이렇게 세운 것이다.[170] 왜 그러한가?

佛子 此菩薩摩訶薩 復作是念 三界所有 唯是一心 如來於此 分別演說十二有支 皆依一心 如是而立 何以故

9. 2번째 12연기의 관찰 - 2

일에 따라 탐욕이 '마음'(一心)과 더불어 생겨나니, (탐욕의) 마음은 ① '의식'(識)이 되고 (탐욕의 대상인) 일은 ② '행위'(行)가 된다. 행위에 있어 (탐욕의 원인인) 미혹함은 ③ '무명無明'이 된다.[171] '무명·마음'과 함께 생겨난 것이 ④ '명색名色'이다. 명

---

170 '12연기'도 모두 '한마음'(一心)의 무위의 신묘한 작용일 뿐이다. 일체 만법은 '순수한 알아차림'(一心)에 의지하여 존재한다.

171 '순수한 알아차림'(一心)이 작용(일)에 따라 탐욕을 일으키게 되면, ① 탐욕을 일으킨 마음은 '알음알이'(의식)가 되며, ② '일'은 알음알이를 일으킨 '업의 형성'이 되며, ③ '일'을 '한마음'과 둘로 여겨 탐욕을 일으키게 한 미혹은 '무명'이다. 우리의 한마음이 탐욕을 일으키는 순간, '무명·행·식'이 펼쳐지며, 이들로부터 일체의 연기가 펼쳐지게 된다. 따라서 12연기는 본래 '순수한 알아차림'의 작용일 뿐이다(三界唯心).

색이 증장한 것이 ⑤ '6가지 인식이 일어나는 자리'(六處)이며, 6가지 인식이 일어나는 자리의 3가지 요소가 결합한 것이 ⑥ '접촉'(觸)이다.

접촉과 함께 생겨나는 것이 ⑦ '느낌'(受)이며, 느낌에 만족함이 없는 것이 ⑧ '갈애'(愛)이다. 사랑하여 거두고 버리지 않는 것이 ⑨ '취함'(取)이며, 저 여러 연기의 요소들이 생겨나는 것이 ⑩ '존재'(有)이다. 존재가 일어나는 것을 ⑪ '태어남'(生)이라 부르고, 태어나서 성숙해지는 것이 ⑫ '늙음'(老)이 되며, 늙어서 무너짐이 ⑬ '죽음'(死)이 된다.

隨事貪欲 與心共生 心是識 事是行 於行迷惑是無明 與無明及心共生是名色 名色增長是六處 六處三分合爲觸 觸共生是受 受無厭足是愛 愛攝不捨是取 彼諸有支生是有 有所起名生 生熟爲老 老壞爲死

10. 3번째 12연기의 관찰[172]

 불자여, ① '무명無明'에는 2가지 업이 있으니, 첫째는 중생이 대상을 인식함에 있어 미혹하게 하는 것이고, 둘째는 '행위'(行)를 일으키는 원인이 되는 것이다. ② '행위'(行)에도 또한 2가지 업이 있으니, 첫째는 미래의 과보를 낳는 것이고, 둘째는 '의식'(識)을 일으키는 원인이 되는 것이다. ③ '의식'(識)에도 2가지 업이 있으니, 첫째는 여러 존재들을 서로 이어지게 함이요, 둘째는 '명색名色'을 일으키는 원인이 되는 것이다.

 ④ '명색名色'(이름과 물질)에도 2가지 업이 있으니, 첫째는 서로 이루는 것을 돕는 것이고, 둘째는 6처를 일으키는 원인이 되는 것이다. ⑤ '6가지 인식이 일어나는 자리'(六處)에도 2가지 업이 있으니, 첫째는 각각 스스로의 경계(대상, 색色·성聲·향香·미味·촉觸·법法)를 취하는 것이고, 둘째는 접촉을 낳는 원인이 되는 것이다. ⑥ '접촉'(觸)에도 2가지 업이 있으니, 첫째는 인식의 대상에 접촉하게 하는 것이고, 둘째는 '느낌'(受)이 일어나게 하는 원인이 되는 것이다.

---

172 12연기의 관찰 중 ③ '각각의 업의 차별성이라는 관점'에서의 관찰이다.

⑦ '느낌'(受)에도 2가지 업이 있으니, 첫째는 '좋은 일'과 '싫은 일'을 수용하게 하는 일이고, 둘째는 '갈애'(愛)가 일어나게 하는 원인이 되는 것이다. ⑧ '갈애'(愛)에도 2가지 업이 있으니, 첫째는 '좋아하는 일'에 물들고 집착하는 것이고, 둘째는 '취함'(取)을 일으키는 원인이 되는 것이다. ⑨ '취함'(取)에도 2가지 업이 있으니, 첫째는 여러 번뇌들이 이어지게 하는 것이고, 둘째는 '존재'(有)를 일으키는 원인이 되는 것이다.

⑩ '존재'(有)에도 2가지 업이 있으니, 첫째는 다른 갈래에 태어나게 하는 것이고, 둘째는 '태어남'(生)을 일으키는 원인이 되는 것이다. ⑪ '태어남'(生)에도 2가지 업이 있으니, 첫째는 여러 존재의 다발(蘊)을 일으키는 것이고, 둘째는 '늙음'(老)을 일으키는 원인이 되는 것이다. ⑫ '늙음'(老)에도 2가지 업이 있으니, 첫째는 여러 인식기관을 변화시켜 달라지게 하는 것이고, 둘째는 '죽음'(死)을 일으키는 원인이 되는 것이다. ⑬ '죽음'(死)에도 2가지 업이 있으니, 첫째는 여러 행위를 무너뜨리는 것이고, 둘째는 깨달아 알지 못하기에 이어져 끊어지지 않는 것이다.

佛子 此中無明 有二種業 一令衆生迷於所緣 二與行作生起因 行亦有二種業 一能生未來報 二與識作生起因 識亦有二種

業 一令諸有相續 二與名色作生起因 名色亦有二種業 一互相
助成 二與六處作生起因 六處亦有二種業 一各取自境界 二與
觸作生起因 觸亦有二種業 一能觸所緣 二與受作生起因 受亦
有二種業 一能領受愛憎等事 二與愛作生起因 愛亦有二種業
一染著可愛事 二與取作生起因 取亦有二種業 一令諸煩惱相
續 二與有作生起因 有亦有二種業 一能令於餘趣中生 二與生
作生起因 生亦有二種業 一能起諸蘊 二與老作生起因 老亦有
二種業 一令諸根變異 二與死作生起因 死亦有二種業 一能壞
諸行 二不覺知故相續不絶

11. 4번째 12연기의 관찰[173]

불자여, 이 가운데 '무명'은 '행위'의 조건이 되고, … '태어남'은 '늙음'과 '죽음'의 조건이 된다. 이것은 '무명' 내지 '태어남'이 조건이 되어, '행위' 내지 '늙음'과 '죽음'이 끊어지지 않도록 도와서 이루어 준다는 것이다.

---

173 12연기의 관찰 중 ④ '서로 떠나지 않는다는 관점'에서의 관찰이다.

'무명'이 소멸하면 '행위'도 소멸하며, … '태어남'이 소멸하면 '늙음'과 '죽음'도 소멸한다. 이것은 '무명' 내지 '태어남'이 조건이 되지 않아, '행위' 내지 '늙음'과 '죽음'이 끊어져 소멸하도록, 도와서 이루어 주지 않는다는 것이다.

佛子 此中無明緣行 乃至生緣老死者 由無明乃至生爲緣 令行乃至老死 不斷助成故 無明滅 則行滅 乃至生滅 則老死滅者 由無明乃至生不爲緣 令諸行乃至老死 斷滅不助成故

12. 5번째 12연기의 관찰[174]

불자여, 이 가운데 ① '무명'과 ⑧ '갈애'와 ⑨ '취함'이 끊어지지 않는 것은 '번뇌의 길'(煩惱道)이며, ② '행위'와 ⑩ '존재'가 끊어지지 않는 것은 '업의 길'(業道)이며, 나머지 것들이 끊어지지 않는 것은 '고통의 길'(苦道)이다.

---

174 12연기의 관찰 중 ⑤ '3가지 길이 끊어지지 않는다는 관점'에서의 관찰이다.

과거와 미래를 분별하지 않으면 '3가지 길'[175]은 끊어지게 된다.[176] 이와 같이 3가지 길은 '나'(我)와 '나의 것'(我所)을 떠나서 단지 생겨나고 소멸할 뿐이니,[177] 갈대의 묶음과 같다.[178]

佛子 此中無明愛取不斷 是煩惱道 行有不斷 是業道 餘分不斷 是苦道 前後際分別滅三道斷 如是三道 離我我所 但有生滅 猶如束蘆

---

175 3가지 길 :
① 무명(번뇌) → ② 행위(업) → ③ 의식 · ④ 명색名色 · ⑤ 6입六入 · ⑥ 접촉 · ⑦ 느낌(고통) / ⑧ 갈애 · ⑨ 취함(번뇌) → ⑩ 존재(업) → ⑪ 태어남 · ⑫ 노사老死 (고통)

176 '3가지 길'은 '시간성' 안에서만 존재함을 말한다.

177 '나'(아집我執)와 '나의 것'(법집法執)을 초월한 '의타기성依他起性'(다른 것에 의지하여 인연이 일어나는 성질)을 말하니, 12연기는 조건에 따라 발생하고 소멸할 뿐이라는 것이다.

178 12연기는 갈대의 묶음과 같아서, 묶여 있을 때는 고정적인 실체가 있는 것 같으나, 묶음을 풀면 고정불변의 실체가 없다.

13. 6번째 12연기의 관찰[179]

또한 '무명'이 '행위'의 조건이 된다는 것은 '과거'를 관찰하는 것이다. '의식' 내지 '느낌'은 '현재'를 관찰하는 것이며, '갈애' 내지 '존재'는 '미래'를 관찰하는 것이다. 여기서부터 이후는 서로 구르며 이어지는 것이다. '무명'이 소멸하여 '행위'가 소멸한다는 것은 관찰에 의지하여 끊은 것이다.

復次無明緣行者 是觀過去 識乃至受 是觀現在 愛乃至有 是觀未來 於是以後 展轉相續 無明滅行滅者 是觀待斷

14. 7번째 12연기의 관찰[180]

또한 '12가지 연기의 요소'를 '3가지 고통'(三苦)이라고 부르니, 이 가운데 ① 무명 ② 행위 내지 ⑤ 6가지 인식이 일어나는 자리는 '행고行苦'(변해가는 고통, 제행무상의 고통)이며, ⑥ 접촉

---

179 12연기의 관찰 중 ⑥ '과거 · 현재 · 미래라는 관점'에서의 관찰이다.
180 12연기의 관찰 중 ⑦ '3가지 고통이 모인다는 관점'에서의 관찰이다.

⑦ 느낌은 '고고苦苦'(역경을 만난 고통)이며, 나머지는 '괴고壞苦'(순경이 무너지는 고통)이다. '무명'이 소멸하여 '행위'가 소멸한다는 것은 이 '3가지 고통'이 끊어진 것이다.

  復次十二有支 名爲三苦 此中無明行 乃至六處 是行苦 觸受是苦苦 餘是壞苦 無明滅行滅者 是三苦斷

15. 8번째 12연기의 관찰[181]

또한 '무명'이 '행위'의 조건이 된다는 것은, 무명을 인연으로 능히 모든 행위가 생겨난다는 것이다. '무명'이 소멸하여 '행위'가 소멸한다는 것은, 무명이 없으면 모든 행위 또한 있을 수 없다는 것이다. 나머지도 또한 이와 같다.

  復次無明緣行者 無明因緣 能生諸行 無明滅行滅者 以無無明 諸行亦無 餘亦如是

---

181 12연기의 관찰 중 ⑧ '인연이 생겨나고 사라진다는 관점'에서의 관찰이다.

16. 9번째 12연기의 관찰[182]

또한 '무명'이 '행위'의 조건이 된다는 것은 '생성의 결박'이며, '무명'이 소멸하여 '행위'가 소멸한다는 것은 '소멸의 결박'이다. 나머지도 또한 이와 같다.

又無明緣行者 是生繫縛 無明滅行滅者 是滅繫縛 餘亦如是

17. 10번째 12연기의 관찰[183]

또한 '무명'이 '행위'의 조건이 된다는 것은 생겨남을 따른 관찰이며, '무명'이 소멸하여 '행위'가 소멸한다는 것은 소멸함을 따른 관찰이다. 나머지는 또한 이와 같다.

又無明緣行者 是隨順有觀 無明滅行滅者 是隨順盡滅觀 餘亦如是

---

182 12연기의 관찰 중 ⑨ '생성의 결박과 소멸의 결박이라는 관점'에서의 관찰이다.
183 12연기의 관찰 중 ⑩ '생겨남과 사라짐의 관찰이라는 관점'에서의 관찰이다.

18. 10가지 관점으로 12연기를 관찰함

 불자여, 보살마하살은 이와 같이 10가지 관점으로 모든 '연기緣起'를 순으로 역으로 관찰한다. ① 연기의 요소가 서로 이어진다는 관점으로, ② 한마음에 포섭된다는 관점으로, ③ 각각의 업의 차별성이라는 관점으로, ④ 서로 떠나지 않는다는 관점으로, ⑤ 3가지 길이 끊어지지 않는다는 관점으로,

 ⑥ 과거·현재·미래라는 관점으로, ⑦ 3가지 고통이 모인다는 관점으로, ⑧ 인연이 생겨나고 사라진다는 관점으로, ⑨ 생성의 결박과 소멸의 결박이라는 관점으로, ⑩ 생겨남과 사라짐의 관찰이라는 관점으로, 모든 연기를 관찰한다.

 佛子 菩薩摩訶薩 如是十種 逆順觀諸緣起 所謂有支相續故 一心所攝故 自業差別故 不相捨離故 三道不斷故 觀過去現在未來故 三苦聚集故 因緣生滅故 生滅繫縛故 有盡觀故

19. 3가지 해탈문의 성취

불자여, 보살마하살이 이와 같은 '10가지 관점'으로 모든 '연기'를 관찰하여, '나'도 없고, '남'도 없으며, 수명이 없고, 자성이 텅 비었으며, 짓는 이도 없고, 받는 이도 없음을 알면, 곧장 ① 공해탈문空解脫門(공성의 해탈문)이 앞에 나타나게 된다(현전現前).[184]

모든 연기의 요소를 관찰함에 자성이 모두 사라져 작은 법法도 서로 낳지 않으면, 곧장 ② 무상해탈문無相解脫門(형상이 없는 해탈문)이 앞에 나타나게 된다. 이와 같이 '공空'과 '무상無相'에 들어가서, 오직 '위대한 자비'(大悲)를 으뜸으로 삼아 중생을 교화하는 것 외에는 원하는 것이 없으면, 곧장 ③ 무원해탈문無願解脫門(소원이 없는 해탈문)이 앞에 나타나게 된다.

보살은 이와 같이 '3가지 해탈문'을 닦아서 '남과 나'라는 생각을 떠나고, '짓는 이와 받는 이'라는 생각을 떠나고, '있음과

---

[184] 보살은 '반야바라밀'로 '12연기'가 본래 텅 비어 청정함을 관찰하여, "5온은 본래 텅 비어 청정하며, 12연기도 본래 텅 비어 청정하다! 일체의 만법은 모두 공성(참나·한마음)의 작용이다!"라고 깨닫는다.

없음'이라는 생각을 떠난다.

佛子 菩薩摩訶薩 以如是十種相觀諸緣起 知無我無人 無壽命自性空 無作者無受者 卽得空解脫門現在前 觀諸有支 皆自性滅 畢竟解脫 無有少法相生 卽時得無相解脫門現在前 如是入空無相已 無有願求 唯除大悲爲首 敎化衆生 卽時得無願解脫門現在前 菩薩如是 修三解脫門 離彼我想 離作者受者想 離有無想

20. 공성의 지혜로 유위법을 버리지 않음

불자여, 이 보살마하살은 '위대한 자비'를 더욱 키워서 아직 원만하지 못한 '보리분법菩提分法'(깨달음을 돕는 요소, 출세간의 근본원리에 바탕을 둔 세간의 보편법칙)을 원만하게 하고자 정진하고 닦는다.

그러면서 이와 같이 생각한다. "일체의 유위법有爲法은 화합하면 전개되고 화합하지 않으면 전개되지 않으며, 인연이 모이면 전개되고 인연이 모이지 않으면 전개되지 않는다. 나는 이와 같이 유위법이 많은 허물을 갖고 있음을 알았으니, 마땅히 이 화합하는 인연을 끊어야 할 것이다. 그러나 중생을 성취시켜 주어야 하니, 반드시 여러 행위를 없애지 않을 것이다(구경의 열반을 거부함)!"[185]

佛子 此菩薩摩訶薩 大悲轉增 精勤修習 爲未滿菩提分法 令圓滿故 作是念 一切有爲 有和合則轉 無和合則不轉 緣集則轉 緣不集則不轉 我如是 知有爲法 多諸過患 當斷此和合因緣 然 爲成就衆生故 亦不畢竟滅於諸行[186]

---

185 보살은 '12연기'의 소멸을 추구하지 않는다. 기존 초기불교의 12연기는 번뇌가 쌓여 가는 12연기인 것이다. 『화엄경』은 기존 석가모니의 가르침은 존중하되, 그것과는 분명한 선을 긋는다. 보살은 석가모니의 가르침과는 달리, 12연기 자체를 한마음(공성)의 작용으로 보아, 본래 텅 빈 것으로 여기며, 12연기의 소멸을 추구하지 않는다.

186 화엄보살은 '궁극의 열반'에 들어가지 않을 것임을 선언한다. 여기에서 궁극의 열반은 개체성이 사라져서 소멸되는 상태(비로자나불과의 합일)라고 보고 있다. 그래서 성불을 거부하고 10지 보살의 경지를 궁극의 경지로 보는 것이다. 즉, 10지 보살은 '개체성을 지닌 부처' '현상계에서 여래의 직책을 받은 자리' '비로자나불의 화신'으로 본다. 절대계의 비로자나불의 서원에 호응할 수 있는, 현상계의 부처의 분신(보살)이 되자는 것이 『화엄경』의 본의이다.
그러나 『화엄경』에도 모순이 있으니, 그것은 "이 일체 중생이 번뇌와 큰 고통 속에 떨어져 있으니, 어떠한 방편으로 구제하여 궁극의 열반의 즐거움에 머물게 할 수 있을까?"(3지)라고 하여, 중생들이 궁극의 열반에 이르게 하는 것을 보살의 임무로 보고 있다는 점이다. 즉, 보살 자신들은 거부하는 개체성을 초월한 성불·열반의 경지에, 중생들은 들어가게 해야 한다고 보는 모순에 빠지게 된다. 이는 당시의 소승

21. 반야바라밀의 현전

불자여, 보살은 이와 같이 '유위법'이 허물이 많지만, '자성'이 없으며, 생겨나지도 소멸하지도 않음을 관찰하고,[187] 항상 위대한 자비를 일으켜서 중생을 버리지 않는다.[188] 그래서 '반야바라밀'이 앞에 나타나게 되니(현전現前), '장애가 없는 지혜의 광명'(無障礙智光明)이라고 부른다.

이와 같은 지혜의 광명을 성취하면, 비록 깨달음을 돕는 요소가 되는 인연을 닦고 익힌다고 하더라도 '유위법'의 가운데

사상과 일정 부분 타협한 것으로 보이며, 진정한 화엄사상이라면, 중생들을 모두 위대한 보살로 만들고자 해야 함이 옳다! '보살의 길'이 인간이 걸어야 할 궁극의 길이니 말이다.

187 관자재 보살이 '반야바라밀'을 깊이 행할 때, '5온'이 모두 '텅 비었음'(空 · 청정 · 열반)을 비추어 보고 일체의 고통 · 재앙을 넘어갔다. (觀自在菩薩 行深般若波羅密多時 照見五蘊皆空 度一切苦厄, 『마하반야바라밀다심경摩訶般若波羅蜜多心經』)

188 '무명 · 유루의 12연기'를 관찰하여 '유위법'에 허물이 많음을 자명하게 알지만, 이 또한 본래 '텅 빈 공성'(한마음)의 작용임을 분명히 알고, 나아가 '공성의 6가지 본성'(6바라밀의 근본원리 · 본유종자本有種子)에 따라 6바라밀로 일체 중생을 모두 구제할 서원을 세우게 된다. '6바라밀의 근본원리'에 따라 중생을 구제하는 것은, '출세간의 근본원리'를 그대로 순종하여 따르는 것이다(順忍). 그래서 세간에서 유위법을 짓더라도 '보리분법'(세간의 실천법칙)에 의거하게 되니, 유위법을 짓되 무루의 유위법을 짓게 된다. 그러나 6지 보살은 '출세간의 진리'에 안주하지 못하니, '보리분법'이 원만하지 못하여 온전한 무루의 유위법이 되지 못한다.

머물지 아니한다. 그러나 비록 유위법의 자성이 고요함을 관찰하더라도, 고요한 가운데 안주하지는 못한다. 왜냐하면 아직 '보리분법菩提分法'(깨달음을 돕는 요소)이 원만하지 못하기 때문이다.[189]

佛子 菩薩如是 觀察有爲 多諸過患 無有自性 不生不滅 而恒起大悲 不捨衆生 卽得般若波羅蜜現前 名無障礙智光明 成就如是智光明已 雖修習菩提分因緣 而不住有爲中 雖觀有爲法自性寂滅 亦不住寂滅中 以菩提分法 未圓滿故

22. 10가지 공성의 삼매

불자여, 보살은 이 현전지에 머물면서 ① 입공삼매入空三昧(공

---

[189] 6지는 반야바라밀을 닦아, 늘 6바라밀의 근본원리가 앞에 나타나 인도하고(현전現前), 6바라밀의 근본원리의 인도를 온전히 따르고자 노력한다. 그러나 아직 출세간의 공성에 안주하지 못하였기에, 그 세간적 구현에 원만하지 못함이 있다.
3지에서 '보리분법'을 이해하고, 4지에서 실천에 안주하며, 5지에서 방편을 갖추나(근본원리의 신인信忍), 6지에서 더욱 원만하게 닦는다(근본원리의 순인順忍). 제6지 현전지에서 출세간의 진리를 세간에 드러냄이 더욱 원만해진다. 그러나 6지는 출세간의 진리에 대해 '순인順忍'만 얻은 단계라 아직 온전히 원만하지는 않은 단계이다. 7지를 거쳐 8지에서 '무생법인無生法忍'을 얻어 출세간의 공성空性에 안주해야 보리분법이 원만해질 수 있다.

성에 들어가는 삼매), ② 자성공삼매自性空三昧(자성이 텅 빔을 증득한 삼매), ③ 제일의공삼매第一義空三昧(최고의 의미를 지닌 공성의 삼매), ④ 제일공삼매第一空三昧(최고의 공성의 삼매), ⑤ 대공삼매大空三昧(위대한 공성의 삼매),

⑥ 합공삼매合空三昧(공성에 부합한 삼매), ⑦ 기공삼매起空三昧(공덕을 일으키는 공성의 삼매), ⑧ 여실불분별공삼매如實不分別空三昧(실상 그대로 분별이 없는 공성의 삼매), ⑨ 불사리공삼매不捨離空三昧(공성을 떠나지 않는 삼매), ⑩ 이불리공삼매離不離空三昧(번뇌를 여의되 공성을 떠나지 않는 삼매)를 얻는다.

이 보살은 이와 같은 10가지 '공성의 삼매'를 선두로 하여, 백천의 공성의 삼매가 모두 앞에 나타난다(현전現前). 이와 같이 10가지 '무상無相의 삼매'와 10가지 '무원無願의 삼매'를 선두로 하여, 백천의 무상의 삼매와 무원의 삼매가 모두 앞에 나타난다.

佛子 菩薩住此現前地 得入空三昧 自性空三昧 第一義空三昧 第一空三昧 大空三昧 合空三昧 起空三昧 如實不分別空三昧 不捨離空三昧 離不離空三昧 此菩薩得如是 十空三昧門爲

首 百千空三昧 皆悉現前 如是十無相 十無願三昧門爲首 百千無相無願三昧門 皆悉現前

23. 10가지 원만한 마음

불자여, 보살은 이 현전지에 머물면서 다시 닦고 익혀서 만족스럽게 하니, ① 무너지지 않는 마음(불가괴심不可壞心), ② 결정된 마음(결정심決定心), ③ 순수하게 선한 마음(순선심純善心), ④ 매우 깊은 마음(심심심甚深心), ⑤ 물러나지 않는 마음(불퇴전심不退轉心), ⑥ 쉬지 않는 마음(불휴식심不休息心), ⑦ 광대한 마음(광대심廣大心), ⑧ 끝이 없는 마음(무변심無邊心), ⑨ 지혜를 구하는 마음(구지심求智心), ⑩ 반야와 방편이 상응하는 마음(방편혜상응심方便慧相應心)이 모두 원만해진다.

佛子 菩薩住此現前地 復更修習滿足 不可壞心 決定心 純善心 甚深心 不退轉心 不休息心 廣大心 無邊心 求智心 方便慧相應心 皆悉圓滿

24. 보살의 지혜광명에 안주함

불자여, 보살은 이 마음으로 '부처의 깨달음'을 따르고, 일체의 다른 논리를 두려워하지 않는다. 보살은 '모든 지혜의 경지'(10단계의 경지)에 들어가서 '2승의 길'을 떠나고 '부처의 지혜'를 지향한다.

모든 번뇌와 악마에 의해서 능히 방해받거나 무너지지 않으며, '보살의 지혜광명'에 안주하며, '공성 · 무상無相 · 무원無願의 법' 가운데에서 잘 닦고 익히며, '방편'과 '지혜'가 항상 서로 상응하며, '보리분법'(깨달음을 돕는 요소)을 항상 실천하고 버리지 않는다.

佛子 菩薩以此心 順佛菩提不懼異論 入諸智地 離二乘道 趣於佛智 諸煩惱魔 無能沮壞 住於菩薩智慧光明 於空無相無願法中 皆善修習 方便智慧 恒共相應 菩提分法 常行不捨

25. 밝고 예리하게 따르고 순종하는 인가

불자여, 보살은 이 현전지에 머물 때 '반야바라밀에 근거한 실천'(般若波羅蜜行, 초월적 공성을 세간에 드러냄)이 뛰어나게 되니, 제3의 '밝고 예리하게 따르고 순종하는 인가'(明利順忍)를 얻게 된다. 모든 법의 '실상 그대로의 형상'(공성에 새겨진 만법의 근본원리)을 따르고 어기지 않기 때문이다.

佛子 菩薩住此現前地中 得般若波羅蜜行增上 得第三明利順忍 以於諸法如實相 隨順無違故

26. 6지 보살의 공양과 회향

모두 광대한 마음, 깊은 마음으로 부처님을 공양하고 공경하며 존중하고 찬탄한다. 의복과 음식과 침구와 의약품 등 일체의 생활필수품을 모두 부처님께 받들어 베풀며, 또한 일체의 스님들께도 공양한다. 이 선근을 모두 '최고의 올바르고 원만한 깨

달음'에 회향廻向한다.[190]

부처님의 처소에서 공경히 진리를 청하여 듣고 받아 지녀서, '실상 그대로의 삼매'(如實三昧)와 '지혜의 광명'(智慧光明)을 얻고, 이를 따라 수행하여 기억하고 챙겨서 버리지 않는다. 또한 모든 부처님의 매우 깊은 '법장法藏'(진리의 창고)을 얻으며, 백 겁을 경과하고 천겁을 경과하고 무량한 백천억 나유타 겁을 경과하는 동안에 선한 근기가 더욱 밝아지고 정화된다. … 이 보살은 10바라밀 가운데 '반야바라밀'을 특히 많이 닦는다. 나머지를 닦지 않는 것은 아니나, 다만 역량과 분수에 따를 뿐이다.

悉以廣大心深心 供養恭敬 尊重讚歎 衣服飮食 臥具湯藥 一切資生 悉以奉施 亦以供養一切衆僧 以此善根 迴向阿耨多羅三藐三菩提 於諸佛所 恭敬聽法 聞已受持 得如實三昧 智慧光明 隨順修行 憶持不捨 又得諸佛甚深法藏 經於百劫 經於千劫 乃至 無量百千億那由他劫 所有善根 轉更明淨 … 此菩薩 十波羅蜜中 般若波羅蜜偏多 餘非不修 但隨力隨分

---

190 6지 보살의 '회향'은 '입일체평등선근회향入一切平等善根廻向'(10회향 중 6회향에 해당함)이니, 일체의 평등한 선근에 들어간 회향이다.

··· 6지 현전지現前地의 경지

6지의 경지는 '현전지現前地'(공성의 지혜가 현전하는 단계)라고 불립니다. '6바라밀의 근본원리'의 실천을 막는 업장을 정화하는 단계입니다. '6바라밀의 보편법칙'의 방편에 대한 자명한 이해가 심화된 단계이며,[191] '6바라밀의 근본원리'의 체험적 이해가 심화된 단계입니다.[192]

'조상현행장粗相現行障'(만법을 차별하고 집착하는 거친 무지가 현행하는 장애)을 끊고, '무염정진여無染淨眞如'(오염된 적도 없고 다시 청정해진 적도 없는 진여)를 얻는 단계입니다. '공성의 지혜'(구일체묘상공具一切妙相空, 즉 구공具空의 지혜, 3무자성無自性을 아

---

191 6지는 6바라밀의 보편법칙의 방편에 대한 법인法忍이 심화된 단계이다.
192 6지는 6바라밀의 근본원리에 대한 순인順忍의 단계이다.

는 지혜)¹⁹³를 닦아서, 늘 '6바라밀의 근본원리'가 앞에 나타나 인도하며(현전現前), 6바라밀의 근본원리의 인도를 온전히 따르고자 노력하는 단계입니다.

6지는 '12연기'가 모두 텅 빈 '공성空性'(한마음)의 나툼임을 깨닫고, '3해탈문'(공空·무상無相·무원無願)을 성취하되, 또한 세간사에서 보리분법의 실천을 떠나지 않으니, '세간법'과 '출세간법'이 둘이 아님을 깨닫는 경지입니다.¹⁹⁴ 그러나 '공성'(6바라밀을 갖춘 공성)에 안주하지 못하게 막는 '미세한 무지'(細相)가 현행하는 경지입니다.

---

193 3무자성無自性과 3자성自性 (만법유식萬法唯識):
①상무성相無性(형상에 자성이 없음) ↔ 변계소집성遍計所執性(아집·법집, 망상적 실재)
②생무성生無性(생겨남에 자성이 없음) ↔ 의타기성依他起性(인연법, 인과적 실재)
③승의무성勝義無性(최고의 뛰어난 자성이 없음) ↔ 원성실성圓成實性(진여성, 초월적 실재)

194 (6지는) '불법'(출세간법)이 '세간법'과 다르지 않음을 알며, '세간법'이 '불법'과 다르지 않음을 알고, '불법'과 '세간법'이 섞이지 않으면서도 또한 차별이 없음을 안다. (佛法不異世間法 世間法不異佛法 佛法世間法 無有雜亂 亦無差別, 『화엄경』「십지품」)

10바라밀 중에는 '반야바라밀'[195]이 뛰어납니다. 10단계의 실천(10행) 중에는 6행인 '선현행善現行'(공성을 세간에 잘 나타내는 실천)을 닦으며, 10단계의 회향(10회향) 중에는 6회향인 '입일체평등선근회향入一切平等善根廻向'(일체의 평등한 선근에 들어간 회향)을 닦습니다.

10단계의 안주(10주) 중에는 6주인 '정심주正心住'(세간법과 출세간법이 둘이 아님을 깨닫고, 공성의 지혜로 마음을 바르게 함에 안주함)에 해당하니, '6바라밀의 근본원리'를 따르고 순종하는 마음을 닦는 단계입니다. 밀교적으로도 환신(금강신)이 아직 순수하지 않으니(부정환신不淨幻身) 정광명의 청정한 빛으로 '심리적 장애'(아집我執·번뇌장煩惱障)를 제거하고자 노력하는 단계에 해당합니다.

이 단계에서는, ① 안으로는 '절대적 공성'(6바라밀의 근본원리를 갖춘 공성)의 정광명에 끊어짐 없이 안주하고자 노력해야 하며, ② 밖으로는 '6바라밀의 보편법칙'(보리분법)을 원만하게

---

195 반야바라밀(공성의 지혜를 증득함) :
　① 생공반야生空般若 : 중생의 공함
　② 법공반야法空般若 : 인연법의 공함
　③ 구공반야俱空般若 : 2공을 모두 갖춤

닦아 환신을 정화하고자 노력해야 합니다.

6지는 경전에 대한 자명한 이해를 삶 속에서 온전히 실천하고자 노력하며, 6바라밀의 근본원리대로 욕심을 경영하는 것이 습관으로 안착된 경지입니다. 그러나 아직은 '무상無相'(6바라밀을 갖춘 공성)에 안주함에는 끊어짐이 있는 단계입니다.

··· 6주 정심주正心住의 경지

용모가 부처님과 같고,[196] 마음 또한 그러함을 '정심주'라고 한다.[197]

容貌如佛 心相亦同 名正心住 (『능엄경』)

---

196 5주인 '방편구족주'(부처님의 몸을 원만하게 갖춤)에서 '법신의 몸'인 '보신'(금강신·의성신·변역신·환신)을 원만하게 완성하였음을 말한다.

197 5주에서 법신의 몸을 완성하였으나, 아직 '심리적 장애'(아집我執·번뇌장)로 인해 청정하지 못하다(아직은 부정환신不淨幻身). 그러므로 6주에서는 '법신의 지혜'의 인도를 잘 따라서, 보신의 심리적 장애를 제거하는 것에 주력한다. 심리적 장애의 극복은 7주에서 이루어진다(청정환신淸淨幻身의 성취).
이 단계에서는 ① 반야와 ② 방편을 통합적으로 닦아야 하니, ① 안으로는(출세간의 측면) '절대적 공성'(6바라밀의 근본원리를 갖춘 공성)의 정광명에 끊어짐 없이 안주하고자 노력해야 하며, ② 밖으로는(세간의 측면) '6바라밀의 보편법칙'(보리분법)을 원만하게 닦아 환신을 정화하기 위해 노력해야 한다.

••• 6지 보살의 핵심 수행, 반야바라밀

 모든 부처의 처소에서 '진리'(法)를 듣고 받아 지니며, 선지식을 가까이 하여 받들고 섬김에 게으르지 않으며, ① 늘 진리를 듣는 것을 즐겨서 마음에 만족함이 없으며(문혜聞慧의 성취), ② 듣고 받아들이는 것에 따라 '진리'(理) 그대로 사유하며(사혜思慧의 성취), ③ 참된 삼매에 들어가서 모든 치우친 견해를 멀리하여 모든 진리를 잘 관찰하여 '실상'(實相, 진실한 형상)의 도장을 얻으며(수혜修慧의 성취),

 ④ 여래의 인위적인 노력이 필요 없는 깨달음[198]을 깨우쳐 알며(자성혜自性慧의 증득), ⑤ 모든 관문의 지혜를 타고 '일체의 지혜에 대한 앎'(一切智智)의 문에 들어가서 영원히 휴식

---

198 '인위적인 노력이 필요 없는 깨달음'(無功用道)은 출세간의 공성에 갖추어진 '무분별의 지혜'를 말한다.

을 얻으니(일체지一切智의 증득), 이는 '반야바라밀'을 청정하게 함이다.

　於諸佛所 聞法受持 近善知識 承事不倦 常樂聞法 心無厭足 隨所聽受 如理思惟 入眞三昧 離諸僻見 善觀諸法 得實相印 了知如來 無功用道 乘普門慧 入於一切智智之門 永得休息 是則能淨般若波羅蜜 (『화엄경』「명법품」)

··· 6행 선현행善現行의 닦음

1. 3업은 본래 텅 비어 청정하다

이 보살은 '몸'(身)으로 짓는 업이 청정하며, '말'(語)로 짓는 업이 청정하며, '마음'(意)으로 짓는 업이 청정하다. '얻을 것이 없음'(無所得, 출세간의 공성)에 머물면서 얻을 것이 없는 '몸과 말과 마음의 업'을 나타낸다.[199] 이는 능히 '3가지 업'이 모두 있는 것이 아님을 아는 것이며, 헛되고 망령된 것이 없어서 얽매일 것이 없음을 아는 것이다.[200]

---

199 '출세간의 공성'에 머물면서, 출세간의 작용인 '세간의 3가지 청정한 업'을 나타냄을 말한다.

200 '3가지 업' 자체가 본래 청정하며, 모두 공성의 작용임을 안다(3업본공三業本空, 제법본공諸法本空).

此菩薩 身業淸淨 語業淸淨 意業淸淨 住無所得 示無所得 身語意業 能知三業 皆無所有 無虛妄故 無有繫縛 (『화엄경』「십행품」)

2. 반야와 방편을 쌍으로 닦아라

　대저 이 보살이 나타내 보이는 바는, (독자적인) '자성'(自性, 만법에 내재된 각각의 결·법칙)이 없으며 (독자적인) '의지처'(자성을 말함)가 없다.[201] '진실 그대로의 마음'(如實心)에 머물면서 무량한 마음의 자성(logos)을 알며, 일체법의 자성(logos)을 알고, 얻음이 없고 형상이 없으니, 매우 깊고 어려운 곳까지 들어간다.[202]

　'바른 자리'(正位)인 '진여법眞如法의 본성'(6바라밀의 근본원리)에 머물면서 '방편'(3가지 업, 6바라밀의 보편법칙)을 낳으

201　모든 일체 만법의 '자성', 즉 '법칙'(logos)은 본래 '공성'에 갖추어져 있으니, 독자적인 불변의 실체가 아니다.

202　유가의 '시비지심是非之心'(옳고 그름을 판별하는 마음)에 해당하니, 형이상학적 근본원리(소이연所以然, 보편법칙의 뿌리)와 형이하학적 보편법칙(소당연所當然, 개별 사물의 뿌리)을 꿰뚫어 아는 것으로, 불가의 '반야바라밀'에 해당한다.

니,²⁰³ 업보가 본래 없어서 생겨나지도 소멸되지도 않는다.²⁰⁴

凡所示現 無性無依 住如實心 知無量心自性 知一切法自性 無得無相 甚深難入 住於正位 眞如法性 方便出生而無業報 不生不滅

---

203 ① '법성法性'(진여법의 본성)은 탐욕이 없음을 본체로 삼음을 이해하였기에, 법성에 순응하고 따라서 '보시바라밀'(사랑의 실천)을 닦으며, ② '법성'은 오염되지 않아 5욕의 허물에서 벗어나 있다는 것을 이해하였기에, 법성에 순응하고 따라서 '지계바라밀'(정의의 실천)을 닦으며, ③ '법성'에 고뇌가 없어서 성냄과 번뇌를 벗어나 있음을 이해하였기에, 법성에 순응하고 따라서 '인욕바라밀'(예절의 실천)을 닦는다.
④ '법성'에 몸과 마음의 형상이 없어서 나태함을 벗어나 있음을 이해하였기에, 법성에 순응하고 따라서 '정진바라밀'(성실의 실천)을 닦으며, ⑤ '법성'이 항상 안정되어 있어서 어지럽지 않음을 본체로 삼음을 이해하였기에, 법성에 순응하고 따라서 '선정바라밀'(몰입의 실천)을 닦으며, ⑥ '법성'이 광명함을 본체로 삼아 어두움을 벗어나 있음을 이해하였기에, 법성에 순응하고 따라서 '반야바라밀'(지혜의 실천)을 수행하는 것이다.
(以知法性體無慳貪故 隨順修行檀波羅蜜 以知法性無染 離五欲過故 隨順修行尸波羅蜜 以知法性無苦離瞋惱故 隨順修行羼提波羅蜜 以知法性無身心相 離懈怠故 隨順修行毘黎耶波羅蜜 以知法性常定 體無亂故 隨順修行禪波羅蜜 以知法性體明 離無明故 隨順修行般若波羅蜜,『대승기신론』)

204 '만법'은 본래 참나(공성)에 뿌리를 두고 있으니, 텅 비어 있어서 생겨나지도 소멸되지도 않는다. 따라서 만법의 작용인 '업보' 또한 텅 비어 있다. 업보란 본래 '공성의 작용'으로 텅 비어 청정한 것이니, 신비 중의 신비이다.

3. 열반에 안주하되 방편을 펼쳐라

① '열반의 경계'에 머물며, ② '고요한 본성'에 머물며, ③ '진실한 자성이 없는 본성'에 머물러서, 언어의 길이 끊어지고 모든 세간을 초월하여 의지하는 것이 없다. ① 분별을 떠나 '속박이 없는 법'에 들어갔으며, ② 최고로 뛰어난 지혜의 '진실한 법'에 들어갔으며, ③ 모든 세간에서 능히 깨달아 알 수 없는 '출세간법'에 들어갔다. 이것이 바로 이 보살이 뛰어난 솜씨의 방편으로 '생상生相'[205]을 나타내 보이는 것이다.

住涅槃界 住寂靜性 住於眞實 無性之性 言語道斷 超諸世間 無有所依 入離分別無縛著法 入最勝智眞實之法 入非諸世間 所能了知出世間法 此是菩薩 善巧方便 示現生相

4. 만법은 본래 텅 비어 있다

불자여, 이 보살은 이와 같이 생각한다. ① "일체의 중생이

---

205 '낳는 형상'(生相)은 만법이 나타나는 형상으로, 인연법에 따라 '3가지 업'(신身·구口·의意)을 현상계에 나타냄을 말한다.

'자성이 없음'(無性)을 자성으로 삼고, ② 일체의 모든 법法(logos)이 '함이 없음'(無爲)을 자성으로 삼으며, ③ 일체의 국토가 '형상이 없음'(無相)을 형상으로 삼는다. 일체의 3세(과거·현재·미래)가 오직 '말'(logos)일 뿐이니, 모든 법法 가운데 의지할 것이 없다(제법본공諸法本空)."

佛子 此菩薩 作如是念 一切衆生 無性爲性 一切諸法 無爲爲性 一切國土 無相爲相 一切三世 唯有言說 一切言說 於諸法中 無有依處

5. 반야바라밀의 성취

보살은 이와 같이 ① '일체의 법法'이 모두 다 매우 깊음을 알고,[206] ② '일체의 세간'이 모두 다 고요함을 알며, ③ '일체의 불법'을 더 늘릴 수 없음을 알고(줄일 수도 없음), ④ '불법'(출세간법)이 '세간법'과 다르지 않음을 알며, ⑤ '세간법'이 '불법'과 다르지 않음을 알고,

---

206 '만법'은 본래 공성에 뿌리를 두고 있으니, 신비 중의 신비이다. 불가사의하고 매우 심오하여 이해하기 어렵다. 하물며 어찌 버릴 수 있겠는가?

⑥ '불법'과 '세간법'이 섞이지 않으면서도 또한 차별이 없음을 알며, ⑦ '법계法界의 본성'이 평등하여 3세에 두루 들어감을 알고, ⑧ '위대한 보리심'을 영원히 버리지 않으며, ⑨ 중생을 교화하려는 마음이 항상 후퇴하지 않으며, ⑩ '위대한 자비심'이 더욱 불어나서 일체 중생의 의지할 곳이 된다.

菩薩如是 解一切法 皆悉甚深 一切世間 皆悉寂靜 一切佛法 無所增益 佛法不異世間法 世間法不異佛法 佛法世間法 無有雜亂 亦無差別 了知法界體性平等 普入三世 永不捨離 大菩提心 恒不退轉 化衆生心 轉更增長 大慈悲心 與一切衆生 作所依處

6. 보살의 중생에 대한 책임감

보살은 이때 다시 이와 같이 생각한다. "① 내가 중생을 성숙시키지 않는다면, 누가 마땅히 중생을 성숙시키겠는가? ② 내가 중생을 조복시키지 못한다면, 누가 마땅히 중생을 조복시키겠는가? ③ 내가 중생을 교화하지 못한다면, 누가 마땅히 중생을 교화시키겠는가?

④ 내가 중생을 깨닫게 하지 못한다면, 누가 마땅히 중생을 깨닫게 하겠는가? ⑤ 내가 중생을 청정하게 하지 못한다면, 누가 마땅히 중생을 청정하게 하겠는가? 이것은 내가 하는 것이 마땅한 것이고, 내가 마땅히 해야 할 것이다."

菩薩爾時 復作是念 我不成熟衆生 誰當成熟 我不調伏衆生 誰當調伏 我不敎化衆生 誰當敎化 我不覺悟衆生 誰當覺悟 我不淸淨衆生 誰當淸淨 此我所宜 我所應作

7. 나 홀로 해탈할 수 없다

다시 이와 같이 생각한다. "만약 나 스스로만 이렇게 매우 심오한 법을 이해한다면, 오직 나 한 사람만 '최고의 올바르고 원만한 깨달음'에 홀로 해탈을 얻을 것이니, 모든 중생은 장님처럼 캄캄하고 눈이 없어서 크게 험난한 길에 들어가게 될 것이다.

모든 번뇌에 속박되어 마치 중병에 걸린 사람과 같이 늘 고통을 받을 것이며, 탐욕과 애욕의 감옥에 떨어져서 스스로 벗어날 수 없을 것이다. 지옥·아귀·축생·염라왕의 세계를 벗어나지 못할 것이며, 능히 고통을 없앨 수 없을 것이다. 악업을 버리지 못할 것이며, 늘 어리석음과 어둠에 처하여 진실을 보지 못할 것이며, 생生과 사死로 윤회하여 벗어날 수 없을 것이다.

'8가지 어려움'(八難)[207]에 머물 것이며, 모든 더러움에 집착할 것이며, 온갖 번뇌가 그 마음을 덮고 가려서 사특한 견해에 미혹되고 정도正道를 행하지 못할 것이다."

復作是念 若我自解此甚深法 唯我一人於阿耨多羅三藐三菩提 獨得解脫 而諸衆生 盲冥無目 入大險道 爲諸煩惱之所纏縛 如重病人 恒受苦痛 處貪愛獄 不能自出 不離地獄 餓鬼畜生 閻羅王界 不能滅苦 不捨惡業 常處癡闇 不見眞實 輪迴生死 無得出離 住於八難 衆垢所著 種種煩惱 覆障其心 邪見所迷 不行正道

---

207 8난八難(불법을 배움에 있어서 8가지 어려운 조건) :
　　① 지옥 ② 아귀 ③ 축생 ④ 북울단월北鬱單越(북구로주北俱盧洲, 4주四洲 중 가장 살기 좋은 곳) ⑤ 장수천長壽天(장수하는 하늘) ⑥ 농맹음아聾盲瘖瘂(귀머거리·장님·벙어리) ⑦ 세지변총世智辨聰(세상에서 뛰어난 지혜·변재·총명) ⑧ 불전불후佛前佛後(부처님 이전과 이후에 태어남)

8. 중생을 모두 해탈로 인도하라

보살은 이와 같이 모든 중생을 관찰하고 이러한 생각을 한다. "만약 이 중생이 성숙되지 못하고 조복되지 못하였는데도, 이를 버려두고 '최고의 올바르고 원만한 깨달음'을 증득한다면, 이는 마땅하지 않다. 내가 마땅히 먼저 중생을 교화하여, 말할 수 없는 겁 동안에 보살행을 행하여, 미성숙한 자들로 하여금 먼저 성숙하게 하고, 조복되지 않은 자들로 하여금 먼저 조복되게 할 것이다."[208]

菩薩如是 觀諸衆生 作是念言 若此衆生 未成熟 未調伏 捨而取證阿耨多羅三藐三菩提 是所不應 我當先化衆生 於不可說不可說劫 行菩薩行 未成熟者 先令成熟 未調伏者 先令調伏

---

208 중생의 해탈을 먼저 도모하라는 것은 순수한 대승적 사고는 아니며, 소승불교와의 타협으로 보인다. 중생을 모두 '구경의 열반'에 들어가게 하고, 자신은 맨 나중에 열반에 들어가겠다는 보살의 서원은, '소승적 열반'을 인정하는 것이기 때문이다. 즉, 중생은 보살이 되지 못하고, 보살에 의해 열반으로 인도되는 모순이 발생한다.

유튜브(YouTube) | 윤홍식의 화엄경 강의 – 6지

8. 번뇌를 벗어난 단계, 7지 원행지 遠行地

1. 10가지 방편과 지혜

이때 금강장 보살이 해탈월 보살에게 말하였다. 불자여, 보살마하살이 제6지를 이미 갖추고 제7 원행지遠行地에 들어가고자 한다면 마땅히 10가지 '방편과 지혜'를 닦아서 보살의 길에서 뛰어난 수행을 일으켜야 한다.

무엇이 그 10가지인가? ① 이른바 '공空·무상無相·무원無願'의 삼매를 잘 닦되 '자비심'으로 중생을 버리지 않는 것이며, ② 비록 모든 부처님과 평등한 진리를 얻었으나 늘 부처님께 공양하는 것을 즐기는 것이며, ③ 비록 공성을 관조하는 지혜의 문에 들어갔으나 '복덕福德'을 쌓고자 노력하는 것이며, ④ 비록 3계를 멀리 떠났으나 3계를 장엄하게 하는 것이며,

⑤ 비록 모든 번뇌의 불꽃의 궁극의 적멸을 얻었더라도 일체의 중생을 위하여 탐진치의 번뇌의 불꽃을 일으키고 소멸시키는 것이며, ⑥ 비록 모든 법法이 환영·꿈·그림자·메아리·불꽃·화현·물속의 달·거울속의 영상과 같아서 만법의 자성이 둘이 아님을 알더라도 마음을 따라 끝이 없이 차별하는 업을 짓는 것이며, ⑦ 비록 일체의 국토가 허공과 같음을 알더라도 능히 청정하고 신묘한 행위로 불국토를 장엄하게 하는 것이며,

⑧ 비록 모든 부처님의 '법신法身'이 본성에 있어서 몸이 없음을 알더라도 상호相好(32상相 80수호隨好)로 그 몸을 장엄하게 하는 것이며, ⑨ 비록 모든 부처님의 음성이 텅 비고 적멸하여 말로 설명할 수 없음을 알더라도 능히 일체의 중생을 따라 온갖 차별을 지닌 청정한 음성을 내는 것이며, ⑩ 비록 모든 부처님을 따라 3세가 오직 한 찰나임을 알았다고 하더라도 중생의 이해와 분별을 위하여 온갖 형상과 온갖 때와 온갖 겁으로 모든 수행을 닦는 것이다.

보살은 이와 같은 10가지 '방편과 지혜'로 뛰어난 수행을 일으켜 제6지를 넘어 제7지에 들어간다. 제7지에 이미 들어간 뒤

에, 이러한 수행이 항상 앞에 나타나는 것을 '제7 원행지에 안주함'이라고 부른다.

爾時金剛藏菩薩 告解脫月菩薩言 佛子 菩薩摩訶薩 具足第六地行已 欲入第七遠行地 當修十種方便慧 起殊勝道 何等爲十 所謂雖善修空無相無願三昧 而慈悲不捨衆生 雖得諸佛平等法 而樂常供養佛 雖入觀空智門 而勤集福德 雖遠離三界 而莊嚴三界 雖畢竟寂滅諸煩惱焰 而能爲一切衆生 起滅貪瞋癡煩惱焰 雖知諸法如幻如夢如影如響如焰如化如水中月如鏡中像自性無二 而隨心作業無量差別 雖知一切國土猶如虛空 而能以淸淨妙行 莊嚴佛土 雖知諸佛法身本性無身 而以相好 莊嚴其身 雖知諸佛音聲性空寂滅不可言說 而能隨一切衆生 出種種差別淸淨音聲 雖隨諸佛了知三世唯是一念 而隨衆生意解分別 以種種相 種種時 種種劫數 而修諸行 菩薩以如是十種方便慧 起殊勝行 從第六地 入第七地 入已此行常現在前 名爲住第七遠行地

2. 보살의 길에 안주한 7지 보살

이 보살은 이와 같이 생각한다. "이와 같은 한량이 없는 여래의 경계는 백천억 나유타 겁에 이르더라도 알 수 없는 것이니, 내가 응당 인위적인 노력도 없고 분별도 없는 마음으로 원만하게 성취할 것이다!"

불자여, 이 보살은 깊은 지혜를 가지고 이와 같이 관찰하며, 언제나 '방편'과 '지혜'를 부지런히 닦고 익혀서(바라밀을 닦음) 보살의 길에서 뛰어난 수행을 일으킴에 안주하여 움직이지 않는다. 한 찰나도 쉬거나 '보살도'를 버리지 않으며, 가고 머물고 앉고 누울 때나 꿈을 꿀 때도, 잠시도 일체의 업장(번뇌장煩惱障·소지장所知障)과 상응하지 않으며, 이러한 생각을 언제나 버리지 않는다.[209]

---

209 7지와 8지의 경계 :
  7지는 '유공용有功用의 무상주無相住'라 인위적 노력이 있어야 '6바라밀을 두루 갖춘 공성'에 안주하여 6바라밀을 온전히 발현할 수 있는 경지이다. 그러나 그러한 인위적인 노력이 습관화되어 끊어지지 않기에 늘 온전한 6바라밀이 51% 이상 발현된다.
  그러다가 8지가 되면 '무공용無功用의 무상주無相住'가 되어, 인위적인 노력이 없어도 '6바라밀을 두루 갖춘 공성'에 안주할 수 있다. 그러니 저절로 6바라밀이 51% 이상으로 발현되어, 6바라밀을 떠날 수 없게 된다. '하는 6바라밀'(1지~7지)에서 '되는 6바라밀'(8지~10지)로 변하게 되는 것이다. 그러나 7지 보살부터는 이미 '구

此菩薩作是念 如是無量如來境界 乃至於百千億那由他劫 不能得知 我悉應以無功用無分別心 成就圓滿 佛子 此菩薩 以深智慧 如是觀察 常勤修習方便慧 起殊勝道 安住不動 無有一念休息廢捨 行住坐臥 乃至睡夢 未曾暫與蓋障相應 常不捨於如是想念

3. 생각마다 10바라밀을 갖춘 7지 보살

이 보살은 생각마다 늘 '10가지 바라밀'을 갖추고 있다. 왜 그러한가? 생각마다 '큰 자비'를 으뜸으로 삼고, 부처님의 법을 수행하여 '부처님의 지혜'를 향하기 때문이다.[210]

① 부처의 지혜를 구하기 위해서 갖추고 있는 선한 근기(善

일체묘상공'에 안주할 수 있기에, 7지는 6바라밀을 온전히 실천하는 '아집을 벗어난 성인'의 경지로 인정받는다.

210 '10바라밀' 안에는 부처님의 '자비와 지혜'가 모두 갖추어져 있다. 10바라밀은 6바라밀의 확장판으로서, 6바라밀에 '방편·서원·능력·지혜'의 4종 바라밀이 추가된다. 6바라밀 안에 10바라밀이 이미 갖추어져 있으니, 6바라밀을 자유자재로 구사하여 중생을 구제하는 것이 '방편바라밀'이며, 6바라밀을 진심으로 서원하는 것이 '서원바라밀'이며, 6바라밀의 실천력이 신통해지는 것이 '능력바라밀'이며, 6바라밀에 있어서 전지·전능해지는 것이 '지혜바라밀'이다.

根)를 중생들에게 베푸는 것을 '보시바라밀'이라고 하며, ② 능히 일체의 모든 번뇌의 열기를 없애는 것을 '지계바라밀'이라고 하며, ③ 자비를 으뜸으로 삼고 중생을 해롭게 하지 않는 것을 '인욕바라밀'이라고 하며,

④ 뛰어난 선한 진리를 구함에 만족함이 없는 것을 '정진바라밀'이라고 하며, ⑤ 일체의 지혜의 길이 항상 눈앞에 나타나서 산란하지 않은 것을 '선정바라밀'이라고 하며, ⑥ 능히 만법이 생겨나지도 사라지지도 않음을 인가하는 것을 '반야바라밀'이라고 하며,

⑦ 능히 무량한 지혜를 낳는 것을 '방편바라밀'이라고 하며, ⑧ 능히 상상上上의 뛰어난 지혜를 구하는 것을 '원바라밀'(서원바라밀)이라고 하며, ⑨ 모든 이단의 논의와 모든 마구니들이 능히 막아내고 무너뜨릴 수 없음을 '역바라밀'(능력바라밀)이라고 하며, ⑩ 일체의 법法을 실상 그대로 아는 것을 '지바라밀'(지혜바라밀)이라고 한다.

불자여, 보살은 이렇게 10가지 바라밀을 생각마다 모두 원

만하게 갖추고 있다.[211] 이와 같이 '4섭법四攝法'과 '4무량심四無量心'[212], '37도품三十七道品'과 '3해탈문三解脫門'(空·無相·無願) 등과 일체의 '보리분법菩提分法'(깨달음을 돕는 요소, 출세간의 근본원리에 바탕을 둔 세간의 실천법칙)을 생각마다 모두 원만하게 갖춘다.

此菩薩於念念中 常能具足十波羅蜜 何以故 念念皆以大悲爲首 修行佛法 向佛智故 所有善根 爲求佛智 施與衆生 是名檀那波羅蜜 能滅一切諸煩惱熱 是名尸羅波羅蜜 慈悲爲首 不損衆生 是名羼提波羅蜜 求勝善法 無有厭足 是名毘梨耶波羅蜜 一切智道 常現在前 未嘗散亂 是名禪那波羅蜜 能忍諸法無生無滅 是名般若波羅蜜 能出生無量智 是名方便波羅蜜 能求上上勝智 是名願波羅蜜 一切異論 及諸魔衆 無能沮壞 是名力波羅蜜 如實了知一切法 是名智波羅蜜 佛子 此十波羅蜜 菩薩於念念中 皆得具足 如是四攝四持 三十七品 三解脫門 略說

---

211 유가에서는 생각마다 양심을 원만하게 갖추어서, 마음이 원하는 대로 하여도 천명에 어긋남이 없는 경지를 '종심소욕불유구從心所欲不踰矩'(인생의 70세에 해당하는 경지)라고 하였으니, 그 뜻이 통한다.

212 대승적 보리분법:
① 4무량심: 자慈·비悲·희喜·사捨
② 4섭법: 보시布施·애어愛語·이행利行·동사同事

乃至一切菩提分法 於念念中 皆悉圓滿

4. 보리분법에 원만한 7지 보살

이때 해탈월 보살이 금강장 보살에게 물었다. "불자여, 보살이 오직 이 제7지에서 '일체의 보리분법'(세간의 실천법칙)이 원만합니까? 아니면 모든 단계에서 보리분법이 원만합니까?" 금강장 보살이 말하였다. 불자여, 보살은 10지의 각 단계에서 능히 보리분법이 원만하다. 그러나 제7지에서 보리분법이 최고로 뛰어나다. 왜 그러한가? 이 제7지는 노력한 행위가 원만해져(功用行滿) '지혜가 자유자재한 행위'(智慧自在行)를 얻었기 때문이다.

불자여, 보살은 ① 제1지에서는 일체의 불법을 원하고 구하기에 보리분법이 원만하고(지학志學), ② 제2지에서는 마음이 더러운 때를 떠나기에(지학志學의 심화), ③ 제3지에서는 서원이 성장하여 진리의 광명을 얻었기에(이립而立), ④ 제4지에서는 진리에 들어갔기에(불혹不惑), ⑤ 제5지에서는 세상에서 짓는 바를 따르기에(지천명知天命), ⑥ 제6지에서는 심오하고 깊은 법문에 들어가기에(이순耳順), ⑦ 제7지에서는 일체의 불법을 일으키기에(종심從心), 모두 보리분법이 원만하다.[213]

왜 그러한가? 보살이 제1지에서 제7지에 이르기까지는 지혜를 성취하기 위해 '인위적 노력'을 하는 것이며, 이 힘으로 제8지에서 제10지에 이르기까지 '인위적 노력이 없는 행위'(無功用行)를 모두 성취한다. 불자여, 비유하자면 여기 2개의 세계가 있는데, 하나는 잡되고 오염되었으며, 다른 하나는 순수하고 청정하다. 이 2개의 중간은 넘어가기가 어려우나, 오직 보살로서 큰 방편과 신통과 원력을 지닌 이는 넘어갈 수 있는 것과 같다.

불자여, 보살의 여러 지地도 이와 같다. '잡되고 오염된 행위'가 있고(번뇌에 오염됨, 인위적 노력이 필요함), '청정한 행위'가 있으며(번뇌를 초월함, 인위적 노력이 필요 없음), 이 중간을 넘어가기는 어려우나, 오직 보살로서 큰 원력과 방편과 지혜를 갖춘

---

213 공자께서 말씀하시길 "나는 ① 15세에 학문에 뜻을 세웠고, ② 30세에 학문이 확립되었으며, ③ 40세에 학문에 의혹이 없어졌고, ④ 50세에 하늘의 명령을 알게 되었으며, ⑤ 60세에 하늘의 명령을 잘 듣고 따르게 되었고, ⑥ 70세에 마음이 원하는 대로 하여도 법도(하늘의 명령)에 어긋나는 법이 없었다."라고 하셨다. (子曰 吾十有五而志于學 三十而立 四十而不惑 五十而知天命 六十而耳順 七十而從心所欲不踰矩, 『논어』「위정爲政」)

이는 능히 넘어갈 수 있다.

爾時解脫月菩薩 問金剛藏菩薩言 佛子 菩薩但於此第七地中 滿足一切菩提分法 爲諸地中 亦能滿足 金剛藏菩薩言 佛子 菩薩於十地中 皆能滿足 菩提分法 然第七地 最爲殊勝 何以故 此第七地 功用行滿 得入智慧自在行故 佛子 菩薩於初地中 緣一切佛法願求故 滿足菩提分法 第二地離心垢故 第三地願轉增長得法光明故 第四地入道故 第五地順世所作故 第六地入甚深法門故 第七地起一切佛法故 皆亦滿足菩提分法 何以故 菩薩從初地 乃至第七地成就智功用分 以此力故 從第八地 乃至第十地無功用行 皆悉成就 佛子 譬如有二世界 一處雜染 一處純淨 是二中間 難可得過 唯除菩薩有大方便神通願力 佛子 菩薩諸地 亦復如是 有雜染行 有淸淨行 是二中間 難可得過 唯除菩薩有大願力方便智慧 乃能得過

5. 번뇌를 벗어난 7지 보살

해탈월 보살이 물었다. "불자여, 이 7지 보살은 오염된 행위를 합니까? 아니면 청정한 행위를 합니까?" 금강장 보살이 답하였다. 불자여, 제1지에서 제7지에 이르기까지 행하는 여러 행위는, 모두 '번뇌의 업장'(煩惱業)을 버리고 떠나서 '최고의 깨달음'에 회향하는 것이므로, 부분적으로 평등한 도리를 얻었으나 아직 '번뇌를 초월한 행위'(超煩惱行)라고 부를 수는 없다.

불자여, 비유하자면 '전륜성왕轉輪聖王'[214]이 '하늘을 나는 코끼리의 보물'[215]을 타고 4방의 천하를 두루 돌아다닐 때, 빈궁하고 고통받는 사람들을 알지만, 그 중생들의 근심에 물들지 않는 것과 같다. 그러나 아직 '인간의 위치'를 초월하였다고 말하지는 않는다. 만약 왕의 육신을 버리고 '하느님의 세계'(梵

---

214 전륜성왕轉輪聖王 :
'진리의 수레바퀴'(法輪)를 굴려서 세상을 통치하는 성스러운 왕이다. '수레바퀴'는 왕궁 위에 머물며 천하를 돌아다니도록 돕는 비행체도 의미한다. 전륜성왕은 '수레바퀴'를 타고 다니며 천하를 경영한다. 수레바퀴는 금(4개의 주를 정복)·은(3개의 주)·동(2개의 주)·철(1개의 주)의 차이가 있다. 또한 『잡아함경雜阿含經』에 의거하면 전륜성왕은 7보寶를 갖추고 있다고 한다.

215 전륜성왕의 7가지 보물 :
① 윤보(輪寶, 금륜보金輪寶) : 4방을 움직이며 천하를 평정하도록 돕는다는 수레바퀴
② 상보(象寶) : 하늘을 나는 코끼리
③ 마보(馬寶) : 하늘을 나는 순백의 말
④ 주보(珠寶) : 1유순由旬까지 광채를 발산하는 보석
⑤ 여보(女寶) : 미모와 향기를 지닌 부드러우며 지조 있는 왕비
⑥ 거사보(居士寶) : 국가경영을 도와줄 재력을 갖춘 시민
⑦ 장군보(將軍寶) : 현명하고 유능하며 연륜을 갖춘 지혜로운 장군(智將)

世)에 태어나서, 하늘의 궁전을 타고 천 개의 세계를 보고 천 개의 세계를 돌아다니면서 하느님(梵天, 브라마)의 광명한 위덕을 보인다면, 그때야 비로소 인간의 위치를 초월하였다고 이를 수 있다.

불자여, 보살 또한 이와 같다. 제1지에서 제7지에 이르기까지 '바라밀의 수레'를 타고 세간을 돌아다닐 때, 모든 세간의 번뇌와 과실과 근심을 알더라도 '올바른 길'(正道)을 타고 있기에 번뇌와 과실에 오염되지 않는다. 그러나 이것을 '번뇌를 초월한 행위'라고 부르지는 않는다.

만약 일체의 인위적으로 노력하는 행위를 버리고 제7지에서 제8지에 들어가 '보살의 청정한 수레'를 타고 세간을 돌아다니면, 번뇌와 과실을 알지만 오염되지 않으니, 이때야 비로소 '번뇌를 초월한 행위'라고 부를 수 있다. 일체를 모두 초월하였기 때문이다.[216]

解脫月菩薩言 佛子 此七地菩薩 爲是染行 爲是淨行 金剛藏

---

216 아직 인위적 노력이 필요한 7지는 '번뇌에 물들지 않는 경지'이며, 인위적 노력이 없이 '바라밀을 갖춘 공성'에 안주할 수 있는 8지는 '번뇌를 초월한 경지'이다.

菩薩言 佛子 從初地至七地 所行諸行 皆捨離煩惱業 以迴向無
上菩提故 分得平等道故 然未名爲超煩惱行 佛子 譬如轉輪聖
王 乘天象寶 遊四天下 知有貧窮困苦之人 而不爲彼衆患所染
然未名爲超過人位 若捨王身 生於梵世 乘天宮殿 見千世界 遊
千世界 示現梵天光明威德 爾乃名爲超過人位 佛子 菩薩亦復
如是 始從初地 至於七地 乘波羅蜜乘 遊行世間 知諸世間煩惱
過患 以乘正道故 不爲煩惱過失所染 然未名爲超煩惱行 若捨
一切有功用行 從第七地 入第八地 乘菩薩淸淨乘遊行世間 知
煩惱過失不爲所染 爾乃名爲超煩惱行 以得一切盡超過故

6. 아직 인위적 노력이 필요한 7지 보살

불자여, 이 제7지 보살은 탐욕이 많음 등의 여러 번뇌들을 모두 벗어나서 이 지_地_에 머문다. 그렇다면 번뇌가 있다고 불러야 하는가? 아니면 번뇌가 없다고 불러야 하는가? 왜 그러한가? 일체의 번뇌가 현행하지 않으니 번뇌가 있다고 부를 수도 없고, 아직 여래의 지혜를 구하는 마음이 만족하지 않았으니 없다고

부를 수도 없다.²¹⁷

불자여, 보살이 이 제7지에 머물면서 깊고 청정한 마음으로 ① 몸의 업을 성취하고, ② 말의 업을 성취하고, ③ 생각의 업을 성취하여, 여래께서 꾸짖으셨던 '일체의 선하지 않은 업'을 모두 버렸고, 여래께서 칭찬하셨던 '일체의 선업'을 늘 잘 닦아 행한다. 그리고 세간에 있는 '경전'이나 '기술', 가령 제5지에서 말한 것들을 모두 인위적 노력이 없이도 자연스럽게 행한다(방편바라밀의 성취).

이 보살은 3천대천세계에서 '위대한 밝은 스승'이 되니, 오직 여래와 8지 이상의 보살을 제외하고 그 나머지 보살은 심오한 마음과 신묘한 행위에 있어서 그와 동등한 자가 없으니, 여러 선정·삼매, 삼마발저(等至)·신통·해탈이 모두 앞에 나타난다. 그러나 이는 노력으로 닦아서 이루어진 것으로, 제8지와 같이 과보가 익어서 성취된 것이 아니다.²¹⁸ 그래서 이 지地의 보

---

217 아직 인위적인 노력이 없는 청정한 행위를 얻지 못했음을 말한다.
218 7지는 아직 과보를 누리는 경지가 아니기에, 인위적 노력이 있어야만 바라밀이 온전히 발현된다. 그러나 8지는 기존 노력의 과보를 누리는 자리이기에, 인위적인 노력이 없이도 바라밀이 절로 펼쳐진다.

살은 생각마다 '방편'과 '지혜'를 닦는 힘이 원만해지고, 나아가 일체의 보리분법이 점점 더 원만해진다.[219]

佛子 此第七地菩薩盡超過 多貪等諸煩惱衆 住此地 不名有煩惱者 不名無煩惱者 何以故 一切煩惱 不現行故 不名有者 求如來智心 未滿故 不名無者 佛子 菩薩住此第七地 以深淨心 成就身業 成就語業 成就意業 所有一切不善業道 如來所訶 皆已捨離 一切善業 如來所讚 常善修行 世間所有 經書技術 如五地中說 皆自然而行 不假功用 此菩薩 於三千大千世界中 爲大明師 唯除如來及八地已上 其餘菩薩 深心妙行 無與等者 諸禪三昧 三摩缽底 神通解脫 皆得現前 然是修成 非如八地報得成就 此地菩薩 於念念中 具足修習方便智力及一切菩提分法 轉勝圓滿

---

219 7지는 아직도 인위적 노력은 필요하나, 생각마다 6바라밀(10바라밀)이 더욱 원만해져 가는 경지이다.

7. 무생법인의 광명함을 얻음

불자여 보살이 이 지地에 머무르면,[220] ① 잘 관찰하여 선택하는 삼매(善觀擇三昧), ② 의리를 잘 선택하는 삼매(善擇義三昧), ③ 가장 뛰어난 지혜의 삼매(最勝慧三昧), ④ 의리를 분별하는 창고가 되는 삼매(分別義藏三昧), ⑤ 실상 그대로 의리를 분별하는 삼매(如實分別義三昧), ⑥ 견고한 바탕(具一切妙相空)에 잘 안주하는 삼매(善住堅固根三昧),

⑦ 지혜와 신통의 문이 되는 삼매(智慧神通門三昧), ⑧ 법계의 청정한 업을 갖춘 삼매(界業三昧), ⑨ 여래의 뛰어난 이익을 찬양하는 삼매(如來勝利三昧), ⑩ 각종의 의리를 감추고 있는 생사와 열반의 문이 되는 삼매(種種義藏生死涅槃門三昧)에 들어가며, 이와 같이 큰 지혜와 신통의 문을 평등하게 갖춘 백만 가지 삼매에 들어가서 이 지地를 청정하게 다스린다.

이 보살은 청정한 방편과 지혜로 잘 다스려진 이러한 삼매를 얻고(구일체묘상공具一切妙相空에 노력으로 안주함), 큰 자비심의

---

[220] 6바라밀(10바라밀)을 두루 갖춘 '구일체묘상공具一切妙相空'에 노력으로 안주하는 것을 말한다.

힘으로, 2승(성문과 연각)을 초월하여 '관찰하는 지혜의 경지'를 얻게 된다. 불자여, 보살이 이 지地에 머물면서 ① 무량한 '몸의 업'을 형상을 떠나 행하여 잘 청정하게 하며, ② 무량한 '말의 업'을 형상을 떠나 행하여 잘 청정하게 하며, ③ 무량한 '생각의 업'을 형상을 떠나 행하여 잘 청정하게 하기에, '무생법인無生法忍의 광명함'[221]을 얻는다.

佛子 菩薩住此地 入菩薩善觀擇三昧 善擇義三昧 最勝慧三昧 分別義藏三昧 如實分別義三昧 善住堅固根三昧 智慧神通門三昧 法界業三昧 如來勝利三昧 種種義藏生死涅槃門三昧 入如是等具足大智神通門百萬三昧 淨治此地 是菩薩 得此三昧 善治淨方便慧故 大悲力故 超過二乘地 得觀察智慧地 佛子 菩薩住此地 善淨無量身業無相行 善淨無量語業無相行 善淨無量意業無相行故 得無生法忍光明

---

221 만법을 두루 갖춘, 불생불멸의 공성을 자명하게 인가하는 '무생법인'이 가능해짐을 말한다.

8. 스스로의 지혜로 관찰하는 힘을 얻은 7지 보살

해탈월 보살이 물었다. "불자여, 보살이 제1지로부터 지은 무량한 '몸·말·생각의 업'도 2승(성문·연각)을 초월한 것 아닙니까?" 금강장 보살이 말하였다. 불자여, 그들도 초월한 것은 맞다. 다만 그들은 '부처님의 가르침'을 원하고 추구했기 때문이며(信解力, 개념이 체험보다 앞섬), '스스로의 지혜로 관찰하는 힘'(自智觀察之力, 개념과 체험이 일치함)에 의한 것이 아니었다. 이제 제7지는 '스스로의 지혜의 힘'(法忍의 광명)으로 2승을 초월하였으니,[222] 일체의 2승이 미치지 못한다.

이것은 비유하자면 왕자가 왕가王家에 태어나는 것과 같다. 왕후가 낳음에 왕의 형상을 갖추고 있으니, 태어나자마자 일체의 신하들보다 뛰어나다. 그러나 이것은 단지 왕의 힘에 의한 것으로 스스로의 힘이 아니다. 그러나 몸이 성장하고 기예를 모

---

[222] 7지 보살은 '바라밀을 두루 갖춘 공성'에 안주하는 경지이니, '진여법신眞如法身'을 스스로의 지혜의 힘으로 온전하게 이해하고 구현할 수 있게 되었다. 그 전 단계의 보살들은 아직 온전히 '바라밀을 두루 갖춘 공성'에 안주하지는 못하기에, 스스로의 지혜의 힘으로 바라밀을 구현하지는 못한다. 아직 진여법신(공성)에 갖추어진 진리(logos)를 온전히 수용하지 못하는 것이다. 7지에 와서야 비로소 진여법신에 갖추어진 진리를 온전히 수용할 수 있게 된다.

두 완성하면, 스스로의 힘으로 일체의 신하들을 초월한다.

보살마하살 또한 이와 같다. 처음 보리심을 내어 발심하였을 때(1지) 이미 '대승의 진리'(大法)를 구하고자 뜻을 세웠으니(志學), 일체의 성문과 독각을 초월하였다. 이제 이 지地에 머물러서는 '스스로 행하는 지혜의 힘'으로 일체의 2승의 위로 초월하였다. 불자여, 보살이 이 제7지에 머물면서 깊고 초월적이면서 행위가 없이 늘 행하는 '몸·말·생각의 업'을 얻게 된다(바라밀의 온전한 발현). 그러면서도 부지런히 더 고차원의 길을 구하는 것을 버리지 않는다. 이 때문에 보살은 비록 '실제'(열반)를 행하더라도 해탈(열반)을 증득하지는 않는다.[223]

解脫月菩薩言 佛子 菩薩從初地來 所有無量身語意業 豈不超過二乘耶 金剛藏菩薩言 佛子 彼悉超過 然但以願求諸佛法

---

223 늘 '열반'에 안주하되, 열반이라는 고정된 형상에 집착하지 않고, 일체의 행위가 그대로 열반임을 아는, '무주열반無住涅槃'(머무름이 없는 열반)을 성취함을 말한다. 그래서 세간을 그대로 열반으로 보며(眞俗不二), 나와 남을 둘로 보지 않고 모두 참나의 나툼으로 보며(自他不二), 본래 열반에 든 중생을 널리 이롭게 하는 것을 사명으로 삼는다(饒益衆生).
"① '생사'에 머물면서도 오염된 행위를 하지 않으며, ② '열반'에 머물면서도 영원히 '열반'에 들지 않는 것이 '보살행'이다." (在於生死 不爲汚行 住於涅槃 不永滅度 是菩薩行,『유마경』)

故 非是自智觀察之力 今第七地自智力故 一切二乘 所不能及
譬如王子 生在王家 王后所生 具足王相 生已卽勝一切臣衆 但
以王力 非是自力 若身長大 藝業悉成 乃以自力 超過一切 菩
薩摩訶薩 亦復如是 初發心時 以志求大法故 超過一切聲聞獨
覺 今住此地 以自所行 智慧力故 出過一切二乘之上 佛子 菩
薩住此第七地 得甚深遠離無行常行 身語意業 勤求上道 而不
捨離 是故菩薩 雖行實際 而不作證

9. 참된 멸진정의 성취

해탈월 보살이 물었다. "불자여, 보살이 몇 지부터 '멸진정'(滅定, 바라밀을 갖춘 공성과의 합일)에 들어갈 수 있습니까?" 금강장 보살이 말하였다. 불자여, 보살은 제6지부터 멸진정에 들어갈 수 있다. 이제 이 지地에 머물면서 능히 생각마다 멸진정에 들어가고 또한 생각마다 멸진정이 일어나지만(바라밀을 갖춘 공성에 안주함), 멸진정을 증득하지는 않는다(공성 자체에 대한 집착이 없음).[224] 그러므로 이 보살은 불가사의한 '몸 · 말 · 생각

---

224 '바라밀을 두루 갖춘 공성'(구일체묘상공具一切妙相空)에 늘 안주하되, 바라밀을 버리고 '공성' 그 자체에만 안주하지는 않음을 말한다. 현상계 자체를 본래 공하다

의 업'을 성취하였다고 말한다.[225]

비록 '실제'(멸진정)를 행하더라도 그것을 증득하지는 않는다. 비유하자면 사람이 배를 타고 바다에 들어가는 것과 같으니, 뛰어난 솜씨로 물의 재난을 만나지 않는 것처럼, 보살도 이와 같다. '바라밀'의 배를 타고 '실제'(멸진정, 열반)의 바다를 다니되 '원력'(바라밀의 서원) 때문에 멸진정을 증득하지 않는다.

불자여, 이 보살은 이와 같은 '삼매와 지혜의 힘'을 얻었기에, ① '위대한 방편'으로 '생사'를 나타내 보이되 항상 '열반'에 안주해 있으며, ② 비록 권속에 둘러싸이되 늘 초월함을 즐거워하며, ③ 비록 원력으로 3계에서 태어나되 세간법에 오염되지 않

고 보되 세간에서 바라밀을 실천하는, '무주열반無住涅槃'(머무름이 없는 열반)을 성취한 것이다.

225 "대혜여, 보살마하살이 6지에 이르거나 성문·연각이 되면 '멸진정'에 들어간다. 7지 보살은 생각마다 항상 멸진정에 들어가니, 일체의 법에 자성의 형상이 있다는 것을 떠났기에 여러 2승과는 같지 않다." (大慧 菩薩摩訶薩至于六地 及聲聞緣覺入於滅定 七地菩薩念念恒入 離一切法自性相故 非諸二乘, 『능가경楞伽經』)
대승보살이 들어가는 '멸진정'(열반과의 합일)은 '바라밀을 두루 갖춘 공성과의 합일'을 말하며, 소승성자가 들어가는 멸진정은 '일체가 끊어진 열반과의 합일'이니, 용어는 같으나 의미하는 바가 다르다. 대승보살이 추구하는 멸진정은 절로 바라밀을 펼치는 진여의 본성과의 합일을 말한다. 이러한 멸진정에 안주할 때, 내면에서 6바라밀(10바라밀)이 온전하게 발현될 수 있다.

으며, ④ 비록 항상 '적멸'(열반)에 들어가되 '방편의 힘'이 더욱 타오르고 꺼지지 않으며,

⑤ 비록 '부처의 지혜'를 따르고 순응하되 '성문과 벽지불(獨覺)'의 경지에 들어감을 보이며,[226] ⑥ 비록 '부처님 경계의 창고'를 얻더라도 '악마의 경계'에 머무는 것을 보이며, ⑦ 비록 '악마의 길'을 초월했더라도 '악마의 법'을 드러내 행하기도 하며, ⑧ 비록 '외도의 행위'를 보이더라도 '부처의 진리'를 버리지 않으며,[227] ⑨ 비록 '일체의 세간'을 따르는 것을 보이더라도 항상 '일체의 출세간의 진리'를 행한다.

解脫月菩薩言 佛子 菩薩從何地來 能入滅定 金剛藏菩薩言 佛子 菩薩從第六地來 能入滅定 今住此地 能念念入 亦念念起 而不作證 故此菩薩 名爲成就不可思議 身語意業 行於實際 而不作證 譬如有人 乘船入海 以善巧力 不遭水難 此地菩薩 亦復如是 乘波羅蜜船 行實際海 以願力故 而不證滅 佛子 此菩

---

226 당시 시대적 상황 속에서, 중생을 위해 소승의 가르침을 폈던 역사적 석가모니의 경우에 해당한다. 이러한 사정은 본서의 부록인 『법화경』「방편품」에 나타난 '대승의 길'에 자세히 설명되어 있다.

227 중생을 교화하기 위하여 다른 종교의 성자로서 보살이 출현함을 말한다.

薩得如是三昧智力 以大方便 雖示現生死 而恒住涅槃 雖眷屬
圍遶 而常樂遠離 雖以願力三界受生 而不爲世法所染 雖常寂
滅 以方便力 而還熾然 雖然不燒 雖隨順佛智 而示入聲聞辟支
佛地 雖得佛境界藏 而示住魔境界 雖超魔道 而現行魔法 雖示
同外道行 而不捨佛法 雖示隨順一切世間 而常行一切出世間
法 所有一切莊嚴之事

10. 7지 보살의 공양과 회향

불자여, 보살이 이러한 지혜를 성취하면, '원행지'에 머물면서 원력으로 많은 부처님을 본다. 이른바 많은 백 부처님 내지 많은 백천억 나유타의 부처님을 본다. 광대한 마음, 더욱 뛰어난 마음으로 부처님을 공양하고 공경하며 존중하고 찬탄한다. 의복과 음식과 침구와 의약품 등 일체의 생활필수품을 모두 부처님께 받들어 베풀며, 또한 일체의 스님들께도 공양한다. 이 선근을 모두 다 '최고의 올바르고 원만한 깨달음'에 회향廻向한다.[228]

---

228 7지 보살의 '회향'은 '등수순일체중생회향等隨順一切衆生廻向'(10회향 중 7회향에 해당함)이니, 일체의 중생을 자타일여로 평등하게 따르며 교화하는 회향이다.

부처님의 처소에서 공경히 진리를 청하여 듣고 받아 지녀서, '실상 그대로의 삼매'(如實三昧)와 '지혜의 광명'(智慧光明)을 얻고, 이를 따라 수행한다. 모든 부처님의 처소에서 '올바른 진리'(正法)를 수호하고 지켜서, 항상 여래의 찬탄하고 기뻐하는 바가 된다. 일체의 2승이 비난하는 질문에도 조금도 위축되지 않으며, 중생을 이롭게 하여(利益衆生) '법인法忍'(진리의 자명한 인가)을 더욱 청정하게 한다. 이와 같이 무량한 백천억 나유타 겁을 경과하는 동안에 선한 근기가 점점 더 탁월해진다. … 이 보살은 10바라밀 가운데 '방편바라밀'을 특히 많이 닦는다. 나머지를 닦지 않는 것은 아니나, 다만 역량과 분수에 따를 뿐이다.

佛子 菩薩成就如是智慧 住遠行地 以願力故 得見多佛 所謂 見多百佛 乃至見多百千億那由他佛 於彼佛所 以廣大心 增勝心 供養恭敬 尊重讚歎 衣服飮食 臥具醫藥 一切資生 悉以奉施 亦以供養一切衆僧 以此善根 迴向阿耨多羅三藐三菩提 復於佛所 恭敬聽法 聞已受持 獲如實三昧智慧光明 隨順修行 於諸佛所 護持正法 常爲如來之所讚喜 一切二乘 所有問難 無能退屈 利益衆生 法忍淸淨 如是 經無量百千億那由他劫 所有善根 轉更增勝 … 此菩薩 十波羅蜜中 方便波羅蜜偏多 餘非不行 但隨力隨分

••• 7지 원행지遠行地의 경지

7지의 경지는 '원행지遠行地'(번뇌를 벗어나 멀리 나아간 단계)라고 불리며, '무상방편지無相方便地'(바라밀을 갖춘 형상이 없는 공성에 안주하여 방편을 펼치는 경지)라고도 불립니다. '6바라밀'의 온전한 발현을 막는 업장을 정화하며, '6바라밀의 근본원리'의 뼈대에 대한 자명한 이해가 가능한 경지입니다(法忍).[229]

7지는 6바라밀의 이해와 실천이 균형을 이루는 경지로, '세상현행장細相現行障'(6바라밀을 두루 갖춘 공성에 안주함을 막는 미세한 무지의 장애)을 끊고, '법무별진여法無別眞如'(만법에 차별이 없는 진여)를 얻는 단계입니다.

---

229 7지는 6바라밀의 근본원리의 뼈대에 대한 법인法忍의 단계이다.

세간과 2승(성문聲聞·연각緣覺)의 길을 초월해서 멀리 나아간 경지입니다. '구일체묘상공具一切妙相空',²³⁰ 즉 '바라밀의 근본원리를 갖춘 공성'에 끊어짐 없이 안주하여, '6바라밀(10바라밀)의 근본원리의 인도'를 온전히 따르게 되며, 생각마다 6바라밀(10바라밀)을 떠나지 않는 단계입니다.²³¹

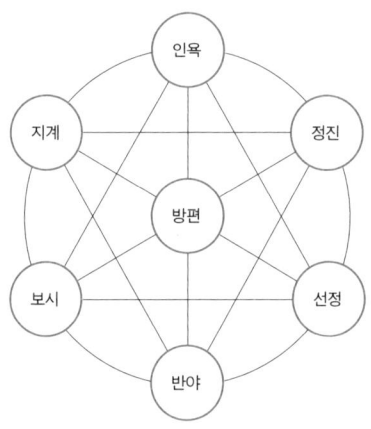

[구일체묘상공具一切妙相空에 안주]

---

230 '사랑의 마음'(慈愛)의 갑옷을 입고 '연민의 마음'(大悲)에 머무르면서, '일체의 신묘한 형상을 모두 갖춘 공성'(구일체묘상공具一切妙相空)을 증득하는 선정을 닦아야 한다. 일체의 신묘한 형상을 모두 갖춘 공성이란, ① '보시'를 떠나지 않으며, ② '지계'를 떠나지 않으며, ③ '인욕'(수용)을 떠나지 않으며, ④ '정진'을 떠나지 않으며, ⑤ '선정'을 떠나지 않으며, ⑥ '반야'를 떠나지 않으며, ⑦ '방편'(6바라밀의 자유자재한 적용)을 떠나지 않는다. (『보계경寶髻經』)

231 '자지관찰지력自智觀察之力'('스스로의 지혜로 관찰하는 힘')으로 '무생법인無生法忍의 광명'을 얻음을 말한다.

6바라밀의 적용에 자명해져서, 6바라밀을 따르지 않을 수 없으니, 생각마다 부득이 6바라밀을 따르지 않을 수 없는 경지인 것입니다. 번뇌의 흙탕물에서 갓 빠져나왔기 때문에, 아직은 '6바라밀의 인도'를 따르려는 미세한 노력이 필요합니다. 모든 형상이 '무상無相의 공성'임을 깨달으면서도, 세간의 형상을 버리지 않는 경지입니다.

7지는 '유가행有加行'(인위적인 노력이 있음, 유공용有功用)의 '무상주無相住'(바라밀을 두루 갖춘 공성에 안주함)입니다.[232] 무상無相(구일체묘상공具一切妙相空)에 안주함에 끊어짐이 없으나, 무상에 안주함에 아직 미세한 노력이 필요한 단계입니다. 여기서 무상의 공성에 안주한다는 것은, 일상에서 '바라밀을 갖춘 공성'이 상황에 따라 6바라밀(10바라밀)을 절로 온전히 펼친다는 것을

---

232 무상주無相住(바라밀을 두루 갖춘 공성에 안주함) :
 ① 5지 : 무상주無相住에 이르기 위해 노력하는 단계로, 무상無相에 안주하여 참나에서 자동으로 바라밀이 온전히 나오는 것보다, 유상有相에 안주하여 인위적인 노력으로 바라밀을 시행함이 많다. '유상관有相觀'이 '무상관無相觀'보다 많다.
 ② 6지 : 끊어짐이 있는 무상주의 단계로, 무상의 공성에 안주하는 시간이 더 많아서 '무상관'이 '유상관'보다 많다.
 ③ 7지 : 끊어짐이 없으나 미세한 인위적 노력은 필요한 무상주의 단계이다. '무상관'이 끊어지지 않으나 노력이 필요하다.
 ④ 8지 이후 : 끊어짐이 없으며 인위적 노력도 필요 없는 무상주의 단계이다. '무상관'이 노력이 없이도 끊어지지 않는 단계이다.

의미합니다.

10바라밀 중에는 '방편바라밀'[233]이 뛰어납니다. 10단계의 실천(10행) 중에는 7행인 '무착행無著行'(집착이 없는 실천)을 닦으며, 10단계의 회향(10회향) 중에는 7회향인 '등수순일체중생회향等隨順一切衆生廻向'(일체의 중생을 자타일여로 평등하게 따르며 교화하는 회향)을 닦습니다.

10단계의 안주(10주) 중에는 7주인 불퇴주不退住(무생법인無生法忍의 광명을 얻어 출세간과 세간에 집착이 없어져, 공성에 머물러 물러나지 않음에 안주함)에 해당합니다. 6바라밀(10바라밀)을 온전히 발현하게 되어 후퇴하지 않는 단계로, 밀교적으로는 '뛰어난 정광명'을 얻어, '심리적 장애'(아집, 번뇌장)가 현행하지 않게 하여, '청정환신淸淨幻身'을 이루게 됩니다.

7지는 생각마다 6바라밀(10바라밀)이 원만하게 갖추어져 있으니, 7지는 양심을 온전히 발휘하여 늘 균형을 잡을 수 있는

---

233 방편方便바라밀(중생의 근기에 맞는 다양한 방법으로 중생을 인도함) :
  ① 회향방편回向方便 : 일체의 공덕을 깨달음에 회향回向하는 방편(대지大智)
  ② 제도방편濟度方便 : 뛰어난 솜씨로 중생을 제도하는 방편(대비大悲)

지혜·능력을 갖춘 단계입니다. 일시적으로는 요동할 수 있어도, 6바라밀이 늘 고삐를 놓치지 아니하니, 그 행사에 늘 온전한 6바라밀의 발현이 51% 이상이 되어 언제나 균형을 잡을 수 있습니다.

비록 에고의 한계와 상황의 제약이 있더라도 6바라밀은 늘 온전히 작동합니다. 그러나 아직은 양심을 온전히 발현하는 데에 미세한 의도적 노력이 요구됩니다. 7지는 경전의 내용이 이해되는 것은 물론, 경전의 내용이 그대로 실현되는 경지입니다. 이해와 실천의 양자가 균형을 이루게 되어, 경전의 내용, 즉 '6바라밀의 구현'에 대한 이해가 더욱 자명해져서, 성현의 마음이 그대로 실현되는 경지입니다.[234]

---

234 7지 보살은 '아집'(번뇌장)을 벗어난 성인의 경지이니, 아집을 벗어나 6바라밀을 온전히 펼치게 된다. 성인(성스러운 인간)은 6바라밀이 온전히 발현되는 경지일 뿐이다. 그래서 남에게 나라면 원했을 것을 베풀며, 나라면 원하지 않았을 것을 베풀지 않는다. 6바라밀에 맞게 보고 듣고 말하고 행동하며, 6바라밀의 본질과 작용을 명확히 이해한다. 이상의 자질을 온전히 갖춰 인간으로 자립한 이가 바로 '성인'이다. 그러나 참나는 에고를 통해서만 표현되니, '6바라밀의 양심'이 '에고'에 의해 제약되는 것은 성인이라도 동일하다. 다만 제약 속에서도 양심이 온전히 작용한다는 점에서 성인인 것이다. 성인은 비록 에고가 지닌 한계로 인해, 정보의 제약과 경험의 제약은 있더라도, 더 많은 정보와 경험을 얻을수록 점점 더 '전지·전능'에 다가갈 것이다.

••• 7주 불퇴주 不退住의 경지

'몸'과 '마음'이 하나로 합하여 완성되어, 날로 도가 증장하니 '불퇴주'라고 한다.[235]

身心合成 日益增長 名不退住 (『능엄경』)

---

235 신통묘용을 두루 갖춘 '절대적 공성(법신)'에 안주하게 되어, '청정한 보신(금강신)'을 이루게 된 경지이다. '법신의 몸'인 '보신'은 '심리적 장애'(아집)에서 벗어나서 (청정환신清淨幻身의 성취), 법신의 뜻인 '바라밀'을 생각마다 온전히 펼치게 된다.

••• 7지 보살의 핵심 수행, 방편바라밀

일체의 세간에서 '업을 지음'을 나타내 보여서, '중생을 교화함'에 게으르지 않으며, 그들의 마음이 즐거워하는 것에 따라 몸을 나타낸다. 또한 일체의 행하는 바에 물들어 집착하지 않으며, 혹은 '범부'를 나타내고 혹은 '성인'을 나타낸다.

실천하는 행위가 혹은 '생사'를 나타내고 혹은 '열반'을 나타내며, '일체의 짓는 바'를 능히 잘 관찰하여, '일체의 모든 장엄한 일'을 나타내 보이되 탐내어 집착하지 않으며, '모든 갈래'[236]에 두루 들어가 중생을 해탈하게 하니, 이는 '방편바라밀'을 청정하게 함이다.

---

236 중생의 6가지 갈래(6도) :
① 지옥 ② 아귀 ③ 축생 ④ 아수라 ⑤ 인간 ⑥ 하늘사람(天人)

示現一切 世間作業 敎化衆生 而不厭倦 隨其心樂 而爲現身 一切所行 皆無染著 或現凡夫 或現聖人 所行之行 或現生死 或現涅槃 善能觀察一切所作 示現一切諸莊嚴事 而不貪著 遍入諸趣 度脫衆生 是則能淨方便波羅蜜 (『화엄경』「명법품」)

••• 7행 무착행無著行의 닦음

1. 불법에도 집착하지 말라

'부처님의 광명'을 보고 '부처님께서 설한 진리'를 듣더라도 또한 집착하지 않으며, 시방세계와 불·보살과 법회에도 또한 집착하지 않는다. 부처님의 법을 들음에, 마음에 환희가 생기고 뜻과 힘이 광대하여 능히 여러 보살행을 포섭하고 실천하면서도, '부처님의 법'에 또한 집착하지 않는다.

이 보살은 말로 설명할 수 없는 겁 동안, 말로 설명할 수 없는 부처님께서 세상에 나와 흥기하시는 것을 보고, 한 분 한 분 '부처님의 처소'에서 받들어 섬기고 공양하기를 말로 설명할 수 없는 겁 동안 남김없이 다 한다고 하더라도, 마음에 만족함

이 없다.[237]

見佛光明 聽佛說法 亦無所著 於十方世界 及佛菩薩 所有衆會 亦無所著 聽佛法已 心生歡喜 志力廣大 能攝能行 諸菩薩行 然於佛法 亦無所著 此菩薩 於不可說劫 見不可說佛 出興於世 一一佛所 承事供養 皆悉盡 於不可說劫 心無厭足 (『화엄경』「십행품」)

2. 일체를 부처님과 똑같이 보라

부처님을 뵙고 진리를 듣고 보살과 법회의 장엄함을 보더라도, 모두 집착함이 없다. 부정한 세계를 보더라도 또한 증오하지 않는다.[238] 왜 그러한가? 이 보살은 그러한 세계를 모든 부처님의 진리와 똑같이 관찰하기 때문이다.

모든 부처님의 진리 가운데는 더러운 것도 청정한 것도 없

---

237 부처님을 뵙고 섬기고 공양함에도 집착하지 않음을 말한다.
238 '청정함'과 '더러움'이 모두 '한마음'(一心)의 작용임을 알기에 차별하지 않음을 말한다. 그러나 바르지 못한 것을 바로잡는 보살도에 최선을 다한다.

고, 어두운 것도 밝은 것도 없으며, 다른 것도 같은 것도 없고, 진실한 것도 허망한 것도 없으며, 편안한 것도 험난한 것도 없고, 올바른 길도 사악한 길도 없다.

見佛聞法 及見菩薩 衆會莊嚴 皆無所著 見不淨世界 亦無憎惡 何以故 此菩薩 如諸佛法 而觀察故 諸佛法中 無垢無淨 無闇無明 無異無一 無實無妄 無安隱無險難 無正道無邪道

3. 일체에 집착하지 말라

보살은 이와 같이 '진리의 세계'(法界)에 깊이 들어가서, ① '중생'을 교화하되 중생에 대해 집착하지 않으며, ② '모든 진리'를 받아 챙기되 모든 진리에 대해 집착하지 않으며, ③ 보리심을 발하여 '부처님께서 머무르는 곳'에 머물되 부처님께서 머무르는 곳에 집착하지 않으며, ④ 비록 '말'을 하되 말에 대해 마음으로 집착하지 않으며, ⑤ '중생의 갈래'(6도)에 들어가되 중생의 갈래에 대해 마음으로 집착하지 않으며, ⑥ '삼매'를 깨달아 알고 능히 삼매에 들어가서 머물되 삼매에 대해 마음으로 집착하지 않으며, ⑦ 헤아릴 수 없는 '불국토'에 가서 들어가기도 하고 보기도 하고 머물기도 하되 불국토에 대해 마음으로 집착하지 않는다.

 菩薩如是 深入法界 敎化衆生 而於衆生 不生執著 受持諸法 而於諸法 不生執著 發菩提心 住於佛住 而於佛住 不生執著 雖有言說 而於言說 心無所著 入衆生趣 於衆生趣 心無所著 了知三昧 能入能住 而於三昧 心無所著 往詣無量諸佛國土 若入若見 若於中住 而於佛土 心無所著

4. 일체 중생을 모든 곳에서 교화하라

 보살은 그때 이와 같이 생각하였다. "내가 마땅히 한 명의 중생을 위하여서도 시방세계 각각의 국토에 말로 설명할 수 없는 겁을 지내면서 교화하고 성숙하게 할 것이니, 한 명의 중생을 위한 것과 같이 일체의 중생을 위해서도 이와 같이 다 할 것이다. 끝내 이것 때문에 지치거나 싫증이 나서 내버리고 다른 곳으로 가지 않을 것이다. 또 털끝으로 법계를 두루 헤아림에, 하나의 털끝에서 말로 설명할 수 없는 겁이 다하도록 일체의 중생을 교화하고 악을 굴복시킬 것이니, 하나의 털끝에서와 같이 각각의 털끝에서도 이와 같이 다 할 것이다."

菩薩爾時 復作是念 我當爲一衆生 於十方世界 一一國土 經不可說不可說劫 教化成熟 如爲一衆生 爲一切衆生 皆亦如是 終不以此 而生疲厭 捨而餘去 又以毛端 遍量法界 於一毛端處 盡不可說不可說劫 教化調伏一切衆生 如一毛端處 一一毛端處 皆亦如是

5. 보살행을 닦되 집착하지 말라

나아가 한 번 손가락을 튕길 순간이라도, '나'에 대해 집착하여 '나'와 '나의 것'이라는 생각을 일으키지 않을 것이다. 각각의 털끝에서 미래의 겁이 다하도록 '보살행'을 닦되,

① '몸'에 집착하지 않고, ② '진리'에 집착하지 않고, ③ '생각'에 집착하지 않고, ④ '서원'에 집착하지 않고, ⑤ '삼매'에 집착하지 않고, ⑥ '관찰'에 집착하지 않고, ⑦ '고요한 선정'에 집착하지 않고, ⑧ '경계'에 집착하지 않고, ⑨ '중생을 교화하여 악을 굴복시킴'에 집착하지 않을 것이며, ⑩ '법계法界'에 들어

가는 것에 집착하지 않으니, 또한 왜 그러한가?

乃至不於一彈指頃 執著於我 起我我所想 於一一毛端處 盡未來劫 修菩薩行 不著身 不著法 不著念 不著願 不著三昧 不著觀察 不著寂定 不著境界 不著敎化調伏衆生 亦復不著入於法界 何以故

6. 만법은 진여의 나툼이다

보살은 이와 같이 생각한다. "나는 마땅히 ① 일체의 법계가 '환영'과 같고, ② 모든 부처님이 '그림자'와 같으며, ③ 보살행이 '꿈'과 같고, ④ 부처님께서 설한 진리가 '메아리'와 같다고 관찰하리라.

① 일체의 세간이 '화현'과 같으니 업보(karma)가 지탱하는 것이기 때문이며, ② 차별이 있는 몸은 '환영'과 같으니 행위의 힘이 일으키는 것이기 때문이며,[239] ③ 일체의 중생은 '마

---

[239] 환술사가 마법의 힘으로 환영을 만든 것과 같음을 말한다. 『능가경』에서는 이러한 환술사의 환영은 그 자체로 악이 아니며, 범부가 집착할 때만 악을 낳는다고 보았

음'과 같으니 갖가지로 잡다하게 물들었기 때문이며, ④ 일체의 법法은 '실제'(진여眞如)와 같으니 변화하여 달라질 수 없기 때문이다."[240]

菩薩作是念 我應觀一切法界如幻 諸佛如影 菩薩行如夢 佛說法如響 一切世間如化 業報所持故 差別身如幻 行力所起故 一切衆生如心 種種雜染故 一切法如實際 不可變異故

다. 그리고 만법을 환영으로 본다고 해서, 만법을 없는 것이라고 보아서는 안 된다고 하였다. 만법이 그대로 진여의 나툼이기 때문이다.
"대혜여, 여러 '환상의 일'(幻事)은 망령된 미혹의 원인이 되지 않는다. '환상'은 여러 과오와 악을 낳지 않는다. 여러 '환상의 일'은 분별이 없기 때문이다. 대혜여, 대저 '환상의 일'은 그 밝은 주문'을 따라 일어나니, 스스로 분별하는 지나친 '습기의 힘'(習力)에서 일어나는 것이 아니다. 이 때문에 '환상의 일'은 과오와 악을 낳지 않는다. 대혜여, 망령된 미혹은 오직 어리석은 범부가 마음으로 집착한 것일 뿐 여러 성자는 그렇지 않다. 또한 대혜여, 모든 법은 환상처럼 없는 것이 아니다. 서로 비슷한 부분이 있는 까닭에 '일체의 법이 환상과 같다.'라고 말하는 것일 뿐이다." (『능가경』)

240 만법은 본래 '한마음'(一心)의 작용일 뿐이며, 모든 법이 본래 불생불멸의 '진여眞如'(참되고 불변하는 불성)이니 변화할 수 없다. 이것을 투철히 깨닫는 것이 '무생법인無生法忍'(불생불멸의 진리에 대한 인가)이다.

7. 생각마다 바라밀을 갖추어라

보살은 또한 이와 같이 생각한다. "내가 마땅히 허공의 모든 법계가 다하도록 10방의 국토에서 '보살행'을 행하되, 생각마다 '일체의 불법'에 밝게 통달하고, '올바른 생각'(正念)이 앞에 나타나서 집착하는 바가 없을 것이다."

又作是念 我當盡虛空遍法界 於十方國土中 行菩薩行 念念明達 一切佛法 正念現前 無所取著

8. 일체 중생을 교화하되 물러나지 말라

보살은 이와 같이 몸에 실체가 없음을 관찰하며, 부처님을 장애 없이 보며, 중생을 교화하고자 여러 진리를 부연하여 설명하여 불법에 무량한 환희와 청정한 믿음을 내게 하며, 일체의 중생을 구호하되 마음에 피로와 싫증이 없다. 지치거나 싫증이 나지 않으니, 일체의 세계에서 중생이 성숙하지 못하거나 악을 굴복시키지 못한 곳이 있으면, 그곳을 모두 찾아가 방편(형편에 따른 처방)으로 교화하여 제도한다.

그 가운데 중생의 ① 온갖 음성 ② 온갖 여러 업 ③ 온갖 집착 ④ 온갖 시설 ⑤ 온갖 화합함 ⑥ 온갖 흘러다님 ⑦ 온갖 작업 ⑧ 온갖 경계 ⑨ 온갖 태어남 ⑩ 온갖 죽음에 있어서도, '큰 서원'(본래의 서원, 양심의 명령)으로 그 가운데 안주하여 중생을 교화하되, 그 마음이 요동하거나 물러나지 않으며, 또한 한 생각이라도 '물들어 집착하는 생각'을 일으키지 않는다.

왜 그러한가? 집착하지 않고 의지하지 않기 때문이다. 그래서 스스로를 이롭게 하고 남을 이롭게 함(自利利他)이 청정해지고 만족스러워진다. 이를 보살마하살의 '제7 무착행'이라고 부른다.

菩薩如是 觀身無我 見佛無礙 爲化衆生 演說諸法 令於佛法 發生無量 歡喜淨信 救護一切 心無疲厭 無疲厭故 於一切世界 有衆生 未成熟 未調伏處 悉詣於彼 方便化度 其中衆生 種種音聲 種種諸業 種種取著 種種施設 種種和合 種種流轉 種種所作 種種境界 種種生 種種沒 以大誓願 安住其中 而敎化之 不令其心 有動有退 亦不一念 生染著想 何以故 得無所著 無所依故 自利利他 淸淨滿足 是名菩薩摩訶薩 第七無著行

유튜브(YouTube) │ 윤홍식의 화엄경 강의 - 7지

9. 진리에 안주한 단계,
8지 부동지 不動地

1. 무생법인의 성취

이때 금강장 보살이 해탈월 보살에게 말하였다. 불자여, 보살마하살이 7지에서 ① '방편'과 '지혜'를 잘 닦고 익히고(바라밀을 닦고 익힘), ② '모든 길'(보살의 길)을 잘 청정하게 하며, ③ '깨달음을 돕는 법'(助道法, 세간의 실천법칙)을 잘 모으고, ④ '큰 원력'을 잘 포섭하며, ⑤ '여래의 힘'이 도와주고, ⑥ '자신의 선한 힘'을 잘 지키며, ⑦ 늘 '여래의 힘'(十力)과 '두려움이 없음'(四無畏)과 '함께하지 않는 부처의 법'(十八不共法)을 생각하고, ⑧ '깊은 마음'과 '사유'를 잘 청정하게 하며, ⑨ '복덕'과 '지혜'를 성취하고(6바라밀의 성취), ⑩ '큰 자애'(大慈)와 '큰 연민'(大悲)으로 중생을 버리지 않는다.

또한 무량한 지혜의 길에 들어가서, 일체 법의 ① 본래 생겨나지 않으며(本來無生), ② 일어나지 않으며(無起), ③ 형상이 없으며(無相), ④ 이루어지지 않으며(無成), ⑤ 무너지지 않으며(無壞), ⑥ 다함이 없으며(無盡), ⑦ 전변轉變함이 없으며(無轉), ⑧ 자성이 없음을 자성으로 삼으며(無性爲性), ⑨ 처음과 중간과 끝이 모두 평등하며, ⑩ 분별을 초월한 늘 똑같은 지혜가 들어있는 자리(6바라밀을 구족한 공성)에 들어가게 된다.[241]

일체의 '심心(8식) · 의意(7식) · 식識(6식)'의 분별에 따른 생각을 떠났으며, 집착함이 없고, 허공성과 같으니, 이를 '불생불

---

241 보살은 중생으로 하여금 그 '진실한 본성'(實性)을 알게 하고자 널리 설명하니, 무엇을 설명하는가? '모든 법이 무너지지 않음'을 설명한다. 어떤 법이 무너지지 않는가? '물질'(色)의 법이 무너지지 않으며, '느낌'(受) '생각'(想) '의지'(行) '식별'(識)의 법이 무너지지 않는다. '무명無明'이 무너지지 않으며, '성문의 법' '독각의 법' '보살의 법'이 무너지지 않는다.
왜 그러한가? '일체의 법'은 ① 지음도 없고, ② 지은 이도 없으며, ③ 말도 없고, ④ 장소도 없으며, ⑤ 생겨남도 없고, ⑥ 일어남도 없으며, ⑦ 주지도 않고, ⑧ 취하지도 않으며, ⑨ 움직임도 없고, ⑩ 작용도 없다. 보살이 이러한 '무량한 지혜의 창고'를 성취하면, 작은 방편으로도 '일체의 법'을 깨달아서 자연히 밝게 통달한다. 남으로 말미암아 깨닫는 것이 아니다. (진리는 반드시 내면의 직관으로 스스로 인가한다!)
(欲令衆生 知其實性 廣爲宣說 爲說何等 說諸法不可壞 何等法不可壞 色不可壞 受想行識不可壞 無明不可壞 聲聞法獨覺法 菩薩法不可壞 何以故 一切法 無作無作者 無言說無處所 不生不起 不與不取 無動轉無作用 菩薩成就如是等無量慧藏 以少方便 了一切法 自然明達 不由他悟, 『화엄경』「십무진장품十無盡藏品」)

멸의 진리의 인가'(無生法忍)[242]라고 부른다.

爾時金剛藏菩薩 告解脫月菩薩言 佛子 菩薩摩訶薩 於七地中 善修習方便慧 善淸淨諸道 善集助道法 大願力所攝 如來力所加 自善力所持 常念如來 力無所畏 不共佛法 善淸淨深心思覺 能成就福德智慧 大慈大悲 不捨衆生 入無量智道 入一切法 本來無生 無起無相 無成無壞 無盡無轉 無性爲性 初中後際 皆悉平等 無分別如如智之所入處 離一切心意識分別想 無所取著 猶如虛空入一切法 如虛空性 是名得無生法忍

---

242 '공성'은 생겨남이 없으며 소멸도 없다. 이 공성에 뿌리를 두고 나타나는 일체의 만법은 불변하는 독자적 실체가 없으며, 모두 '공성의 나툼'일 뿐이니, 만법 또한 생겨남이 없고 소멸이 없는 것이다. 8지 보살은 일체 만법이 본래 텅 빈 공성의 나툼임을 자명하게 알고, 만법을 두루 갖춘 공성에 노력 없이 안주할 수 있으니, 이러한 진리의 인가를 '무생법인'이라고 한다.
무생법인을 얻은 8지 보살은 '바라밀을 두루 갖춘 공성'에 노력 없이 안주하여, 일체 만법을 공성의 환영으로 보며(여환삼매如幻三昧의 성취), 그러한 공성의 서원대로 자연스럽게 살아가게 된다. 사실상 8지 보살은 '여래'(진여 그대로 오고 감)이다. 그래서 8지 보살은 '순수한 본연의 참됨'을 회복하기에 '동진주童眞住'라고 하며, '공성 본연의 서원'을 그대로 자신의 서원으로 삼으니 '서원바라밀'에 뛰어나다고 하는 것이다.

2. 적멸의 현전

불자여, 보살이 이 '인가'(무생법인)를 성취하면, 즉시 '제8 부동지不動地'에 들어가게 되어 심오하게 행위하는 보살이 된다. 그리하여 ① 헤아리기 어렵고, ② 어떠한 차별이 없으며, ③ 일체의 형상을 떠나고, ④ 일체의 생각을 떠나고, ⑤ 일체의 집착을 떠나며, ⑥ 한량이 없으며, ⑦ 일체의 성문과 벽지불이 미칠 수 없으며, ⑧ 모든 시끄러운 논쟁을 떠난 '적멸寂滅'(6바라밀을 구족한 열반·공성)이 현전하게 된다.

佛子 菩薩成就此忍 卽時得入第八不動地 爲深行菩薩 難可知無差別 離一切相 一切想 一切執著 無量無邊 一切聲聞辟支佛 所不能及 離諸諠諍 寂滅現前

3. 인위적 노력이 필요 없는 경지

비유하자면, 비구가 신통을 두루 갖추고, 마음이 자유자재하게 되어 차례대로 '멸진정'에 들어가게 되면, 일체의 요동하는 마음·기억·생각·분별이 모두 그치게 되듯이, 이 보살마하살 또한 그러하다. '부동지'(제8지)에 머물게 되면, 일체의 인위적으로 노력하는 행위를 버리게 되어 '무공용법無功用法'(인위적 노력이 필요 없는 법)을 얻게 된다. '몸·입·생각'으로 짓는 업에 대한 염려와 노력이 모두 그치게 되어, '과보의 행위'에 안주하게 된다.

비유하자면, 어떤 사람이 꿈속에서 몸이 큰 강에 빠진 것을 보고, 건너고자 큰 용맹함을 발휘하여 방편을 써서 깨어나게 된 것과 같다. 이미 깨어났으니 하던 일이 모두 그치게 되었다. 보살 또한 그러하다. 중생의 몸이 '4가지 사나운 흐름(번뇌)'[243] 가운데 빠진 것을 보고, 구제하고자 큰 용맹함을 발휘하여 큰 정진력을 일으키고, 용맹하게 정진하여 '부동지'에 이르게 된다. 이미 이 경지에 이르게 되면, 일체의 인위적인 노력이 모두 그치게 되어, 주관(能取)·객관(所取)이 둘로 나뉜 행위와 형상이 있는 행위가 모두 현전하지 않게 된다.

---

243 4폭류四暴流(4가지 번뇌, 4가지 사나운 물의 흐름):
① 욕류欲流: 욕계의 번뇌
② 유류有流: 색계·무색계의 번뇌
③ 무명류無明流: 무명의 번뇌
④ 견류見流: 견해의 번뇌

불자여, '범세梵世'(브라마의 세계)에 태어나면 '욕계'의 번뇌가 모두 현전하지 않게 되는 것처럼, '부동지'에 머무는 것도 또한 이와 같아서, 일체의 '심心·의意·식識'의 행위가 모두 현전하지 않게 된다. 이 보살마하살에게는 심지어 '보살심' '불심' '보리심' '열반심'도 나타나지 않는데, 하물며 다시 '세간의 마음'이 일어나겠는가?

譬如比丘 具足神通 得心自在 次第乃至入滅盡定 一切動心憶想分別 悉皆止息 此菩薩摩訶薩 亦復如是 住不動地 卽捨一切功用行 得無功用法 身口意業 念務皆息 住於報行 譬如有人 夢中見身 墮在大河 爲欲渡故 發大勇猛 施大方便 以大勇猛 施方便故 卽便覺寤 旣覺寤已 所作皆息 菩薩亦爾 見衆生身在四流中 爲救度故 發大勇猛 起大精進 以勇猛精進故 至不動地 旣至此已 一切功用 靡不皆息 二行相行 悉不現前 佛子 如生梵世 欲界煩惱 皆不現前 住不動地 亦復如是 一切心意識行 皆不現前 此菩薩摩訶薩 菩薩心佛心 菩提心涅槃心 尙不現起 況復起於世間之心

4. 공성의 원력

불자여, 이 경지의 보살은 '본래의 원력'(本願力, 공성·불성의 원력)을 지녔기에, 여러 부처 세존들이 친히 그 앞에 나타나시어, '여래의 지혜'를 주어 '진리가 흐르는 문'(法流門)에 들어가게 해 주며 이와 같이 말씀하신다.

훌륭하다! 훌륭하다! 선남자여, 이것이 부처님의 진리에 순응하는 최고의 인가이다. 그러나 선남자여, 우리들이 소유한 '10가지 여래의 힘'(十力)과 '4가지 두려워하지 않음'(四無畏)과 '18가지 함께하지 않는 법'(十八不共法)을 그대는 지금 얻지 못하였으니, 그대는 응당 이 법을 성취하기를 구하여 부지런히 정진하여, 다시 이 인가의 문을 내버려서는 안 된다.

또한 선남자여, 그대는 비록 이 '적멸·해탈'을 얻었다고 하더라도, 모든 범부들은 이를 증득하지 못하여 각종 번뇌가 모두 앞에 나타나며, 각종 생각들이 늘 서로 침해하니, 그대는 응당 이와 같은 중생들을 불쌍히 여기고 염려하라.

佛子 此地菩薩 本願力故 諸佛世尊 親現其前 與如來智 令

其得入 法流門中 作如是言 善哉善哉 善男子 此忍第一 順諸
佛法 然善男子 我等所有 十力無畏 十八不共諸佛之法 汝今未
得 汝應爲欲成就此法 勤加精進 勿復放捨於此忍門 又善男子
汝雖得是寂滅解脫 然諸凡夫 未能證得 種種煩惱 皆悉現前 種
種覺觀 常相侵害 汝當愍念如是衆生

5. 불생불멸의 진리에 순응하라

또한 선남자여, 그대는 응당 본래 서원한 바를 기억하여, 일체의 중생을 두루 크게 넉넉히 이롭게 하여, 모두 '불가사의한 지혜의 문'(여래의 지혜)에 들어가게 해야 한다.

또한 선남자여, 이 모든 법法의 '법성法性'(진여법의 본성)은 부처님이 세상에 나오건 세상에 나오지 않건, 항상 머물며 달라지지 않는다. 모든 부처님은 이 법을 얻을 수 없다.[244] 그래서 '여래如來'(진여 그대로 오신 이)라고 부른다. 그리고 일체의 2승 또

---

244 진리를 얻었다는 '형상'에 집착해서는 여래가 될 수 없다.

한 능히 이 '무분별의 법'을 얻었다.²⁴⁵

또한 선남자여, 그대는 우리들의 ① 몸의 형상(身相)의 무량함 ② 지혜의 무량함 ③ 국토의 무량함 ④ 방편의 무량함 ⑤ 광명의 무량함 ⑥ 청정한 음성의 무량함을 관찰하라. 그대도 이제 마땅히 이러한 일을 성취하라.

善男子 汝當憶念本所誓願 普大饒益一切衆生 皆令得入不可思議智慧之門 又善男子 此諸法法性 若佛出世 若不出世 常住不異 諸佛不以得此法 故名爲如來 一切二乘 亦能得此無分別法 又善男子 汝觀我等身相無量 智慧無量 國土無量 方便無量 光明無量 淸淨音聲亦無有量 汝今宜應成就此事

6. 진리의 광명의 성취

또한 선남자여, 그대는 이제 이 '한 진리의 광명'(一法明)을 얻었다. 이른바 '일체의 법法'을 초월하여 분별이 없는 것이다.

---

245 이 법은 여래만 얻을 수 있는 법이 아니다. 2승의 성자들 또한 이 진여법을 성취한 것이다. 단지 부분적인 자명함을 얻었을 뿐이다.

그러나 선남자여, 여래의 진리의 광명은 무량함에 들어가고 무량함을 짓고 무량함으로 전변하여, 백천억 나유타 겁에 이르러 헤아릴 수가 없다. 그대는 응당 수행을 통해 이 법을 성취하라.

또한 선남자여, 그대는 시방의 ① 무량한 국토 ② 무량한 중생 ③ 무량한 법法의 '각종 차별상'에 대해 관찰하라. 이 모두에 대해 '있는 그대로'(如實) 대응하여 그 일에 통달하라.

又善男子 汝今適得此一法明 所謂一切法 無生無分別 善男子 如來法明 無量入 無量作 無量轉 乃至百千億那由他劫 不可得知 汝應修行 成就此法 又善男子 汝觀十方無量國土 無量衆生 無量法 種種差別 悉應如實 通達其事

7. 차별성에 대한 지혜의 업

불자여, 모든 부처님 세존은 이 경지의 보살에게, 이러한 '무량한 지혜를 일으키는 문'을 가르쳐서, 헤아릴 수 없고 끝이 없는 '차별성에 대한 지혜의 업'을 일으키게 한다. 불자여, 만약 모든 부처님이 이 경지의 보살에게 '지혜를 일으키는 문'을 주지 않았다면, 그때 곧장 '궁극의 열반'(究竟涅槃)에 들어가서 중생을 이롭게 하는 '일체의 업'을 버렸을 것이다.[246]

모든 부처님이 이러한 헤아릴 수 없고 끝이 없는 지혜를 일으키는 문을 주었기에, 한 찰나에 일으키는 '지혜의 업'만 놓고 보아도, 초발심에서 7지 보살에 이르기까지 닦은 모든 행위가 100분의 1, 백천억 나유타분의 1에도 미치지 못한다. 이와 같이 아승지분, 가라분, 산수분, 비유분, 우파니사타분의 1에도 미치지 못한다.

佛子 諸佛世尊 與此菩薩 如是等 無量起智門 令其能起無量無邊 差別智業 佛子 若諸佛 不與此菩薩 起智門者 彼時卽入究竟涅槃 棄捨一切利衆生業 以諸佛與如是等無量無邊 起智門故 於一念頃 所生智業 從初發心 乃至七地 所修諸行 百分不及一 乃至百千億那由他分 亦不及一 如是 阿僧祇分 歌羅分 算數分 譬諭分 優波尼沙陀分 亦不及一

---

246 8지 보살은 '본연의 공성' '본연의 진리'에 노력 없이 안주할 수 있는 여래이기에, 궁극의 열반에 들어갈 수 있는 존재라고 하는 것이다. 하지만 '본연의 진리'는 '본연의 서원'이자 '불성의 명령'이 되어, 8지 보살을 중생의 교화로 인도하여 각종의 업을 짓도록 인도한다.

8. 불성에 안주하여 요동하지 않는 경지

왜 그러한가? 불자여, 이 보살은 먼저 '한 몸'(一身)으로 행위를 일으켰었다. 그러나 이제 이 경지(8지)에 머무르게 되어서는, ① '무량한 몸'에 의해서, ② '무량한 음성'에 의해서, ③ '무량한 지혜'에 의해서, ④ '무량한 태어남'에 의해서, ⑤ '무량한 청정 국토'에 의해서, ⑥ '무량한 중생'을 교화함에 의해서, ⑦ '무량한 모든 부처님'에게 공양함에 의해서, ⑧ '무량한 진리의 문(法門)'에 들어감에 의해서, ⑨ '무량한 신통'을 갖춤에 의해서, ⑩ '무량한 대중의 모임과 도량'의 차별성에 의해서, ⑪ '무량한 몸·말·생각의 업'에 안주함에 의해서 일체의 '보살행菩薩行'을 모은다. 이는 움직이지 않기 때문이다.

何以故 佛子 是菩薩 先以一身起行 今住此地 得無量身 無量音聲 無量智慧 無量受生 無量淨國 敎化無量衆生 供養無量諸佛 入無量法門 具無量神通 有無量衆會 道場差別 住無量身語意業 集一切菩薩行 以不動法故

9. 인위적 노력이 없는 정진

불자여, 비유하자면 배를 타고 큰 바다에 들어간 것과 같으니, 바다에 이르기 전에는 공력을 많이 써야 하나, 바다에 이르게 되면 단지 바람을 따라갈 뿐 사람의 공력이 필요하지 않게 된다. 그런데 바다에 이르러 하루에 가는 것을, 바다에 이르기 전의 것과 비교한다면, 가령 100년을 경과해도 미치지 못한다.

불자여, 보살마하살 또한 이와 같다. 광대한 선근의 자량資糧을 모으고 쌓아서, '대승의 배'를 타고 '보살행의 바다'에 도달하면, 찰나에 인위적 노력을 기울이지 않은 지혜로 '일체의 지혜에 대한 앎'(一切智智)의 경계에 들어가니, 본래의 인위적 노력이 있는 행위로는 무량한 천백억 나유타 겁을 경과해도 미칠 수 없는 것이다.

佛子 譬如乘船欲入大海 未至於海 多用功力 若至海已 但隨風去 不假人力 以至大海 一日所行 比於未至 其未至時 設經百歲 亦不能及 佛子 菩薩摩訶薩 亦復如是 積集廣大善根資糧 乘大乘船到菩薩行海 於一念頃以無功用智 入一切智智境界 本有功用行 經於無量百千億那由他劫 所不能及

10. 인위적 노력이 없는 깨달음의 지혜

불자여, 보살이 이 제8지에 머물면, '위대한 방편에 뛰어난 솜씨를 갖춘 지혜'로 일으킨 '인위적 노력이 없는 깨달음의 지혜'로, '일체지의 지혜에 대한 앎'(一切智智)이 작용하는 경계를 관찰하게 된다.

이른바 ① 세간이 이루어지는 것과, ② 세간이 무너지는 것, ③ 어떠한 업(karma)이 모여서 세간이 이루어지는지, ④ 어떠한 업이 다하여 세간이 무너지는지, ⑤ 어느 때에 세간이 이루어지는지, ⑥ 어느 때에 세간이 무너지는지, ⑦ 어느 때에 세간이 성립되어 머무는지, ⑧ 어느 때에 세간이 무너져 머무는지, 이 모두를 실상 그대로 안다.

佛子 菩薩住此第八地 以大方便善巧智 所起無功用覺慧 觀一切智智所行境 所謂觀世間成 觀世間壞 由此業集故成 由此業盡故壞 幾時成 幾時壞 幾時成住 幾時壞住 皆如實知

11. 차별성에 대한 지혜

또한 ① 땅의 세계(地界)의 미세한 형상과 거대한 형상, 무량한 형상, 다양한 형상에 대해 알며, ② 물의 세계(水界) ③ 불의 세계(火界) ④ 바람의 세계(風界)의 미세한 형상, 거대한 형상, 무량한 형상, 다양한 형상에 대해 안다.

또한 '미진微塵'[247]의 미세한 형상, 다양한 형상, 무량하게 다양한 형상을 알며, 세계 속에서 미진이 모인 것과 미진의 다양한 형상에 대해서 모두 실상 그대로 안다. 또한 세계 속에서 '지수화풍地水火風'의 세계가 각각 얼마의 미진으로 이루어져 있는지 알며, '보물'이 얼마의 미진으로 이루어져 있는지 알며, '중생의 몸'이 얼마의 미진으로 이루어져 있는지 알며, '국토의 몸'[248]이 얼마의 미진으로 이루어져 있는지 모두 실상 그대로 안다. 또한 '중생의 거친 몸과 미세한 몸'이 각각 얼마의 미진으로 이루어져 있는지 알며, '지옥의 몸'과 '축생의 몸' '아귀의 몸'과

---

247 미진微塵:
만물의 구성요소인 아누(Anu)를 말한다. 7개의 극미진極微塵으로 구성되며, 극미진은 1개만으로는 존재하지 못하고 반드시 7개가 모여 미진을 구성한다.

248 육신은 과거에 지은 업의 '정보正報'(바른 과보)이며, 육신과 한 세트가 되는 국토는 육신이 의지하는 '의보依報'(과보가 의지하는 것)이다.

'아수라의 몸' '하늘 사람의 몸'과 '인간의 몸'이 각각 얼마의 미진으로 이루어져 있는지를 안다. 이와 같이 미진의 다양함을 아는 지혜를 얻는다.

또한 '욕계欲界'와 '색계色界'와 '무색계無色界'가 이루어지는 것을 알며, 욕계·색계·무색계가 무너지는 것을 안다. 욕계·색계·무색계의 미세한 형상, 거대한 형상, 무량한 형상, 다양한 형상을 안다. 이와 같이 3계의 다양함을 관찰하는 지혜를 얻는다.

又知地界 小相大相 無量相 差別相 知水火風界 小相大相 無量相 差別相 知微塵細相 差別相 無量差別相 隨何世界中 所有微塵聚 及微塵差別相 皆如實知 隨何世界中 所有地水火風界 各若干微塵 所有寶物若干微塵 衆生身若干微塵 國土身若干微塵 皆如實知 知衆生大身小身 各若干微塵成 知地獄身畜生身 餓鬼身阿脩羅身 天身人身 各若干微塵成 得如是知微塵差別智 又知欲界色界 無色界成 知欲界色界無色界壞 知欲界色界 無色界小相大相 無量相差別相 得如是觀三界差別智

12. 몸을 나타내어 중생을 교화함

불자여, 이 보살은 '지혜의 광명함'을 일으켜서 중생을 교화하니, 이른바 '중생의 몸의 다양성'에 대해 잘 알고, '중생의 몸'에 대해 잘 분별하며, '태어나는 곳'에 대해 잘 관찰하여, 그 응하는 바에 따라 몸을 나타내어(現身) 중생을 교화시키고 성숙시킨다.

이 보살은 하나의 3천대천세계三千大千世界에, 중생의 몸이 믿고 이해하는 다양함에 따라, '지혜의 광명함'으로 두루 나타나고 태어난다. 이와 같이 둘이나 셋, 내지 백천百千, 내지 설명할 수 없는 3천대천세계까지, 보살은 중생의 몸이 믿고 이해하는 다양함에 따라 그 가운데 두루 나타나고 태어난다.

이 보살은 이와 같은 지혜를 성취하였기에, 한 불국토에서만 그 몸을 움직이는 것이 아니라, 설명할 수 없는 불국토의 대중의 모임에도 그 몸을 모두 나타낸다. 불자여, 이 보살은 여러 중생의 '몸·마음·믿음·이해'의 갖가지 다양함에 따라, 그 불국토의 대중의 모임 가운데 그 몸을 나타낸다.

佛子 此菩薩 復起智明 敎化衆生 所謂善知衆生身差別 善分別衆生身 善觀察所生處 隨其所應而爲現身 敎化成熟 此菩薩 於一三千大千世界 隨衆生身 信解差別 以智光明 普現受生 如是若二若三 乃至百千 乃至不可說 三千大千世界 隨衆生身 信解差別 普於其中 示現受生 此菩薩 成就如是智慧故 於一佛刹 其身不動 乃至不可說 佛刹衆會中 悉現其身 佛子 此菩薩 隨諸衆生 身心信解 種種差別 於彼佛國 衆會之中 而現其身

13. 중생의 근기에 응하여 몸을 나타냄

'사문의 무리' 가운데에서는 사문의 형체를 나타내 보이고, '바라문(브라만)의 무리' 가운데에서는 바라문의 형체를 나타내 보이며, '왕족(크샤트리아)의 무리' 가운데에서는 왕족의 형체를 나타내 보인다.

이와 같이 '평민(바이샤)의 무리' '노예(수드라)의 무리' '거사의 무리' '4천왕천(욕계1천)의 무리' '33천(욕계2천)의 무리' '야마천(욕계3천)의 무리' '도솔천(욕계4천)의 무리' '화락천化樂天(욕계5천)의 무리' '타화자재천他化自在天(욕계6천)의 무리' '마왕

의 무리' '범천(색계1천)의 무리' 내지 '유정천有頂天(색구경천色究
竟天)의 무리' 가운데에서도 각각 그 종류에 따라 형체를 나타내
보인다.

또한 '성문聲聞의 몸'으로 응하여 제도해야 할 자에게는 성문
의 형체로 나타나고, '벽지불辟支佛(독각獨覺·연각緣覺)의 몸'으로
응하여 제도해야 할 자에게는 벽지불의 형체로 나타나며, '여래
의 몸'으로 응하여 제도해야 할 자에게는 여래의 형체로 나타난
다. 불자여, 보살은 이와 같이 일체의 설명할 수 없는 불국토 가
운데 중생의 믿고 즐기는 것의 다양함에 따라 이와 같이 몸을
나타낸다.

所謂於沙門衆中 示沙門形 婆羅門衆中 示婆羅門形 刹利衆
中 示刹利形 如是 毘舍衆 首陀衆 居士衆 四天王衆 三十三天
衆 夜摩天衆 兜率陀天衆 化樂天衆 他化自在天衆 魔衆 梵衆
乃至阿迦尼吒天衆中 各隨其類 而爲現形 又應以聲聞身得度
者 現聲聞形 應以辟支佛身得度者 現辟支佛形 應以菩薩身得
度者 現菩薩形 應以如來身得度者 現如來形 佛子 菩薩如是
於一切不可說 佛國土中 隨諸衆生 信樂差別 如是如是 而爲
現身

14. 몸에 대한 지혜의 성취

불자여, 이 보살은 일체의 '몸'이라는 생각과 분별에서 멀리 떠나 '평등함'에 안주한다. 이 보살은 ① 중생의 몸(衆生身) ② 국토의 몸(國土身) ③ 업보의 몸(業報身) ④ 성문의 몸(聲聞身) ⑤ 독각의 몸(獨覺身) ⑥ 보살의 몸(菩薩身) ⑦ 여래의 몸(如來身) ⑧ 지혜의 몸(智身) ⑨ 진리의 몸(法身) ⑩ 허공의 몸(虛空身)을 안다.

佛子 此菩薩 遠離一切身想分別 住於平等 此菩薩 知衆生身 國土身 業報身 聲聞身 獨覺身 菩薩身 如來身 智身 法身 虛空身

15. 10가지 자유자재함의 성취

불자여, 보살은 이와 같이 '몸에 대한 지혜'를 성취하여, ① '목숨'(命)의 자유자재함을 얻고, ② '마음'(心)의 자유자재함을 얻고, ③ '재물'(財)의 자유자재함을 얻고, ④ '카르마'(業)의 자유자재함을 얻고, ⑤ '태어남'(生)의 자유자재함을 얻고, ⑥ '서원'(願)의 자유자재함을 얻고, ⑦ '해탈'(解)의 자유자재함을 얻고, ⑧ '신통'(如意)의 자유자재함을 얻고, ⑨ '지혜'(智)의 자유자재함을 얻고, ⑩ '진리'(法)의 자유자재함을 얻는다.

이와 같이 10가지 자유자재함을 얻었기 때문에, ① '불가사의한 지혜'를 얻은 이가 되며, ② '무량한 지혜'를 얻은 이가 되며, ③ '광대한 지혜'를 얻은 이가 되며, ④ '파괴되지 않는 지혜'를 얻은 이가 된다.

佛子 菩薩成就如是身智已 得命自在 心自在 財自在 業自在 生自在 願自在 解自在 如意自在 智自在 法自在 得此十自在 故 則爲不思議智者 無量智者 廣大智者 無能壞智者

16. 3가지 업을 부처님 뜻대로

이 보살이 이와 같은 경지에 들어가 이러한 성취를 함에, ① 필경 과실이 없는 '몸의 업'을 얻으며, ② 과실이 없는 '말의 업'을 얻으며, ③ 과실이 없는 '생각의 업'을 얻는다.

그는 ① '지혜'를 따라 행위하며, ② '반야바라밀'을 따라 진보하며, ③ '방편'에 뛰어난 솜씨가 있으며, ④ '분별'을 잘 하며, ⑤ '큰 서원'을 잘 일으키며,[249] ⑥ '부처님의 힘'이 보호해주며, ⑦ '중생'을 이롭게 할 지혜를 늘 부지런히 닦고 익히며, ⑧ '끝이 없는 차별의 세계'에 두루 머문다.

불자여, 요점을 들어 설명하겠다. 보살이 이 '부동지'에 머물면, '몸·말·생각의 업'으로 짓는 모든 것들이, 모두 일체의 '부처님의 법'을 쌓고 모으게 된다.

此菩薩 如是入已 如是成就已 得畢竟無過失身業 無過失語業 無過失意業 身語意業 隨智慧行 般若波羅蜜增上 大悲爲首 方便善巧 善能分別 善起大願 佛力所護 常勤修習利衆生智 普住無邊差別世界 佛子 擧要言之 菩薩住此不動地 身語意業 諸有所作 皆能積集一切佛法

---

249 인위적 노력 없이 '불성'(공성) 그대로 살아가는 8지 보살은, '불성의 본원本願'인 '불성의 명령'(중생계에 6바라밀을 구현하라!)을 그대로 자신의 서원으로 삼는다.

17. 10가지 지혜의 힘

불자여, 보살이 이 경지에 머물면서 ① '깊은 마음'에 잘 안주하는 힘을 얻으니 일체의 번뇌가 현행하지 않기 때문이며, ② '뛰어난 마음'에 잘 안주하는 힘(지혜의 힘, 智力)을 얻으니 진리에서 떠나지 않기 때문이며, ③ '큰 연민'(大悲)에 잘 안주하는 힘을 얻으니 중생을 이롭게 하는 것을 버리지 않기 때문이며,

④ '큰 자애'(大慈)에 잘 안주하는 힘을 얻으니 일체의 세간을 구하고 보호하기 때문이며, ⑤ '다라니'(摠持)에 잘 안주하는 힘을 얻으니 진리를 잊어버리지 않기 때문이며, ⑥ '변재(辯才)'에 잘 안주하는 힘을 얻으니 일체의 진리를 잘 관찰하고 분별하기 때문이다.

또한 ⑦ '신통'에 잘 안주하는 힘을 얻으니 끝이 없는 세계를 두루 다니기 때문이며, ⑧ '큰 서원'에 잘 안주하는 힘을 얻으니 일체의 보살이 지어야 할 업을 버리지 않기 때문이며,[250] ⑨ '바

---

250 '불성의 근본 서원'은 중생계에서 '6바라밀'을 구현하라는 것이니, 큰 서원에 노력 없이 안주하는 8지 보살은 '생각·말·행동'을 통해 언제 어디서나 '바라밀'(보살의 업)을 구현한다.

라밀'에 잘 안주하는 힘을 얻으니 일체의 불법을 성취하기 때문이며, ⑩ '여래의 가피'에 잘 안주하는 힘을 얻으니 '일체의 종류·일체의 지혜에 대한 앎'이 현전하기 때문이다.[251] 이 보살은 이와 같은 '지혜의 힘'(智力)을 얻어서 능히 일체의 해야 할 모든 일을 나타내며, 모든 일에 과실이 없다.

佛子 菩薩住此地 得善住深心力 一切煩惱 不行故 得善住勝心力 不離於道故 得善住大悲力 不捨利益衆生故 得善住大慈力 救護一切世間故 得善住陀羅尼力 不忘於法故 得善住辯才力 善觀察分別一切法故 得善住神通力 普往無邊世界故 得善住大願力 不捨一切菩薩所作故 得善住波羅蜜力 成就一切佛法故 得如來護念力 一切種一切智智現前故 此菩薩 得如是智力 能現一切諸所作事 於諸事中 無有過咎

---

251 '부처의 가피'를 얻은 자라야 '불성의 뜻(서원)'을 현상계에서 정밀하게 구현할 수 있다.

18. 부처의 경계에 들어간 8지 보살[252]

불자여, 이 보살의 '지혜의 경지'를 ① '움직이지 않는 경지'(不動地)라고 부르니 막거나 무너뜨릴 수 없기 때문이며, ② '물러나지 않는 경지'(不轉地)라고 부르니 지혜가 퇴보하지 않기 때문이며, ③ '얻기 어려운 경지'(難得地)라고 부르니 일체의 세간이 능히 헤아릴 수 없기 때문이며, ④ '아이처럼 참된 경지'(童眞地)라고 부르니 일체의 과실을 떠났기 때문이며, ⑤ '낳는 경지'(生地)라고 부르니 원하는 것을 자유자재로 나타내기 때문이다.

또한 ⑥ '성취의 경지'(成地)라고 부르니 다시 지을 것이 없기 때문이며, ⑦ '궁극의 경지'(究竟地)라고 부르니 지혜로 잘 결정하기 때문이며, ⑧ '변화의 경지'(變化地)라고 부르니 원하는 대로 성취하기 때문이며, ⑨ '힘을 지닌 경지'(力持地)라고 부르니

---

252 8지의 경지 :
8지는 '불성'에 안주하여 6바라밀을 발현함에 인위적 노력이 필요 없는 경지이니, '불성의 본체', 즉 '여래의 본체'를 증득하여(여래의 작용까지 증득하기 위해서는 10지 보살에 나아가야 함), 이미 여래의 경지에 들어간 경지이다. 그래서 '구경지究竟地'라고 부르는 것이다. 노력이 없이도 '불성'대로 생각하고 말하고 행동하며, 늘 불성 안에 안주하는 단계이다.

다른 것에 의해 움직여지지 않기 때문이며, ⑩ '인위적 노력이 필요 없는 경지'(無功用地)라고 부르니 앞서 이미 성취하였기 때문이다.²⁵³

 불자여, 보살은 이와 같은 지혜를 성취하여 '부처의 경계'에 들어가며, '부처의 공덕'이 늘 비추어 주며, '부처의 위엄 있는 모습'을 따르며, '부처의 경계'가 늘 현전하며, 늘 여래의 가피를 받는다.²⁵⁴ 범천과 제석천과 4천왕이 맞이하고, 금강역사가 늘

---

253 '정성스러운 자'는 인위적으로 노력하지 않아도 중심을 잡고, 고민하지 않아도 선善을 택하며, 언제 어디서나 여유롭게 '중도中道'를 걸으니 그가 바로 '성인聖人'이시다. (誠者 不勉而中 不思而得 從容中道 聖人也, 『중용中庸』)

254 예수는 대승보살의 모범이다. 예수께서는 ① 늘 '성부'(우주 전체의 아버지)와 하나가 되어 살아가며, ② 내면에 임하신 아버지인 '성령'의 뜻대로 말하고 행동하여, ③ 현상계에서 중생의 모습으로 '성자'의 삶을 살았다.
마찬가지로 대승보살은 ① 늘 '법신불法身佛'(비로자나불)과 하나가 되어 살아가며, ② 내면에 임한 법신불인 '보신불報身佛'(노사나불)의 뜻대로 말하고 행동하여, ③ 현상계에서 중생의 모습으로 '화신불化身佛'(아미타불로 대표됨)의 삶을 살아간다.
"예수께서 말씀하시길 '나의 양식은 나를 보내신 그분의 뜻을 실천하는 것이며, 그분의 일을 완성하는 것이다.'라고 하셨다." (『요한복음』 4:34)
"나는 내 뜻이 아니라, 나를 보내신 분(하느님)의 뜻을 실천하고자 하늘에서 내려왔다." (『요한복음』 6:38)
"예수님께서 대답하시길 '나의 가르침은 나의 것이 아니라, 나를 보내신 그분으로부터 오는 것이다.'라고 하셨다." (『요한복음』 7:16)
"내가 나의 말을 한 적이 없고, 오직 아버지께서 가르쳐 주신 것만을 말했다는 것을 알게 될 것이다." (『요한복음』 8:28)

따라다니며 모시고 호위해 준다. 항상 여러 위대한 삼매를 떠나지 않으며, 능히 무량한 모든 다양한 몸을 나타낸다. 각각의 몸마다 큰 권세와 힘이 있어서 과보로 신통을 얻으며, 삼매에 자유자재하며, 교화할 수 있는 중생들이 처한 상황에 따라 '올바른 깨달음'(正覺)의 성취를 나타내 보인다.

佛子 此菩薩智地 名爲不動地 無能沮壞故 名爲不轉地 智慧無退故 名爲難得地 一切世間 無能測故 名爲童眞地 離一切過失故 名爲生地 隨樂自在故 名爲成地 更無所作故 名爲究竟地 智慧決定故 名爲變化地 隨願成就故 名爲力持地 他不能動故 名爲無功用地 先已成就故 佛子 菩薩成就如是智慧 入佛境界 佛功德照 順佛威儀 佛境現前 常爲如來之所護念 梵釋四王 金剛力士 常隨侍衛 恒不捨離諸大三昧 能現無量諸身差別 於一一身 有大勢力 報得神通三昧自在 隨有可化衆生之處 示成正覺

"그대는 내가 아버지 안에 있고, 아버지가 내 안에 계시다는 것을 믿지 못하겠는가? 내가 그대들에게 하는 말은 나로부터 나온 말이 아니다. 내 안에 살아 계시는 아버지께서 당신의 일을 하시는 것이다. 내가 아버지 안에 있고 아버지가 내 안에 있다고 하는 나의 말을 믿어라. 그 말을 믿지 못하겠거든 내가 행한 선한 일을 증거로 삼아 믿어라." (『요한복음』 14:10~11)

19. 8지 보살의 공양과 회향[255]

불자여, 보살이 이러한 '부동지'에 머물면서, '삼매의 힘'(三昧力)으로 항상 무량한 모든 부처님을 친견하며, 항상 부처님을 받들어 섬기고 공양함을 떠나지 않는다. 이 보살은 모든 겁마다 각각의 세계에서 무량한 백의 부처님, 무량한 천의 부처님, 내지 무량한 백천억 나유타의 부처님을 뵙고, 받들어 섬기고 공양한다. 일체의 생활필수품을 받들어 베푼다.

또한 모든 부처님의 처소에서 여래의 매우 깊은 '진리의 창고'(法藏)를 얻어서, 세계의 다양성 등 무량한 진리의 밝은 지혜를 수용하였기에, 세계의 다양성에 대한 질문을 받더라도 그러한 일로 능히 굴복하지 않는다.

---

255 8지 보살부터는 이미 여래의 경계에 들어가니, 늘 '여래'를 친견하고 '여래의 뜻'(서원)대로 생각하고 말하고 살아간다. 이러한 경지에 이르면 일체의 공덕이 그대로 부처님께 자동으로 회향이 된다. 그래서 8지 보살부터는 '회향'에 대해서는 따로 설명하지 않고 있다.
그럼에도 8지 보살은 현상계의 존재이니, 늘 절대계의 부처님께 공양하는 마음을 잊어서는 안 된다. 그래서 부처님에 대한 '공양'에 대해서는 설명을 하고 있다. 8지 보살의 '회향'은 '진여상회향眞如相廻向'(10회향 중 8회향에 해당함)이니, 진여의 형상을 한 회향이다.

이와 같이 무량한 백 겁, 무량한 천 겁, 내지 무량한 백천억 나유타 겁을 경과하는 동안에 선한 근기가 점점 더 밝아지고 정화된다. … 이 보살은 10바라밀 가운데 '서원바라밀'을 특히 많이 닦는다. 나머지를 닦지 않는 것은 아니나, 다만 역량과 분수에 따를 뿐이다.

佛子 菩薩住此不動地已 以三昧力 常得現見無量諸佛 恒不捨離承事供養 此菩薩 於一一劫 一一世界 見無量百佛 無量千佛 乃至無量百千億那由他佛 恭敬尊重 承事供養 一切資生 悉以奉施 於諸佛所 得於如來甚深法藏 受世界差別等 無量法明 若有問難世界差別 如是等事 無能屈者 如是經於無量百劫 無量千劫 乃至無量百千億那由他劫 所有善根 轉增明淨 … 此菩薩 十波羅蜜中 願波羅蜜增上 餘波羅蜜 非不修行 但隨力隨分

··· 8지 부동지不動地의 경지

8지의 경지는 '부동지不動地'(공성에 안주하여 요동함이 없는 단계)라고 불리며, '색자재지色自在地'(형체에 자유자재한 경지)라고도 불립니다. '6바라밀'의 정밀한 발현을 막는 업장을 정화하는 경지이며, '6바라밀의 근본원리'의 뼈대에 대한 자명한 이해가 심화되는 경지입니다.[256]

'무상중작가행장無相中作加行障'(공성에 노력 없이 안주함을 막는 장애)을 끊고, '부증감진여不增減眞如'(더할 것도 덜 것도 없는 진여, 혹은 형상이 자유자재한 진여)를 얻는 단계입니다. '무생법인無生法忍'(만법이 본래 불생불멸하다는 진리의 인가)을 얻어서, 늘 '공성'(구일체묘상공具一切妙相空)에 인위적인 노력 없이 안주하여 동

---

256 8지는 6바라밀의 근본원리의 뼈대에 대한 법인法忍이 심화된 단계이다.

요함이 없는 경지입니다.

번뇌의 흙탕물에서 온전히 빠져나온 경지이나, 6바라밀(10바라밀)을 전지·전능하게 발현하기 위해서는 끝없는 정진이 필요합니다. 애쓰지 않아도 '생각·말·행동'의 3업이 6바라밀(10바라밀)을 어기지 않는 경지이니, 주객이 전도되어 애쓰지 않아도 바라밀의 인도를 자연스럽게 따릅니다.

'여환삼매如幻三昧'(만법이 모두 환영과 같으며 참나의 나툼임을 아는 삼매)를 성취하고, '신체'와 '세계'의 형상(色)에 관한 지혜를 완성하여 자유자재한 '색자재色自在'의 경지입니다. '자연스러운 서원'(서원바라밀)으로 중생을 위해 '청정한 몸'과 '불국토'를 나타내는 경지입니다.

'형상'(色)에서 자유자재하니, ① '신체'에서 자유를 얻어 '분단신分段身'(육체와 수명에 한계가 있는 몸)을 초월하여 '변역신變易身'(자유자재로 변화하는 몸)을 성취하며, ② '세계'에서 자유를 얻어 '예토穢土'(오염된 세계)를 떠나 '정토淨土'(색구경천色究竟天)에 들어갑니다. 그래서 '정토자재淨土自在'의 경지라고 합

니다.[257]

 8지는 '무가행無加行'(인위적인 노력이 없음, 무공용無功用)의 '무상주無相住'(바라밀을 두루 갖춘 공성에 안주함)를 성취한 단계입니다. 10바라밀 중에는 '서원(願)바라밀'[258]이 뛰어납니다. 10단계의 실천(10행) 중에는 8행인 '난득행難得行'(공성에 노력 없이 안주하는 실천)을 닦으며, 10단계의 회향(10회향) 중에는 8회향인 '진여상회향眞如相廻向'(진여의 형상을 한 회향)을 닦습니다.

 10단계의 안주(10주) 중에는 8주인 '동진주童眞住'(절로 자리이타를 행하는 공성에 노력이 없이 안주하여, 순수한 아이 같은 참됨에 안주함)에 해당합니다. 밀교적으로 '뛰어난 정광명'과 '청정한 환신'을 쌍으로 닦아서, '심리적 장애'(아집, 번뇌장)에서 더욱

---

257 '하늘'은 하느님의 나라이니, 거기에는 하느님이 계시는 '하늘 궁전'(북극성의 자미궁紫微宮)이 있다. 이곳은 온갖 선善함으로 계단을 삼고 온갖 덕德으로 관문을 삼는다. 이곳은 뭇 신령들과 철인들이 하느님을 모시고 계신 곳으로 크게 길하고 상서로우며 크게 광명하다. 오로지 자신의 참나를 각성하고 공부를 모두 완수한(性通功完) 사람만이 이곳에 올라 영원한 쾌락을 누릴 수 있다. (天神國 有天宮 階萬善 門萬德 一神攸居 羣靈諸哲護侍 大吉祥 大光明處 惟性通功完者 朝永得快樂,『삼일신고 三一神誥』)

258 서원(願)바라밀(공성에서 발하는 자리이타의 서원) :
　① 구보리원求菩提願 : 보리를 구하는 서원(自利)
　② 이락타원利樂他願 : 중생을 이롭고 즐겁게 하기 위한 서원(利他)

벗어나 6바라밀(10바라밀)을 발현함에 순수해진 단계입니다. '정토의 몸'(변역신變易身)을 성취하여 '정토'에 들어감에 자유자재를 얻으니, '분단分段생사'(분단신의 생사)를 벗어나 '변역變易생사'(변역신의 생사)에 들어갑니다.

'무상無相의 공성'에 인위적 노력이 없이 안주하는 단계이니, 의도하지 않아도 늘 6바라밀(10바라밀)의 구현이 51% 이상이 되어, 언제나 마음의 균형을 잡을 수 있습니다. 이후에는 더욱 신령해지고(9지) 완벽해져 갑니다(10지).

··· 8주 동진주童眞住의 경지

10가지 몸(부처가 지닌 10가지 몸)[259]의 신령한 모양이 일시에 구족되는 것을 '동진주'라고 한다.[260]

十身靈相 一時具足 名童眞住 (『능엄경』)

---

259 10신十身 :
① 보리신菩提身(깨달음의 몸) ② 원신願身(서원의 몸) ③ 화신化身(변화한 몸) ④ 역지신力持身(능력을 지닌 몸) ⑤ 상호신相好身(상호를 갖춘 몸) ⑥ 위세신威勢身(위세를 지닌 몸) ⑦ 의생신意生身(생각으로 만든 몸) ⑧ 복덕신福德身(복덕의 몸) ⑨ 지신智身(지혜의 몸) ⑩ 법신法身(진리의 몸)

260 '절대적 공성'인 '무상無相'에 인위적 노력이 없이 안주하게 되어, '무생법인無生法忍'을 깨달아 지극히 순수하고 참된 상태를 말한다. 8지는 '여환삼매如幻三昧'를 얻은 '색자재'이니 형상에서 자유를 얻게 된다. '심리적 장애'를 온전히 제거하고, 보신의 바탕이 되는 '절대적 공성'에 안주하며, '분단신分段身'을 떠나서 '변역신變易身'(청정한 금강신)을 성취하여 '정토'(색구경천)에 태어나고, 더욱 '원만한 보신'을 성취하기 위해 닦는 경지이다.

••• 8지 보살의 핵심 수행, 서원바라밀

① '일체 중생'을 남김없이 성취시키며, ② '일체 세계'를 남김없이 장엄하게 하며, ③ '일체의 모든 부처님'을 남김없이 공양하며, ④ 또한 '장애가 없는 법'을 남김없이 통달하며, ⑤ '법계法界'에 두루 통하는 수행을 남김없이 닦으며,

⑥ '몸'은 오지 않은 겁의 세월이 다하도록 항상 머물며,[261] ⑦ '지혜'는 일체의 마음을 남김없이 알며, ⑧ '흘러서 구름'(流轉)과 '돌이켜 소멸함'(還滅)을 남김없이 깨달으며, ⑨ '일체의 국토'를 남김없이 나타내 보이며, ⑩ '여래의 지혜'를 남김없이 증득하니, 이는 '서원바라밀'을 청정하게 함이다.

---

261 '법신의 몸'인 '변역신變易身'(청정한 금강신)을 성취하여, 3계에서 자유자재함을 말한다.

盡成就一切衆生 盡莊嚴一切世界 盡供養一切諸佛 盡通達無障礙法 盡修行遍法界行 身恒住盡未來劫 智盡知一切心念 盡覺悟流轉還滅 盡示現一切國土 盡證得如來智慧 是則能淨願波羅蜜 (『화엄경』「명법품」)

••• 8행 난득행難得行의 닦음

1. 난득행은 무엇인가?

불자여, 어떤 것이 보살마하살의 '난득행難得行'인가? 이 보살은 ① 얻기 어려운 선한 근기(善根, 영성지능), ② 굴복시키기 어려운 선한 근기, ③ 최고로 뛰어난 선한 근기, ④ 무너뜨릴 수 없는 선한 근기, ⑤ 뛰어넘을 수 없는 선한 근기, ⑥ 불가사의한 선한 근기, ⑦ 다함이 없는 선한 근기, ⑧ 자유자재한 능력을 지닌 선한 근기, ⑨ 큰 위덕이 있는 선한 근기, ⑩ 일체의 부처님과 성품이 동일한 선한 근기(불성 그대로의 선한 바탕)를 성취한다.

이 보살은 여러 수행을 닦을 때, ① '불법'에 대해 최고로 뛰어난 이해를 얻으며, ② '부처님의 깨달음'에 대해 광대한 이해를 얻으며, ③ '보살의 서원'을 잠시도 멈추지 않으며, ④ 일체의 겁이 다하도록 마음에 '피로함'이 없으며, ⑤ '일체의 고통'을 싫어하여 떠나려 하지 않으며, ⑥ '일체의 모든 악마들'이 흔들지 못하며, ⑦ 일체의 모든 부처님의 '가피'를 받으며, ⑧ '보살의 모든 고행'을 갖추어 행하며, ⑨ '보살행을 닦음'에 정진하여 게으르지 않으며, ⑩ '대승의 서원'이 늘 퇴보하지 않는다.

佛子 何等爲菩薩摩訶薩 難得行 此菩薩 成就難得善根 難伏善根 最勝善根 不可壞善根 無能過善根 不思議善根 無盡善根 自在力善根 大威德善根 與一切佛同一性善根 此菩薩 修諸行時 於佛法中 得最勝解 於佛菩提 得廣大解 於菩薩願 未曾休息 盡一切劫 心無疲倦 於一切苦 不生厭離 一切衆魔 所不能動 一切諸佛之所護念 具行一切菩薩苦行 修菩薩行 精勤匪懈 於大乘願 恒不退轉 (『화엄경』「십행품」)

2. 본래의 서원에 안주함

이 보살이 이 '난득행'에 안주하고서는, 생각마다 능히 무량한 겁의 생사를 구르되 보살의 '큰 서원'(본래의 서원, 공성의 서원)을 버리지 않는다(서원바라밀). 만약 어떤 중생이 이 보살을 받들어 섬기고 공양하거나, 보고 듣기만 하더라도 모두 '최고의 올바르고 원만한 깨달음'에서 퇴보하지 않을 것이다.[262]

---

262 8지 보살로 인해 중생 내면의 불성이 발현되어 자라게 됨을 말한다(무위無爲의 교화). 8지 보살의 내면에서 활짝 핀 불성의 꽃은 다른 이의 내면까지 자연스럽게 발현되게 한다. 이것은 오직 성자라야 가능한 일이다. 8지 보살은 자신과 중생을 위하려 하지도 않고, 현상계와 절대계를 나누지도 않고, 오직 매 순간 '불성'을 정밀하게 발현할 뿐이다!
"성인은 '무위無爲의 일'에 머물며 '침묵의 가르침'을 베푼다." (聖人處無爲之事 行不言之敎, 『노자』)
"'정성스러움'(誠)은 '하늘의 길'(인간의 길의 극치)이며, '정성스러워지고자 노력하는 것'은 '인간의 길'이다. '정성스러운 자'는 힘쓰지 않아도 중심을 잡고, 생각하지 않아도 답을 알아내며, 언제 어디서나 차분하고 침착하게 '중도中道'를 걸으니 바로 '성인聖人'이시다." (誠者 天之道也 誠之者 人之道也 誠者 不勉而中 不思而得 從容中道 聖人也, 『중용』)
"오직 '천하의 지극히 정성스러운 사람'(聖人)이라야 능히 '자신의 본성'을 남김없이 다 발휘할 수 있으니, 자신의 본성을 남김없이 다 발휘할 수 있으면 능히 '남의 본성'도 남김없이 다 발휘하도록 할 수 있을 것이며, 남의 본성을 남김없이 다 발휘하도록 할 수 있다면 능히 '사물의 본성' 또한 남김없이 다 발휘하도록 할 수 있을 것이다. 사물의 본성을 남김없이 다 발휘하도록 할 수 있다면 하늘과 땅의 조화와 양육을 도울 수 있을 것이며, 하늘과 땅의 조화와 양육을 도울 수 있다면 하늘과 땅과 더불어 대등하게 참여할 수 있을 것이다." (天下至誠 爲能盡其性 能盡其性 則能盡人之性 能盡人之性 則能盡物之性 能盡物之性 則可以贊天地之化育 可以贊天地之化育 則可以與天地參矣, 『중용』)
"오직 '천하의 지극히 정성스러운 사람'(聖人)이라야 능히 다른 사람들과 만물을 감화시킬 수 있다." (唯天下至誠 爲能化, 『중용』)
"대저 군자는 지나가기만 해도 교화가 이루어지고, 존재하기만 해도 신령함이 나타나서, 위와 아래로 천지와 함께 흐른다." (夫君子所過者化 所存者神 上下與天地同流, 『맹자』 「진심盡心 상」)

是菩薩 安住此難得行已 於念念中 能轉阿僧祇劫生死 而不捨菩薩大願 若有衆生 承事供養 乃至見聞 皆於阿耨多羅三藐三菩提 得不退轉

3. 보살은 열반에도 생사에도 머물지 않는다[263]

이 보살은 비록 '중생'이 존재하는 것이 아님을 깨달아 알지만, 일체 중생의 세계(현상계)를 버리지 않는다. 비유하자면, 뱃사공이 이쪽 언덕에도 머물지 않고 저쪽 언덕에도 머물지 않으며, 가운데 복판에도 머물지 않으면서, 능히 이쪽 언덕의 중생을 저쪽 언덕에 실어 나르되, 왕복하면서 쉬지 않는 것과 같다.

보살마하살도 또한 이와 같으니, '생사'(현상계)에 머물지도 않고 '열반'(절대계)에 머물지도 않으며, 또한 생사의 가운데 복판에 머물지도 않으면서, 능히 이쪽 언덕의 중생을 저쪽 언덕(열반)에 실어 나른다. 그곳은 편안하고 두려움이 없고 근심이

---

263 "① '생사'에 머물면서도 오염된 행위를 하지 않으며, ② '열반'에 머물면서도 영원히 '열반'에 들지 않는 것이 '보살행'이다." (在於生死 不爲汚行 住於涅槃 不永滅度 是菩薩行, 『유마경』)

없고 번뇌가 없는 곳이다.[264]

이 보살은 또한 중생의 숫자에 집착하지 않으니, 한 명의 중생을 버려두고 많은 중생에 집착하지도 않으며, 많은 중생을 버려두고 한 명의 중생에게 집착하지도 않는다. 중생계를 더 늘리려 하지도 않으며 중생계를 더 줄이려 하지도 않는다. 중생계를 생겨나게 하지도 않으며 중생계를 소멸시키지도 않는다. 중생계를 없애려 하지도 않으며 중생계를 증장시키려 하지도 않는다.[265] 중생계를 분별하지도 않으며 '중생계'와 '법계'(진리의 세

---

264 『화엄경』의 모순점 :
『화엄경』의 최고 목표는 영원히 중생계에 머물되, '열반'과 '중생계' 어디에도 집착하지 않으면서, 널리 중생을 열반에 이르게 하는 '보살'이다. 그런데 중생들은 보살의 도움으로 '열반'에 도달하게 된다. 이는 『화엄경』의 목표가 아니며, 모순이다. 아마도 『화엄경』은 시대적 제약으로, '열반'이 목표인 초기불교의 입장을 배려하면서 새로운 '보살상'을 설명하려고 했기에, 이런 모순점을 갖게 된 것으로 보인다.

265 8지 보살은 자신의 '법성法性'(진리의 본성)에 따라 바라밀의 구현에 최선을 다할 뿐, 중생의 숫자나 중생의 해탈에 집착하지 않는다. '공성'(불성)의 '본원本願'(본래의 서원)이 '자리自利·이타利他'이기에, 보살이 의도하거나 집착하지 않더라도, 공성에 따라 바라밀을 실천하기만 하면 자연히 중생을 이롭게 한다. 따라서 보살은 공성의 인도에 따라 바라밀을 닦는 데 최선을 다할 뿐이다.
"군자의 지킴은 '자신'을 닦아서 '천하'를 화평하게 한다(군자는 자신의 양심을 밝히는 것에 최선을 다할 뿐이나, 이로 인해 천하가 절로 화평해짐). 사람의 병통은 '자신의 밭'을 버려두고 '남의 밭'을 가꾸는 것이니(자신은 양심을 밝히지 않으면서, 남들을 양심으로 인도하려 함), '남'에게서 구하는 것을 중시하고, '자신이 맡은 소임'을 가볍게 보는 것이다." (君子之守 修其身而天下平 人病舍其田而芸人之田 所求於

계)²⁶⁶를 둘로 보지도 않는다.²⁶⁷

此菩薩 雖了衆生非有 而不捨一切衆生界 譬如船師 不住此岸 不住彼岸 不住中流 而能運度此岸衆生 至於彼岸 以往返無休息故 菩薩摩訶薩 亦復如是 不住生死 不住涅槃 亦復不住生死中流 而能運度此岸衆生 置於彼岸 安隱無畏 無憂惱處 亦不於衆生數 而有所著 不捨一衆生 著多衆生 不捨多衆生 著一衆生 不增衆生界 不減衆生界 不生衆生界 不滅衆生界 不盡衆生界 不長衆生界 不分別衆生界 不二衆生界

人者重 而所以自任者輕, 『맹자』「진심 하」)

266 '법계'는 ① 절대계(법의 본체가 되는 세계) ② 현상계(법의 작용이 되는 세계)의 2가지 의미가 있으나, 여기서는 '중생계'(현상계)와 대립하는 '절대계'를 의미한다.

267 중생계와 법계(진리의 세계, 절대계) :
'중생계'와 '법계'는 본래 둘이 아니다. 오직 '일법계一法界'일 뿐이다! "5온은 본래 텅 비어있다!"(『반야심경』) 그러니 법계가 있으면 중생계도 본래 존재하는 법이다. 양자는 하나로 돌아간다. 중생계에 집착해도 안 되나 중생계를 거부해서도 안 된다. 중생계는 법계의 나타냄일 뿐이다! '법계'에 존재하는 시공을 초월하여 불생불멸하는 만법의 종자가, 시공 안에 모습을 드러낸 것이 '중생계'인 것이다.
그러니 절대로 둘이 아니다. 보살은 '비로자나불의 법신'을 본체로 중생계에서 '6근'을 굴리면서, 언제 어디서나 법신에 내재된 '무량한 공덕'(6바라밀의 본체)을 펼쳐내어 '6근'을 '6바라밀'로 경영할 뿐이다! 오직 그것이 목표이다. 그리하여 열반에도 현상계에도 머물지 않으며, 늘 바라밀을 펼칠 뿐이다! 그에게는 열반도 중생도 모두 집착의 대상이 아니다. 그의 유일한 목표는 오직 매 순간 '법신'에 내재된 '진선미의 공덕'을, 깜냥대로 최선을 다해 현상계에 드러내는 것일 뿐이다! 이것이 진정한 '화엄삼매'이다.

4. 만법은 법계와 둘이 아니다

왜 그러한가? 보살은 '중생계'와 '법계'(진리의 세계)가 둘이 아님을 깊이 이해했기 때문이다. 중생계와 법계가 둘이 아니니, 둘이 아닌 법은 늘어남도 줄어듦도 없으며, 생겨남도 사라짐도 없으며, 존재함도 없어짐도 없으며, 취함도 의지함도 없으며, 집착함도 분별함도 없다. 왜 그러한가? 보살은 '일체의 법'(萬法)이 '법계'와 둘이 아님(만법이 본래 생겨남이 없음)을 깨달아 알았기 때문이다.

何以故 菩薩深入 眾生界如法界 眾生界法界 無有二 無二法中 無增無減 無生無滅 無有無無 無取無依 無著無二 何以故 菩薩了一切法 法界無二故

5. 보살은 영원히 사라지지 않는다

보살은 이와 같이 뛰어난 방편으로 '법계'에 깊이 들어가서, ① '형상이 없음'(無相)에 머물되 '청정한 형상'(清淨相)으로 그 몸을 장엄하게 하며, ② 만법에 '자성이 없음'을 깨달아 알되 능히 일체의 '법의 형상'(法相)을 분별하며, ③ '중생'에 집착하지 않되 능히 중생의 숫자를 깨달아 알며, ④ '세계'에 집착하지 않되 '부처님의 나라'에 몸을 나타내며, ⑤ '만법'을 분별하지 않되 '부처님의 법'에 잘 들어가며, ⑥ '의미·원리'에 깊이 통달하되 널리 '말'로 가르침을 펴며, ⑦ 일체 법의 욕망을 떠난 '열반 자리'를 깨달아 알되, '보살의 길'(菩薩道)을 끊지 않고 '보살의 행위'(菩薩行)에서 물러나지 않으며, ⑧ 늘 부지런히 끝이 없는 행위를 닦고 익혀서 자유자재하게 청정한 법계에 들어간다.

비유하자면 '나무'에 구멍을 뚫고 비벼서 '불'을 일으킴에 있어서, 불을 붙이는 일에 다함이 없으면 불이 늘 사라지지 않는 것과 같이, 보살도 중생을 교화하는 일에 다함이 없기에(중생은 무량함), 세간에 영원히 머물며 사라지지 않는다.[268]

菩薩如是 以善方便 入深法界 住於無相 以淸淨相 莊嚴其身 了法無性 而能分別一切法相 不取衆生 而能了知衆生之數 不著世界 而現身佛刹 不分別法 而善入佛法 深達義理 而廣演言

---

268 '불을 붙이는 일'이 계속 이어지면 '불'이 늘 세상에 존재하게 된다. 마찬가지로, 무량한 중생을 교화하는 행위는 영원히 이어져야 하기에, 보살도 영원히 중생계에 머물게 되는 것이다.

敎 了一切法 離欲眞際 而不斷菩薩道 不退菩薩行 常勤修習無
盡之行 自在入於淸淨法界 譬如鑽木 以出於火 火事無量 而火
不滅 菩薩如是 化衆生事 無有窮盡 而在世間 常住不滅

6. 오직 공성의 진리를 따를 뿐

① '구경(궁극의 경지)'도 아니고 '구경이 아님'도 아니며, ② '집착'도 아니고 '집착이 아님'도 아니며, ③ '의지함'도 아니고 '의지하지 않음'도 아니며, ④ '세간법'도 아니고 '불법'도 아니며, ⑤ '범부'도 아니고 '성과聖果를 얻음'도 아니다.

보살이 이와 같이 얻기 어려운 마음을 성취하고, 보살의 행위를 닦을 때, ① '2승법'도 설하지 않고, ② '불법'도 설하지 않으며, ③ '세간'도 설하지 않고, ④ '세간법'도 설하지 않으며, ⑤ '중생'도 설하지 않고, ⑥ '중생이 없음'도 설하지 않으며, ⑦ '때 묻음'도 설하지 않고, ⑧ '때 묻지 않음'도 설하지 않는다.

非究竟 非不究竟 非取 非不取 非依 非無依 非世法 非佛法
非凡夫 非得果 菩薩成就如是難得心 修菩薩行時 不說二乘法

不說佛法 不說世間 不說世間法 不說衆生 不說無衆生 不說垢 不說淨

7. 오직 하나의 법계일 뿐이다

왜 그러한가? 보살은 일체법에 '오염됨'도 '집착'도 없음을 알아서 퇴보하지 않기 때문이다. 보살은 이와 같이 적멸하고 미묘하고 깊고 최고로 뛰어난 법 가운데 수행할 때, 또한 "내가 현재 이러한 수행을 닦는다." "이미 과거에 이러한 수행을 닦았다." "마땅히 장차 이러한 수행을 닦을 것이다."라는 생각을 내지 않는다. '5온·18계·12처'에 집착하지 않으며, '안의 세간'(몸과 마음)·'밖의 세간'(세계)·'안팎의 세간'과 일으킨 '큰 서원'(서원바라밀)과 '모든 바라밀'과 '일체의 법', 모두에 집착하지 않는다.

왜 그러한가? '법계法界' 중에는 "성문승을 향한다." "독각승을 향한다."라고 부를 법은 없으며, "보살승을 향한다." "최고의 올바르고 원만한 깨달음을 향한다."라고 부를 법은 없으며, "범부계를 향한다."라고 부를 법은 없으며, "오염됨을 향한다." "청정함을 향한다."라고 부를 법은 없으며, "생사를 향한다." "열반을 향한다."라고 부를 법은 없기 때문이다. 왜 그러한가? 모든 법은 둘이 아니고 둘이 아님도 아니기 때문이다.[269]

何以故 菩薩知一切法 無染無取 不轉不退故 菩薩於如是 寂滅微妙 甚深最勝法中 修行時 亦不生念 我現修此行 已修此行 當修此行 不著蘊界處 內世間 外世間 內外世間 所起大願 諸波羅蜜 及一切法 皆無所著 何以故 法界中 無有法名 向聲聞乘 向獨覺乘 無有法名 向菩薩乘 向阿耨多羅三藐三菩提 無有法名 向凡夫界 無有法名 向染向淨 向生死向涅槃 何以故 諸法無二 無不二故

8. 보살은 공성에 머물되 인과를 버리지 않는다

비유하자면 '허공'과 같으니, 허공은 시방 가운데 '과거 · 미래 · 현재'를 통해 구하여 얻을 수 없다. 그러나 허공이 없는 것은 아니다. 보살도 이와 같으니, '일체의 법'을 모두 얻을 수 없

---

269 절대계와 현상계가 모두 일법계一法界일 뿐이다!

으나 일체의 법이 없는 것은 아님을 관찰하니, 실상 그대로여서 다름이 없다.

① '짓는 것'을 잃어버리지 않아서, '보살의 여러 행위'를 닦음을 두루 보인다. ② '큰 서원'을 버리지 않아서 중생을 조복시킨다. ③ 올바른 '진리의 수레바퀴'(法輪)를 굴려서 '인과'를 무너뜨리지 않는다. ④ 또한 '평등하고 미묘한 법'을 어기지 않는다. ⑤ '3세의 모든 여래들'과 두루 함께하여, '부처의 종자'가 끊어지지 않게 하고 실상을 무너지지 않게 한다.

⑥ '법法'에 깊이 들어가서, 변론하는 재능이 다함이 없다. ⑦ '법'을 듣고 집착하지 않으나, '법의 깊은 곳'에 이른다. ⑧ '법'을 잘 설명하여 마음에 두려움이 없다. ⑨ '부처님이 머무는 곳'을 떠나지 않으며, '세간법'도 어기지 않는다. ⑩ '세간'에 두루 나타나되, 세간에 집착하지 않는다.

譬如虛空 於十方中 若去來今 求不可得 然非無虛空 菩薩如是 觀一切法 皆不可得 然非無一切法 如實無異 不失所作 普示修行菩薩諸行 不捨大願 調伏衆生 轉正法輪 不壞因果 亦不違於平等妙法 普與三世 諸如來等 不斷佛種 不壞實相 深入於

法 辯才無盡 聞法不著 至法淵底 善能開演 心無所畏 不捨佛住 不違世法 普現世間 而不著世間

9. 보살의 길에 안주하라

보살은 이와 같이 '얻기 어려운 지혜의 마음'을 성취하여 여러 행위를 닦고 익힌다. 그리고 '3악도'(지옥·아귀·축생)에서 중생을 뽑아내어 교화시키고 조복시켜서, '3세 모든 부처님의 길'에 편안하게 머물게 하여 요동하지 않게 한다.

이때 다시 생각하길 "세간의 중생은 은혜의 갚음을 모르고, 서로 대적하여 사특한 견해에 집착하여 미혹하고 전도되며, 어리석고 지혜가 없어서 '신심信心'이 없으며, 나쁜 벗을 따라 온갖 악한 꼼수를 일으키며, 탐욕과 애착과 무명과 갖가지 번뇌가 모두 충만하니, 내가 '보살행'을 닦을 자리이다!

만약 은혜를 알고 총명하고 지혜로운 이해와 선지식이 세간에 충만하면, 나는 그 가운데서 보살행을 닦지 않을 것이다. 왜 그러한가? 나는 중생에게 바라거나 꺼려하는 것이 없으며, 한

터럭 내지 한 글자의 칭찬의 말도 기대하지 않을 것이다. 미래의 겁이 다하도록 '보살의 행위'를 닦되, 한 생각이라도 자신만을 위하지 않고, 오직 일체 중생을 해탈시켜서 청정하게 하고 영원히 초월하여 떠나게 하고자 함일 뿐이다."라고 하였다.

菩薩如是 成就難得智慧心 修習諸行 於三惡趣 拔出衆生 敎化調伏 安置三世 諸佛道中 令不動搖 復作是念 世間衆生 不知恩報 更相讐對 邪見執著 迷惑顚倒 愚癡無智 無有信心 隨逐惡友 起諸惡慧 貪愛無明 種種煩惱 皆悉充滿 是我所修 菩薩行處 設有知恩 聰明慧解 及善知識 充滿世間 我不於中 修菩薩行 何以故 我於衆生 無所適莫 無所冀望 乃至不求一縷一毫 及以一字 讚美之言 盡未來劫 修菩薩行 未曾一念 自爲於己 但欲度脫一切衆生 令其淸淨 永得出離

10. 중생의 리더인 보살

왜 그러한가? 중생 가운데 '밝은 인도자'[270]가 되는 이는, 법

---

270 '보살'(깨달은 중생)은 중생의 리더이자 목자이니, 유가의 '군자君子'(leader)에 해당한다.

法이 응당 이와 같아서 집착하지도 구하지도 않는다. 단지 중생을 위해 '보살의 길'을 닦아서, 그들을 편안한 저쪽 언덕에 이르게 하여 '최고의 올바르고 원만한 깨달음'을 성취하게 할 뿐이다. 이것을 보살마하살의 '제8 난득행'이라고 부른다.

何以故 於衆生中 爲明導者 法應如是 不取不求 但爲衆生 修菩薩道 令其得至安隱彼岸 成阿耨多羅三藐三菩提 是名菩薩摩訶薩 第八難得行

유튜브(YouTube) | 윤홍식의 화엄경 강의 – 8지

10. 진리를 자유로이 설하는 단계, 9지 선혜지善慧地

1. 9지에 나아감

이때 금강장 보살이 해탈월 보살에게 말하였다. 불자여, 만약 보살마하살이 이와 같이 '무량한 지혜'로 생각하여 헤아리고 관찰하여, ① 더욱 뛰어난 '적멸(열반)·해탈'을 다시 구하며, ② 다시 '여래의 지혜'를 닦으며, ③ '여래의 비밀스러운 법'을 깨우쳐 들어가며, ④ '불가사의한 큰 지혜의 성품'을 관찰하며, ⑤ '다라니와 삼매의 문'을 청정하게 하며,

⑥ '광대한 신통'을 갖추며, ⑦ '차별상을 지닌 세계'에 들어가며, ⑧ '여래의 힘'(十力)과 '두려움이 없음'(四無畏)과 '함께하지 않는 부처의 법'(十八不共法)을 닦으며, ⑨ 모든 부처님을 따라 '법륜法輪'(진리의 수레바퀴)을 굴리며, ⑩ '큰 연민의 본원력'

을 버리지 않으면, 보살의 제9 선혜지에 들어가게 된다.

爾時金剛藏菩薩 告解脫月菩薩言 佛子 菩薩摩訶薩 以如是 無量智 思量觀察 欲更求轉勝 寂滅解脫 復修習如來智慧 入如 來祕密法 觀察不思議大智性 淨諸陀羅尼三昧門 具廣大神通 入差別世界 修力無畏不共法 隨諸佛轉法輪 不捨大悲本願力 得入菩薩第九善慧地

2. 여실한 지혜를 성취함

불자여, 보살마하살은 이 '선혜지'에 머물면서, ① '선·악·무기無記'의 법의 작용을 실상 그대로 알며, ② '번뇌가 있음'(有漏)과 '번뇌가 없음'(無漏)의 법의 작용을 실상 그대로 알며, ③ '세간'과 '출세간'의 법의 작용을 실상 그대로 알며, ④ '헤아릴 수 있음'과 '헤아릴 수 없음'의 법의 작용을 실상 그대로 알며,

⑤ '정해진 것'과 '정해지지 않은 것'의 법의 작용[271]을 실상

---

271 5가지 성품(五性)을 지닌 중생 :
  ① 성문정성聲聞定性 : 성문으로 정해진 성품을 지닌 중생

그대로 알며, ⑥ '성문'과 '독각'의 법의 작용을 실상 그대로 알며, ⑦ '보살행'의 법의 작용을 실상 그대로 알며, ⑧ '여래지'의 법의 작용을 실상 그대로 알며, ⑨ '유위의 법'의 작용을 실상 그대로 알며, ⑩ '무위의 법'의 작용을 실상 그대로 안다.

佛子 菩薩摩訶薩 住此善慧地 如實知善不善 無記法行 有漏無漏法行 世間出世間法行 思議不思議法行 定不定法行 聲聞獨覺法行 菩薩行法行 如來地法行 有爲法行 無爲法行

3. 9지 보살의 지혜

이 보살은 이와 같은 지혜로, ① '중생심의 빽빽한 숲(정글)'을 실상 그대로 알며, ② '번뇌의 빽빽한 숲'을 실상 그대로 알며, ③ '업의 빽빽한 숲'을 실상 그대로 알며, ④ '근기의 빽빽한 숲'을 실상 그대로 알며, ⑤ '지혜의 빽빽한 숲'을 실상 그대로 알며,

---

② 연각정성緣覺定性 : 연각으로 정해진 성품을 지닌 중생
③ 보살정성菩薩定性(여래정성) : 보살로 정해진 성품을 지닌 중생
④ 부정승성不定乘性 : 수레가 정해지지 않은 성품을 지닌 중생
⑤ 무성천제無性闡提 : 깨달음을 얻을 성품이 없는 중생

⑥ '성품의 빽빽한 숲'을 실상 그대로 알며, ⑦ '즐기는 것과 수면隨眠(근본번뇌)[272]의 빽빽한 숲'을 실상 그대로 알며, ⑧ '다시 생명을 받음의 빽빽한 숲'을 실상 그대로 알며, ⑨ '습기와 상속의 빽빽한 숲'을 실상 그대로 알며, ⑩ '3가지 무리(3취三聚)[273]의 빽빽한 숲'을 실상 그대로 안다.

此菩薩 以如是智慧 如實知衆生心稠林 煩惱稠林 業稠林 根稠林 解稠林 性稠林 樂欲稠林 隨眠稠林 受生稠林 習氣相續稠林 三聚差別稠林

---

272 '수면隨眠'은 '따라다니는 잠재된 번뇌의 종자' '근본번뇌'를 말하며, '6 · 7 · 10수면' 등으로 나뉜다. 이러한 근본번뇌(本惑)에서 파생된 2차적 번뇌를 '지말번뇌枝末煩惱' '수번뇌隨煩惱(隨惑)라고 한다. 근본번뇌의 3가지 핵심은 ① 탐貪 ② 진瞋 ③ 치痴이며, 10수면은 다음과 같다.
① 탐貪(욕탐欲貪과 유탐有貪) ② 진瞋 ③ 의疑 ④ 만慢 ⑤ 무명無明 ⑥ 유신견有身見(5온을 나 · 나의 것으로 집착하는 견해) ⑦ 변집견邊執見(극단적인 것에 집착하는 견해, 단견斷見과 상견常見) ⑧ 사견邪見(인과법을 부정하는 그릇된 견해) ⑨ 계금취戒禁取(그릇된 계율에 집착하는 견해) ⑩ 견취見取(자신의 견해에 집착)

273 3취三聚(3가지 무리) :
① 정정취正定聚 : 반드시 성불할 무리
② 사정취邪定聚 : 반드시 지옥에 갈 무리
③ 부정취不定聚 : 정해지지 않은 무리

4. 중생을 교화하는 9지 보살

불자여, 보살이 이러한 지혜에 따르고 순응하면 '선혜지에 안주한 이'라고 부른다. 보살이 이 경지에 안주하면, 중생들의 모든 행위의 다양성을 깨달아 알고 교화하여 악을 굴복시켜 해탈을 얻게 한다.

불자여, 이 보살은 '성문승의 법' '독각승의 법' '보살승의 법'과 '여래지의 법'을 잘 설명한다. 일체의 행위 하는 곳에서 지혜에 따라 행하니, 중생의 근기와 성품과 욕망과 이해수준, 행하는 바가 다름, 여러 갈래의 다양성에 따라, 또한 타고난 번뇌, 수면隨眠과 결박, 모든 업과 습기에 따라 진리를 설명하여, 중생들로 하여금 믿고 이해하게 하여 지혜를 증진시켜서, 각각 그 승乘(수레)에서 해탈하게 한다.

佛子 菩薩隨順如是智慧 名住善慧地 住此地已 了知衆生諸行差別 敎化調伏 令得解脫 佛子 此菩薩 善能演說聲聞乘法獨覺乘法 菩薩乘法 如來地法 一切行處 智隨行故 能隨衆生根性欲解 所行有異 諸聚差別 亦隨受生煩惱眠縛 諸業習氣 而爲說法 令生信解 增益智慧 各於其乘 而得解脫

5. 4가지 장애가 없는 지혜

불자여, 보살은 이 선혜지에 머물면서 '위대한 진리의 스승'(大法師)이 되어 법사의 행위를 갖추고, '여래의 진리의 창고'(如來法藏)를 잘 지키고 보호하여, 무량하게 뛰어난 솜씨의 지혜로 '4가지 장애가 없는 변론'(四無礙辯)을 일으키고, 보살의 말(言辭)을 써서 진리를 설명한다. 이 보살은 항상 '4가지 장애가 없는 지혜'(四無礙智)[274]와 함께하여 잠깐이라도 떠나지 않는다.

무엇이 그 '4가지 장애가 없는 지혜'인가? ① '법무애지法無礙智'(법에 장애가 없는 지혜) ② '의무애지義無礙智'(의미에 장애가 없는 지혜) ③ '사무애지辭無礙智'(말에 장애가 없는 지혜) ④ '낙설무애지樂說無礙智'(즐겨 말함에 장애가 없는 지혜, 辯無礙智)가 그것이다.

---

274 4무애해四無碍解(온갖 법상法相에 대해 바르게 이해하는 보살의 지혜) :
  ① 법무애해法無碍解 : 일체의 진리에 막힘이 없음. 문자(文)·단어(名)·문장(句)에 막힘이 없음
  ② 의무애해義無碍解 : 일체의 의미에 막힘이 없음. 문자(文)·단어(名)·문장(句)의 의미에 막힘이 없음
  ③ 사무애해詞無碍解 : 일체의 진리와 의미를 말로 풀이하는 언사에 막힘이 없음. 문자(文)·단어(名)·문장(句)·의미(義)를 말로 풀이하는 언사에 막힘이 없음
  ④ 변무애해辯無碍解 : 일체의 변론(자명한 근거에 바탕을 둔 자명한 변론)에 막힘이 없음

이 보살은 ① '법무애지法無礙智'로 모든 법의 자체의 형상(自相)을 알며, ② '의무애지義無礙智'로 모든 법의 차별의 형상(別相)을 알며, ③ '사무애지辭無礙智'로 착오와 오류가 없이 설명하며, ④ '낙설무애지樂說無礙智'(辯無礙智)로 모든 법이 이어져 끊어지지 않음을 논리적으로 설명한다.

 佛子 菩薩住此善慧地 作大法師 具法師行 善能守護如來法藏 以無量善巧智 起四無礙辯 用菩薩言辭 而演說法 此菩薩 常隨四無礙智轉 無暫捨離 何等爲四 所謂法無礙智 義無礙智 辭無礙智 樂說無礙智 此菩薩 以法無礙智 知諸法自相 義無礙智 知諸法別相 辭無礙智 無錯謬說 樂說無礙智 無斷盡說

6. 위대한 법사인 9지 보살

 불자여, 보살이 제9지에 머물면서, 이와 같이 뛰어난 솜씨의 '장애가 없는 지혜'를 얻고, 여래의 신묘한 '진리의 창고'를 얻어서, '위대한 법사法師'가 된다. 그리하여 ① 의미의 다라니(義

陀羅尼)[275] ② 진리의 다라니(法陀羅尼) ③ 지혜의 다라니(智陀羅尼) ④ 광명한 빛의 다라니(光照陀羅尼) ⑤ 뛰어난 지혜의 다라니(善慧陀羅尼) ⑥ 많은 재보의 다라니(衆財陀羅尼) ⑦ 위덕의 다라니(威德陀羅尼) ⑧ 장애가 없는 문의 다라니(無礙門陀羅尼) ⑨ 끝이 없는 다라니(無邊際陀羅尼) ⑩ 다양한 의미의 다라니(種種義陀羅尼)를 얻는다.

이와 같은 백만 아승지의 '다라니의 문'을 모두 원만하게 얻으며, 백만 아승지의 뛰어난 솜씨의 음성과 변론하는 재능으로 진리를 설명한다. 이 보살은 이러한 백만 아승지의 다라니의 문을 얻어서, 헤아릴 수 없는 부처님의 앞에서, 모두 이와 같은 백만 아승지의 다라니의 문으로 올바른 진리를 들으며, 듣고서는 잊어버리지 않으며, 헤아릴 수 없는 '차별의 문'으로 다른 이들을 위하여 진리를 설명한다.

佛子 菩薩住第九地 得如是善巧無礙智 得如來妙法藏 作大法師 得義陀羅尼 法陀羅尼 智陀羅尼 光照陀羅尼 善慧陀羅尼

---

275 다라니(摠持):
부처님의 가르침의 정수를 모아서 간직하는 것을 말한다. 불법의 정수를 모두 담은 '주문'을 의미하는 경우가 많으나, 『화엄경』에서는 불법의 정수를 갖춘 '공성' 자체를 의미한다. 공성 그 자체가 불법의 창고이기 때문이다.

衆財陀羅尼 威德陀羅尼 無礙門陀羅尼 無邊際陀羅尼 種種義陀羅尼 如是等 百萬阿僧祇陀羅尼門 皆得圓滿 以百萬阿僧祇善巧音聲辯才門而演說法 此菩薩 得如是百萬阿僧祇陀羅尼門已 於無量佛所 一一佛前 悉以如是百萬阿僧祇陀羅尼門 聽聞正法 聞已不忘 以無量差別門 爲他演說

7. 무량한 법문을 얻은 9지 보살

이 보살은 처음 부처님을 뵈었을 때 머리를 조아려 예경하고, 부처의 처소에서 '무량한 법문法門'을 얻었다. 이때 얻은 법문은, 저 부처님 말씀을 잘 듣고 기억하는 큰 성문聲聞들이 백천 겁이 지나도 능히 받을 수 없는 것이다. 이 보살은 이러한 '다라니'(摠持)와 이러한 '장애가 없는 지혜'를 얻어서, 법좌에 앉아서 법을 설명할 때, 3천대천세계에 가득 찬 중생들의 마음이 즐기는 바에 따라 차별하여 설명을 한다.

오직 모든 '부처님'과 '부처의 직책을 받은 보살'(受職菩薩)을 제외하고는, 그 나머지 모든 대중들은 위엄 있는 덕과 광명함에 있어서 능히 이 보살에 비할 수가 없다. 이 보살이 법좌에 앉아서, 하나의 음성으로 모든 대중들로 하여금 이해하여 깨닫게 하면 곧 모두 이해하여 깨닫게 되며, 어떤 때는 원하면 각종의 음성으로 대중들로 하여금 모두 깨닫게 하며, 어떤 때는 원하면 마음에서 큰 광명을 발하여 법문을 설명한다.

此菩薩 初見於佛 頭頂禮敬 卽於佛所 得無量法門 此所得法門 非彼聞持 諸大聲聞 於百千劫 所能領受 此菩薩 得如是陀羅尼 如是無礙智 坐於法座 而說於法 大千世界 滿中衆生 隨其心樂差別爲說 唯除諸佛 及受職菩薩 其餘衆會 威德光明 無能與比 此菩薩 處於法座 欲以一音 令諸大衆 皆得解了 卽得解了 或時欲以種種音聲 令諸大衆 皆得開悟 或時心欲放大光明 演說法門

8. 9지 보살의 위대한 설법

불자여, 이 보살은 가령 3천대천세계의 모든 중생이 모두 그 앞에 이르러, 한 명씩 모두 '무량한 말'로 어려운 질문을 하고, 각각의 어려운 질문이 모두 다르더라도, 보살은 한 찰나에 모두 파악하고 하나의 음성으로 두루 풀이하여, 중생들의 마음이 즐기는 바에 따라 모두 환희하게 한다.

    이와 같이 헤아릴 수 없는 세계의 모든 중생들이 한 찰나의 사이에 한 명씩 모두 무량한 말로 어려운 질문을 일으키고, 각각의 어려운 질문이 모두 다르더라도, 보살은 한 찰나에 모두를 파악하고 또한 하나의 음성으로 두루 풀이하여, 중생들의 마음이 즐기는 바에 따라 모두 환희하게 한다.

    또한 헤아릴 수 없이 헤아릴 수 없는 세계에 가득 찬 모든 중생들도, 보살이 모든 중생들의 마음이 즐기는 바와 근기와 이해 수준에 따라 법을 설명한다. 그리고 '부처님의 신통력'을 받들고 널리 '부처님의 사업'을 지어서, 두루 일체 중생의 의지처가 된다.

    佛子 此菩薩 假使三千大千世界 所有衆生咸至其前 一一皆以無量言音 而興問難 一一問難 各各不同 菩薩於一念頃 悉能領受 仍以一音 普爲解釋 令隨心樂 各得歡喜 如是乃至不可說世界所有衆生 一刹那間 一一皆以無量言音 而興問難 一一問難 各各不同 菩薩於一念頃 悉能領受 亦以一音 普爲解釋 各隨心樂 令得歡喜 乃至不可說不可說世界 滿中衆生 菩薩皆能

隨其心樂 隨根隨解 而爲說法 承佛神力 廣作佛事 普爲一切作所依怙

9. 지혜의 광명함의 성취

불자여, 이 보살은 다시 정진하여 '지혜의 광명함'(智明)을 성취하니, 가령 하나의 털끝에 헤아릴 수 없는 세계의 미진微塵의 수와 같은 모든 부처님의 회중會衆이 있다고 한다면, 각각의 회중에는 헤아릴 수 없는 세계의 미진의 수와 같은 중생이 있고, 각각의 중생에게는 헤아릴 수 없는 세계의 미진의 수와 같은 성품과 욕망이 있을 것이다.

이때 저 모든 부처님이 그들의 '성품'과 '욕심'에 따라 각각 법문을 베풀어 줄 것이니, 한 털끝에서와 같이 일체 법계의 모든 곳에서 이와 같을 것이다. 이와 같이 설명하신 '무량한 법문'을 보살은 한 찰나 중에 모두 파악하고 잊어버리지 않을 것이다.

佛子 此菩薩 復更精進 成就智明 假使一毛端處 有不可說世

界微塵數 諸佛衆會 一一衆會 有不可說世界 微塵數衆生 一一
衆生 有不可說世界 微塵 數性欲 彼諸佛 隨其性欲 各與法門
如一毛端處 一切法界處 悉亦如是 如是所說 無量法門 菩薩於
一念中 悉能領受 無有忘失

10. 9지 보살의 공양과 회향

불자여, 보살이 이 제9지에 머물면서, 낮밤으로 정진에 몰입하여 다시 다른 생각이 없으며, 오직 부처님의 경계에 들어가고, 여래를 친히 가까이 하며, 모든 보살의 매우 깊은 해탈에 들어가서, 항상 삼매에 머물며 늘 모든 부처님을 친견하는 것을 떠난 적이 없다.[276] 각각의 겁 가운데 무량한 부처님, 무량한 백의 부처님, 무량한 천의 부처님, 내지 무량한 백천억 나유타의 부처님을 뵙고, 받들어 섬기고 공양한다.

또한 모든 부처님의 처소에서 각종의 어려운 질문을 하여, 법

---

276 항상 삼매에 머물며, 부처님을 친견하여 떠나지 않으니, '회향'이 자동으로 일어난다. 그래서 회향에 대해 따로 설명하지 않고 있다. 9지 보살의 '회향'은 '무박무착해탈회향無縛無著解脫廻向'(10회향 중 9회향에 해당함)이니, 얽매임과 집착이 없이 해탈하는 회향이다.

문을 설명하는 다라니를 얻어서, 선근이 더욱 밝고 청정해진다. … 이 보살은 10바라밀 가운데 '능력바라밀'(역力은 10바라밀, 6바라밀의 실천 능력)을 특히 많이 닦는다. 나머지를 닦지 않는 것은 아니나, 다만 역량과 분수에 따를 뿐이다.

佛子 菩薩住此第九地 晝夜專勤 更無餘念 唯入佛境界 親近如來 入諸菩薩甚深解脫 常在三昧 恒見諸佛 未曾捨離 一一劫中 見無量佛 無量百佛 無量千佛 乃至無量百千億那由他佛 恭敬尊重 承事供養 於諸佛所 種種問難 得說法陀羅尼 所有善根 轉更明淨 … 此菩薩 十波羅蜜中 力波羅蜜最勝 餘波羅蜜 非不修行 但隨力隨分

••• 9지 선혜지善慧地의 경지

　9지의 경지는 '선혜지善慧地'(진리를 자유자재로 설하는 단계)라고 불리며, '심자재지心自在地'(중생의 마음에 자유자재한 경지)라고도 불립니다. '6바라밀'의 신령한 발현을 막는 업장을 정화하는 경지이며, '6바라밀의 근본원리'의 방편에 대한 자명한 이해가 가능한 경지입니다.[277]

　'이타중불욕행장利他中不欲行障'(이타행을 방해하는 이기적인 장애)을 끊고, '지자재소의진여智自在所依眞如'(지혜가 자유자재한 진여)를 얻는 단계입니다. 뛰어난 '장애가 없는 지혜'(4무애해四無碍解)[278]를 얻어서 6바라밀(10바라밀)을 신령하게 발현할 힘을 갖

277　9지는 6바라밀의 근본원리의 방편에 대한 법인法忍의 단계이다.

278　4무애해四無碍解 :
　　① 법무애해法無碍解　② 의무애해義無碍解　③ 사무애해詞無碍解　④ 변무애해辯

추게 됩니다. 일체 중생의 마음을 있는 그대로 알아차리는 '심자재心自在'의 경지입니다.

10바라밀 중에는 '능력(力)바라밀'[279]이 뛰어납니다. 10단계의 실천(10행) 중에는 9행인 '선법행善法行'(세간·출세간법을 자유자재로 설법하는 실천)을 닦으며, 10단계의 회향(10회향) 중에는 9회향인 '무박무착해탈회향無縛無著解脫廻向'(얽매임과 집착이 없이 해탈하는 회향)을 닦습니다.

10단계의 안주(10주) 중에는 '법왕자주法王子住'(세간법과 출세간법을 자유로이 설법하여, 법왕의 태자가 됨에 안주함)에 해당합니다. 밀교적으로 6바라밀(10바라밀)을 신령하게 발현하는 단계이니, '뛰어난 정광명'과 '청정한 환신'을 쌍으로 닦아서, '법왕'(10지 보살, 부처의 직책을 받은 자리)의 태자가 되는 단계입니다.

無碍解

279 능력(力)바라밀(바라밀의 힘이 신령해짐) :
  ① 수습력修習力 : 닦고 익히는 능력으로 '방편'에 해당함
  ② 사택력思擇力 : 사유하여 결택하는 능력으로 '반야'에 해당함

••• 9주 법왕자주法王子住의 경지

형체가 완성되어 '태胎'를 벗어나서 친히 부처님의 분신이 되니 '법왕자주'라고 한다.[280]

形成出胎 親爲佛子 名法王子住 (『능엄경』)

---

[280] 도교道敎의 '구전금단九轉金丹'(9단계를 거쳐 단련한 내단內丹)의 경지. '법신의 몸'인 '보신報身'(금강신·환신)을 닦아 '지적 장애'를 제거하여, '부처의 지혜'를 계승하기 위해 더욱 정진하는 단계이다.

··· 9지 보살의 핵심 수행, 능력바라밀

① '심오한 마음의 능력(힘)'을 갖추었으니 잡되게 오염됨이 없기 때문이며, ② '심오한 믿음의 능력'을 갖추었으니 꺾어 굴복시킬 수 없기 때문이며, ③ '큰 연민의 능력'을 갖추었으니 지치고 싫증내지 않기 때문이며, ④ '큰 자애의 능력'을 갖추었으니 행하는 바가 평등하기 때문이며, ⑤ '모두 기억하는 능력'을 갖추었으니 방편으로 일체의 의미를 모두 기억하기 때문이며,

⑥ '변재辯才의 능력'을 갖추었으니 일체의 중생으로 하여금 기뻐 만족하게 하기 때문이며, ⑦ '바라밀의 능력'을 갖추었으니 대승을 장엄하게 하기 때문이며, ⑧ '서원의 능력'을 갖추었으니 영원히 끊어지지 않기 때문이며, ⑨ '신통의 능력'을 갖추었으니 무량한 것을 낳기 때문이며, ⑩ '가피를 입게 하는 능력'을 갖추었으니 믿고 이해하는 이로 하여금 수령하게 하기 때문

이니, 이것이 '능력바라밀'을 청정하게 함이다.

具深心力 無有雜染故 具深信力 無能摧伏故 具大悲力 不生疲厭故 具大慈力 所行平等故 具總持力 能以方便 持一切義故 具辯才力 令一切衆生 歡喜滿足故 具波羅蜜力 莊嚴大乘故 具大願力 永不斷絶故 具神通力 出生無量故 具加持力 令信解領受故 是則能淨力波羅蜜 (『화엄경』「명법품」)

··· 9행 선법행善法行의 닦음

1. 진리의 연못이 되어 진리를 수용하라

불자여, 어떤 것이 보살마하살의 '선법행善法行'인가? 이 보살이 일체 세간의 하늘사람·사람·마군·범천·사문·브라만·건달바[281] 등을 위하여 '청량한 법의 연못'이 되어 '올바른 법'을 수용하여 지니고 '부처의 종자'를 끊어지지 않게 한다.

① '청정하고 광명한 다라니'(지혜의 창고)를 얻었기에 '법法'을 설명하고 수기授記함에 변론하는 재능이 다함이 없으며, ② '의미를 두루 갖춘 다라니'를 얻었기에 의미(義)를 변론하는 재

---

281 건달바(Gandharra):
동방지국천왕의 부하인 음악을 연주하는 신으로, 향과 음악을 즐기며 음료와 약품을 제공하는 신이다.

능이 다함이 없으며, ③ '진실한 법을 깨닫는 다라니'를 얻었기에 진리(法)를 변론하는 능력이 다함이 없다.

④ '말로 풀이하는 다라니'를 얻었기에 언사(辭)를 변론하는 재능이 다함이 없으며, ⑤ '끝이 없는 문자(文, 음소)·문장(句)과 다함이 없는 의미(義)에 막힘이 없는 문의 다라니'를 얻었기에 막힘 없이 변론하는 재능이 다함이 없으며, ⑥ '부처님의 관정灌頂(정수리에 물을 부음)의 다라니'를 얻어서 그 정수리에 물을 부었기에 중생을 환희하게 하는 변론의 재능이 다함이 없다.

⑦ '남으로 말미암지 않고 깨닫는 다라니'를 얻었기에 광명한 변론의 재능이 다함이 없으며, ⑧ '동등한 변론의 재능을 갖춘 다라니의 문'을 얻었기에 동등하게 변론하는 재능이 다함이 없으며, ⑨ '각종 의미(義)의 몸·문장(句)의 몸·문자(文)의 몸을 말로 풀이하는 다라니의 문'을 얻었기에 말로 풀이하는 변론의 재능이 다함이 없으며, ⑩ '끝이 없이 순환하는 다라니'를 얻었기에 끝이 없이 변론하는 재능이 다함이 없다.

佛子 何等爲菩薩摩訶薩 善法行 此菩薩 爲一切世間 天人魔梵 沙門婆羅門 乾闥婆等 作淸涼法池 攝持正法 不斷佛種 得

淸淨光明陀羅尼故 說法授記 辯才無盡 得具足義陀羅尼故 義
辯無盡 得覺悟實法陀羅尼故 法辯無盡 得訓釋言辭陀羅尼故
辭辯無盡 得無邊文句無盡義 無礙門陀羅尼故 無礙辯無盡 得
佛灌頂陀羅尼 灌其頂故 歡喜辯無盡 得不由他悟陀羅尼門故
光明辯無盡 得同辯陀羅尼門故 同辯無盡 得種種義身 句身文
身中 訓釋陀羅尼門故 訓釋辯無盡 得無邊旋陀羅尼故 無邊辯
無盡 (『화엄경』「십행품」)

2. 중생의 근기와 욕락에 따라 설법하라

이 보살은 '큰 연민'(大悲)의 마음이 견고하여 3천대천세계에
서 중생을 두루 수용한다. 몸을 황금색으로 바꾸어 불사佛事를
베풀고 지으며, 모든 중생의 '근성'(바탕이 되는 성품)과 '욕락'(원
하고 즐기는 것)에 따라 넓고 긴 혀로 한 음성에 무량한 음을 나
타내어, 때에 응하여 진리를 설명하니 모두를 기쁘게 한다.

此菩薩 大悲堅固 普攝衆生 於三千大千世界 變身金色 施作
佛事 隨諸衆生 根性欲樂 以廣長舌 於一音中 現無量音 應時
說法 皆令歡喜

3. 일체 중생을 위하여 진리를 설하라

보살은 이와 같이 생각한다. "만약 일체의 중생이 이와 같이 '말의 업'으로 다 같이 나에게 질문하더라도, 나는 진리를 설명함에 끊어짐도 없고 다함도 없을 것이다. 그리하여 모두를 기쁘게 할 것이며 '선한 도리'에 안주하게 할 것이다. 또한 '일체의 말'을 잘 이해하여, 능히 중생을 위해 '각종의 진리'를 설명하되, '언어'에 있어서 분별함이 없을 것이다. (언어에 집착하지 않음) 가령 말로 설명할 수 없는 온갖 말로 와서 질문하고 힐난하더라도, 한 생각에 모두 깨닫고 한 음성에 모두 대답하여 두루 깨닫게 하여 의문이 없게 할 것이다."

이것은 '일체의 지혜'로 관정灌頂을 얻었기 때문이며, '장애가 없는 진리의 창고'를 얻었기 때문이며, '일체 진리의 원만하고 광명함'을 얻었기 때문이며, '일체의 지혜에 대한 앎'을 두루 갖추었기 때문이다.

而作是念 設一切衆生 以如是語業 俱來問我 我爲說法 無斷無盡 皆令歡喜 住於善道 復令善解一切言辭 能爲衆生 說種種法 而於言語 無所分別 假使不可說不可說 種種言辭 而來問難

一念悉領 一音咸答 普使開悟 無有遺餘 以得一切智灌頂故 以得無礙藏故 以得一切法 圓滿光明故 具足一切智智故

4. 중생을 이롭게 하되 중생에 집착하지 말라

불자여, 이 보살마하살은 '선법행'에 안주함에, 능히 스스로 청정하고, 또한 능히 집착이 없는 방편으로 일체의 중생을 두루 넉넉하게 이롭게 하되, 중생이 해탈을 얻음을 보지 아니한다.[282]

이 3천대천세계에서와 같이, 내지 말로 설명할 수 없는 3천대천세계에서와 같이, 몸을 황금빛으로 바꾸고 신묘한 음성을 두루 갖추고서, 일체의 법에 걸림이 없이 불사를 짓는다.

---

282 9지 보살은 오직 '공성의 인도'에 따라 바라밀을 실천하여 중생을 이롭게 할 뿐, 중생의 해탈에 집착하지 않는다. '중생'이라는 형상과 '해탈'이라는 형상을 초월하여, 매 순간 '공성'(불성)을 현상계에서 바라밀로 구현할 뿐이다.
"보살은 이 모두를 '무여열반無餘涅槃'에 들어가게 하여 해탈시킨다고 해야 한다. 그러나 이와 같이 헤아릴 수 없고 끝이 없는 중생을 해탈시킨다고 하여도, 실제로는 해탈을 얻은 중생은 없는 것이다. 왜 그러한가? 수보리여, 만약 보살이 '개체적인 자아가 있다는 형상'(我相) '사람이 있다는 형상'(人相) '중생이 있다는 형상'(衆生相) '나이를 먹는 존재라는 형상'(壽者相)이 있으면, 보살이 아니기 때문이다."
(我皆令入無餘涅槃 而滅度之 如是滅度無量無數無邊衆生 實無衆生得滅度者 何以故 須菩提 若菩薩 有我相 人相 衆生相 壽者相 卽非菩薩,『금강경金剛經』)

佛子 此菩薩摩訶薩 安住善法行已 能自淸淨 亦能以無所著 方便 而普饒益一切衆生 不見有衆生 得出離者 如於此三千大 千世界 如是乃至於不可說 三千大千世界 變身金色 妙音具足 於一切法 無所障礙 而作佛事

5. 10가지 몸의 성취

 불자여, 이 보살마하살은 10가지 몸을 성취한다. 이른바 ① 끝이 없는 법계에 들어가되 '6취가 아닌 몸'(非趣身)이니 일체 세간을 멸하기 때문이며, ② 끝이 없는 법계에 들어가는 '모든 6취의 몸'(諸趣身)이니 일체 세간이 생겨나기 때문이며, ③ '생겨나지 않는 몸'(不生身)이니 불생불멸의 평등한 법에 머물기 때문이며, ④ '소멸하지 않는 몸'(不滅身)이니 일체가 소멸하여 말로 설명할 수 없기 때문이며, ⑤ '진실하지 않은 몸'(不實身)이니 진실 그대로이기 때문이다.[283]

 ⑥ '망령되지 않은 몸'(不妄身)이니 응함을 따라 나타난 몸(應

---

[283] '진리의 몸'은 일체의 이원성을 초월하니, '허실虛實'을 따질 수 없다.

身)이기 때문이며, ⑦ '옮기지 않는 몸'(不遷身)이니 여기에서 죽어서 저기서 태어남을 떠난 몸이기 때문이며, ⑧ '무너지지 않는 몸'(不壞身)이니 법계의 본성이 무너지지 않기 때문이며, ⑨ '한 형상의 몸'(一相身)이니 3세의 언어의 길이 끊어졌기 때문이며, ⑩ '형상이 없는 몸'(無相身)이니 법의 형상을 잘 관찰할 수 있기 때문이다.[284]

佛子 此菩薩摩訶薩 成就十種身 所謂入無邊法界 非趣身 滅一切世間故 入無邊法界 諸趣身 生一切世間故 不生身 住無生平等法故 不滅身 一切滅言說不可得故 不實身 得如實故 不妄身 隨應現故 不遷身 離死此生彼故 不壞身 法界性無壞故 一相身 三世語言道斷故 無相身 善能觀察法相故

6. 일체 중생을 진리로 구원하라

보살이 이와 같은 10가지 몸을 성취하면, ① '일체 중생의 집'이 되니 일체의 선한 근기(善根)를 길러 주기 때문이며, ②

---

[284] '형상'을 초월해야 '만법의 형상'을 잘 관찰하고 설명할 수 있다.

'일체 중생의 구원자'가 되니 중생들로 하여금 크게 편안함을 얻게 하기 때문이며, ③ '일체 중생의 귀의처'가 되니 크게 의지처가 되기 때문이며, ④ '일체 중생의 인도자'가 되니 그들로 하여금 최고의 해탈을 얻게 하기 때문이며, ⑤ '일체 중생의 스승'이 되니 그들로 하여금 진실한 법 가운데 들어가게 하기 때문이다.

⑥ '일체 중생의 등불'이 되니 그들로 하여금 업보를 훤히 보게 하기 때문이며, ⑦ '일체 중생의 빛'이 되니 그들로 하여금 깊고 심오하고 신묘한 법을 비추어 보게 하기 때문이며, ⑧ '일체 3세의 횃불'이 되니 그들로 하여금 진실한 법을 깨닫게 하기 때문이며, ⑨ '일체 세간의 비춤'이 되니 그들로 하여금 광명한 땅으로 들어가게 하기 때문이며, ⑩ '일체 모든 6취의 광명함'이 되니 여래의 자유자재함을 나타내 보이기 때문이다.

불자여, 이것을 보살마하살의 '제9 선법행'이라고 부른다. 보살은 이러한 행위에 안주하여 일체 중생을 위하여 청량한 진리의 연못이 되니, 일체 불법의 근원을 다하였기 때문이다.

菩薩成就如是十種身 爲一切衆生舍 長養一切善根故 爲一

切衆生救 令其得大安隱故 爲一切衆生歸 與其作大依處故 爲一切衆生導 令得無上出離故 爲一切衆生師 令入眞實法中故 爲一切衆生燈 令其明見業報故 爲一切衆生光 令照甚深妙法故 爲一切三世炬 令其曉悟實法故 爲一切世間照 令入光明地中故 爲一切諸趣明 示現如來自在故 佛子 是名菩薩摩訶薩 第九善法行 菩薩安住此行 爲一切衆生 作淸涼法池 能盡一切佛法源故

유튜브(YouTube) | 윤홍식의 화엄경 강의 – 9지

11. 진리의 구름이 되는 단계, 10지 법운지法雲地

1. 여래의 직책을 받은 지위

불자여, 보살마하살이 1지에서 9지에 이르기까지 이와 같이 '무량한 지혜'로 관찰하여 깨달아서, ① 잘 사유하고 닦고 익히며, ② '광명한 진리'를 잘 완성하며, ③ 끝이 없는 '깨달음을 돕는 법'(助道法)을 잘 모으며, ④ '큰 복덕'과 '큰 지혜'를 증장시키며, ⑤ '큰 연민'(大悲)을 널리 행하며,

⑥ '세계의 차별성'을 잘 알며, ⑦ '중생계의 빽빽한 숲(정글)'에 잘 들어가며, ⑧ '여래께서 행하는 자리'에 들어가며, ⑨ '여래의 적멸행'을 따라 순복하며, ⑩ '여래의 10가지 힘'과 '4가지 두려움이 없음' '18가지 아라한·보살과 함께하지 않는 법'을 항상 관찰하니, 이것을 '일체의 종류·일체의 지혜에 대한 앎

을 얻어 여래의 직책을 받은 지위(受職位, 관정위灌頂位)'라고 부른다.²⁸⁵

---

285 『화엄경』「십지품」에서는 10지에 오르면서 연꽃의 보좌에 올라 '부처의 직책'을 부여받으나(관정灌頂), 『능가경』에서는 10지에서 관정을 받고 '불지'(개체성을 초월한 부처)에 들어가면서 연화궁에 자리한다고 설명한다(개체성을 초월하면서 연화궁에 머문다는 것이 모순이 됨). 이것이 10지 보살을 궁극의 경지로 보는 『화엄경』(개체성을 지닌 성불을 강조)과, 불지를 궁극의 경지로 보는 『능가경』(개체성을 초월한 성불을 강조)의 차이이다.

"여환삼매를 얻고(8지), 10지를 넘어서서 '심왕心王'을 볼 때, 생각과 식별을 모두 멀리 떠나게 된다. 이때 마음이 전의轉依하면(대원경지大圓鏡智) 상주하여, 연화궁(색구경천)에 있으면서 환희의 경계를 일으킨다. 이미 저 궁에 머물면, 자유자재로 공용이 없이 중생을 이익 되게 하니, 무수한 색깔을 지닌 마니주와 같다."(得如幻三昧 超過於十地 觀見心王時 想識皆遠離 爾時心轉依 是則爲常住 在於蓮花宮 幻境之所起 旣住彼宮已 自在無功用 利益諸衆生 如衆色摩尼, 『능가경』)

"이와 같이 일체법을 관찰하여 '심의식心意識'과 '5법자성'(명名·상相·분별分別·정지正智·진여眞如)을 떠남을, 보살마하살의 '법무아지法無我智'라고 이른다. 이러한 지혜를 얻으면 '경계'가 없음을 아니, 여러 경지(地)의 형상을 깨닫고 곧 1지에 들어간다. 마음에 환희가 생겨나고, 차례대로 점차 나아가, 선혜지(9지)와 법운지(10지)에 이르러 모든 행위가 다 갖추어지게 된다. 이 10지에 머물면 왕과 같은 여러 보배로 장엄한 큰 보배 연꽃이 홀연히 나타난다. 그 연꽃 위에 연꽃 모양의 보배 궁전(연화궁蓮花宮)이 있으니, 보살이 가서 '환성법문幻性法門'(만법은 자성의 환영)의 성취를 닦으며, 그 위에 앉는다. 함께 간 보살(佛子, 부처의 분신)들이 앞뒤로 둘러싸고, 일체 불국토에 계시는 여래들이 모두 그 손을 펴서, 전륜왕자의 관정하는 법처럼 그 정수리에 물을 부어 주면, 불자의 경지를 뛰어넘어 '스스로 증득한 법'(自證法)을 얻어서 '여래의 자유자재한 법신'(如來自在法身)을 성취한다."(如是觀察一切諸法 離心意意識五法自性 是名菩薩摩訶薩 法無我智 得此智 已知無境界 了諸地相卽入初地 心生歡喜次第漸進 乃至善慧及以雲 諸有所作皆悉已辦 住是地已 有大寶蓮花王家寶莊嚴 於其花上有寶宮殿狀如蓮花 菩薩往修幻性法門之所成就 而坐其上 同行佛子前後圍繞 一切佛剎所有如來皆舒其手 如轉輪王子灌頂之法而灌其頂 超佛子地獲自證法 成就如來自在法身, 『능가경』)

"'법운지法雲地'(10지)에 이르러 관정灌頂을 받고 '불지佛地'에 들어가니, 10가지

佛子 菩薩摩訶薩 從初地 乃至第九地 以如是無量智慧 觀察覺了已 善思惟修習 善滿足白法 集無邊助道法 增長大福德智慧 廣行大悲 知世界差別 入衆生界稠林 入如來所行處 隨順如來寂滅行 常觀察如來力無所畏 不共佛法 名爲得一切種一切智智受職位

2. 백만 아승지 삼매의 현전

불자여, 보살마하살은 이러한 지혜로 '여래의 직책을 받은 지위'에 들어가면, ① '보살의 번뇌를 벗어난 삼매'(菩薩離垢三昧), ② '법계의 차별상에 들어가는 삼매'(入法界差別三昧), ③ '장엄한 도량의 삼매'(莊嚴道場三昧), ④ '일체 종류의 화려한 빛의 삼매'(一切種華光三昧), ⑤ '일체를 갈무리한 진리의 바다의 삼매'(海藏三昧),

⑥ '진리의 바다와 하나가 된 삼매'(海印三昧), ⑦ '광대한 허

다함이 없는 서원으로 중생을 성취시키고자 갖가지 모습을 나타내어 쉼이 없으며, 늘 스스로 알아차리는 경계의 삼매의 뛰어난 즐거움에 안주한다." (應至法雲地而受灌頂 入於佛地十無盡願成就衆生 種種應現無有休息 而恒安住自覺境界三昧勝樂, 『능가경』)

공계의 삼매'(虛空界廣大三昧), ⑧ '일체 진리의 자성(근본실상)을 관찰하는 삼매'(觀一切法自性三昧), ⑨ '일체 중생의 마음의 작용을 아는 삼매'(知一切衆生心行三昧), ⑩ '일체의 부처님께서 모두 현전하는 삼매'(一切佛皆現前三昧), 이와 같은 백만 아승지의 삼매가 모두 앞에 나타난다.

佛子 菩薩摩訶薩 以如是智慧 入受職地已 卽得菩薩離垢三昧 入法界差別三昧 莊嚴道場三昧 一切種華光三昧 海藏三昧 海印三昧 虛空界廣大三昧 觀一切法自性三昧 知一切衆生心行三昧 一切佛皆現前三昧 如是等百萬阿僧祇三昧 皆現在前

3. 최후의 삼매

보살은 이러한 일체의 삼매에 들어가고 나옴에 모두 뛰어난 솜씨를 얻으며, 또한 일체의 삼매의 차별상을 잘 깨닫는다. 그 '최후의 삼매'(금강삼매金剛三昧에 해당함)를 '일체의 지혜가 뛰어난 여래의 직책을 받은 지위의 삼매'라고 부른다.

菩薩於此一切三昧 若入若起 皆得善巧 亦善了知一切三昧

所作差別 其最後三昧 名受一切智勝職位

4. 출세간의 선근에서 생겨난 큰 보배 연꽃[286]

이러한 삼매가 현전할 때, '큰 보배 연꽃'이 홀연히 나타난다. 그 꽃은 광대하여 백만 3천대천세계처럼 크며, 온갖 신묘한 보석으로 사이사이 장엄하다. 이 연꽃은 일체 세간의 경계를 초월하여 '출세간의 선한 뿌리'(근본실상)에서 생겨난 것이며, 모든 법法이 환영과 같은 성품임을 아는 온갖 행위에 의해 이루어진다. 이 연꽃은 항상 광명을 뿜어내어 법계를 두루 비추며, 어떤 하늘에도 없는 것이다.

此三昧現在前時 有大寶蓮華 忽然出生 其華廣大 量等百萬三千大千世界 以衆妙寶 間錯莊嚴 超過一切世間境界 出世善根之所生起 知諸法如幻性 衆行所成 恒放光明 普照法界 非諸天處之所能有

---

286 보배 연꽃은 10지 보살이 이룬 '6바라밀의 성취'를 상징한다. 이 연꽃은 '6바라밀의 근본실상'에 뿌리를 둔 '6바라밀의 보편법칙'의 실현에 의해 이루어진다. '불성'에 갖추어진 '6바라밀의 종자'(근본실상)가 '중생성'을 통해 '6바라밀의 꽃'으로 피어난 것이다.

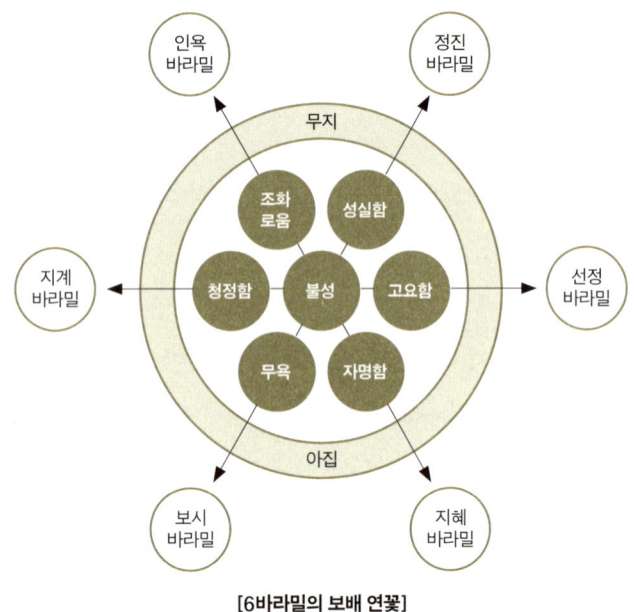

[6바라밀의 보배 연꽃]

5. 연꽃의 보좌에 앉다

그 꽃은 무량한 빛으로 광명하며, 모든 보석을 갈무리한 창고이며, 보석의 그물로 두루 덮여 있고, 열 3천대천세계의 미진수의 연꽃을 권속으로 삼는다. 그때 보살이 최후의 삼매를 얻어 이 '연꽃의 보좌'에 앉으니, 몸의 크고 작음이 알맞았다. 무량한 보살이 권속이 되어 각각 그 나머지 연꽃의 위에 앉아서 주위를 둘러싼다. 그들은 위대한 보살을 일심으로 우러러보며, 모두 각자 백만 삼매를 얻는다.

其華常有無量光明 衆寶爲藏 寶網彌覆 十三千大千世界 微塵數蓮華 以爲眷屬 爾時菩薩 坐此華座 身相大小 正相稱可 無量菩薩 以爲眷屬 各坐其餘蓮華之上 周匝圍遶 一一各得百萬三昧 向大菩薩 一心瞻仰

6. 일체 세계의 진동

불자여, 이 큰 보살과 그 권속들이 함께 연꽃의 보좌에 앉자마자, '광명'과 '말'과 '음성'이 10방의 법계에 두루 충만하여, 일체 세계가 모두 다 진동한다. ① 나쁜 갈래(지옥·축생·아귀)가 모두 휴식을 취하고, ② 국토가 장엄하고 청정해지며, ③ 함께 수행하던 보살이 모두 모여들고, ④ 사람과 하늘사람(天人)의 음악이 동시에 울려 퍼지며, ⑤ 중생이 모두 안락을 얻고, ⑥ 일체의 모든 부처님께 불가사의한 공양이 갖추어지고, ⑦ 일체의 부처님들이 모여서 모두 나타나신다.

佛子 此大菩薩 幷其眷屬 坐華座時 所有光明 及以言音 普皆充滿十方法界 一切世界 咸悉震動 惡趣休息 國土嚴淨 同行菩薩 靡不來集 人天音樂 同時發聲 所有衆生 悉得安樂 以不思議供養之具 供一切佛 諸佛衆會 悉皆顯現

7. 연꽃의 보좌에서 광명을 나툼

불자여, 이 보살은 큰 연꽃의 보좌에 앉자마자, ① '두 발바닥' 아래에서 백만 아승지의 광명을 발하여 10방의 모든 '큰 지옥'을 두루 비추어 중생의 고통을 소멸시킨다. ② '두 무릎'에서 백만 아승지의 광명을 발하여 10방의 '축생의 갈래'를 두루 비추어 중생의 고통을 소멸시킨다. ③ '배꼽'에서 백만 아승지의 광명을 발하여 10방의 모든 '아귀의 세계'를 두루 비추어 중생의 고통을 소멸시킨다. ④ '좌우의 옆구리'에서 백만 아승지의 광명을 발하여 10방의 모든 '인간의 갈래'를 두루 비추어 중생의 고통을 소멸시킨다. ⑤ '두 손바닥'에서 백만 아승지의 광명을 발하여 10방의 모든 '하늘사람'과 '아수라'의 궁전을 두루 비춘다.

⑥ '두 어깨'에서 백만 아승지의 광명을 발하여 10방의 모든 '성문聲聞'을 두루 비춘다. ⑦ '목덜미'에서 백만 아승지의 광명을 발하여 10방의 모든 '벽지불의 몸'을 두루 비춘다. ⑧ '얼굴'에서 백만 아승지의 광명을 발하여 10방의 모든 '초발심에서 9지에 이르는 보살의 몸'을 두루 비춘다. ⑨ '두 눈썹' 사이에서 백만 아승지의 광명을 발하여 악마의 궁전이 나타나지 못하게 하며, 10방의 모든 '여래의 직책을 받은 보살'(10지 보살)을 두루 비춘다. ⑩ '정수리'에서 백만 아승지의 3천대천세계의 미진微塵의 수와 같은 광명이 두루 10방의 일체 세계의 모든 부처님 도량의 모임을 비춘다.[287]

佛子 此菩薩 坐彼大蓮華座時 於兩足下 放百萬阿僧祇光明 普照十方諸大地獄 滅衆生苦 於兩膝輪 放百萬阿僧祇光明 普照十方諸畜生趣 滅衆生苦 於臍輪中 放百萬阿僧祇光明 普照十方閻羅王界 滅衆生苦 從左右脅 放百萬阿僧祇光明 普照十

---

287 현상계의 부처는 '10지 보살'이며, 절대계의 부처는 '비로자나불' 한 분이니, 『화엄경』에서 설하는 '모든 부처님'은 결국 '비로자나불'(법신불)의 다양한 작용으로 보아야 한다. 여기에서는 초기불교의 석가모니불을 의식하면서 설명하다 보니 여러 부처님들이 존재하는 것처럼 묘사되었으나, 모든 '중생성'(개체성)을 초월한 '부처'가 여럿이 될 수 없으며, 중생성을 지닌 부처라면 이미 현상계의 부처인 10지 보살일 것이다.

方一切人趣 滅衆生苦 從兩手中 放百萬阿僧祇光明 普照十方一切諸天 及阿脩羅 所有宮殿 從兩肩上 放百萬阿僧祇光明 普照十方一切聲聞 從其項背 放百萬阿僧祇光明 普照十方辟支佛身 從其面門 放百萬阿僧祇光明 普照十方初始發心 乃至九地 諸菩薩身 從兩眉間 放百萬阿僧祇光明 普照十方受職菩薩 令魔宮殿 悉皆不現 從其頂上 放百萬阿僧祇 三千大千世界 微塵數光明 普照十方一切世界 諸佛如來 道場衆會

8. 궁극의 불공과 그 공양물[288]

그 빛은 오른쪽으로 '10가지 세계'를 돌고는 허공에 머물면서 '치성한 광명'이라고 부르는 광명의 그물을 이루어, 그 빛에서 각종의 모든 공양물을 내어 부처님께 공양을 한다. 초발심에서 9지에 이르는 나머지 모든 보살들의 공양은 이것에 비하면

---

288 부처님께 바치는 궁극의 공양, 즉 최고의 불공은 '불성'을 '중생성'을 통해 '바라밀'로 꽃피우는 것이다. 10지 보살만큼 바라밀을 그 극치까지 구현한 이는 없다. 그러니 10지 보살의 불공에 필적할 자가 없는 것이다. 그런데 이러한 공양물(6바라밀·10바라밀을 상징)은 본래 '불성'에 뿌리를 둔 것이니, 세간의 경계를 초월한다. 불성에 뿌리를 둔 '바라밀의 구현'이 최고의 불공이며, 불성에 뿌리를 둔 '바라밀'이 최고의 공양물인 것이다.

100분의 1에도 미치지 못하며, 내지 어떤 계산이나 비유로도 미치지 못한다.

그 광명의 그물이 10방의 모든 여래의 모임에 두루 존재하여, 온갖 묘한 향·꽃다발·의복·깃발·보물 덮개·여러 마니주 등 장엄한 도구를 비를 내려 공양한다. 이러한 각종의 공양물은 모두 '출세간의 선한 뿌리'(근본실상)에서 생겨난 것이니, 일체 세간의 경계를 초월한다. 만약 중생이 이것을 보면, '최고의 올바르고 원만한 깨달음'에 있어서 물러나지 않게 된다.

右遶十匝 住虛空中 成光明網 名熾然光明 發起種種諸供養事 供養於佛 餘諸菩薩從初發心 乃至九地 所有供養 而比於此 百分不及一 乃至算數譬諭 所不能及 其光明網 普於十方 一一如來 衆會之前 雨衆妙香 華鬘衣服 幢幡寶蓋 諸摩尼等 莊嚴之具 以爲供養 皆從出世善根所生 超過一切世間境界 若有衆生 見知此者 皆於阿耨多羅三藐三菩提 得不退轉

9. 모든 불보살이 관정위에 이르렀음을 앎

불자여, 이 '큰 광명'은 이러한 공양의 일이 끝나면, 10방의 일체 세계의 모든 부처님 도량의 모임을 에워싸고, 다시 10가지 세계를 돌고서 여래의 발 아래로 들어간다. 이때 모든 부처님과 모든 보살은, 아무 세계의 아무 보살마하살이 능히 이러한 광대한 행위를 실천하고 '여래의 직책을 받은 지위'(관정위灌頂位)에 이르렀음을 안다.

불자여, 이때 10방의 헤아릴 수 없고 끝이 없는 9지 보살의 무리들이 모두 와서 둘러싸고 공경하고 공양하여, 일심으로 우러러 관찰하며, 올바르게 관찰할 때 그 모든 보살들은 각각 십천 삼매를 얻는다.

佛子 此大光明 作於如是供養事畢 復遶十方一切世界 一一諸佛 道場衆會 經十匝已 從諸如來足下而入 爾時諸佛 及諸菩薩 知某世界中 某菩薩摩訶薩 能行如是廣大之行 到受職位 佛子 是時十方 無量無邊 乃至九地 諸菩薩衆 皆來圍遶 恭敬供養 一心觀察 正觀察時 其諸菩薩 卽各獲得十千三昧

10. 모든 10지 보살들이 큰 광명을 발출함

이때 10방에 있는 여래의 직책을 받은 보살들이 모두 가슴에 있는 금강으로 장엄한 덕스러운 형상(卍) 속에서, '능히 일체의 악마를 파괴함'(能壞魔怨)이라 불리는 큰 광명을 발출한다. 이 큰 광명은 백만 아승지의 광명을 권속으로 삼아, 두루 10방을 비추어 헤아릴 수 없는 신통변화를 나타낸다. 이런 일이 끝나자 이 보살마하살(10지에 오르려는 보살)의 금강으로 장엄한 가슴의 덕스러운 형상 속으로 들어간다. 이 빛이 들어가자마자, 이 보살이 지닌 지혜는 세력이 커져서 백천 배를 넘어가게 된다.

當爾之時 十方所有 受職菩薩 皆於金剛莊嚴 臆德相中 出大光明 名能壞魔怨 百萬阿僧祇光明 以爲眷屬 普照十方 現於無量 神通變化 作是事已 而來入此菩薩摩訶薩 金剛莊嚴 臆德相中 其光入已 令此菩薩 所有智慧 勢力增長 過百千倍

11. 모든 부처님들이 청정한 광명을 발출함

이때 10방의 일체의 모든 부처님들이 미간에서 '일체의 지혜를 증진시키는 신통한 광명'이라고 불리는 청정한 광명을 발출한다. 이 청정한 광명은 무수한 광명을 권속으로 삼고서 10방의 일체 세계를 두루 비추고, 10가지 세계를 오른쪽으로 돌아 여래의 광대하고 자유자재함을 나타내 보여서, 헤아릴 수 없는 백천억 나유타의 모든 보살의 무리를 깨닫게 한다. 일체의 불국토를 두루 진동시키고, 일체의 모든 악도의 고통을 소멸시키며, 일체의 모든 악마의 궁전을 가리며, 일체의 부처님이 깨달음을 얻은 자리와 부처님 도량의 모임의 장엄한 위덕을 보인다.

爾時十方一切諸佛 從眉間出淸淨光明 增益一切智神通 無數光明 以爲眷屬 普照十方一切世界 右遶十匝 示現如來 廣大自在 開悟無量 百千億那由他 諸菩薩衆 周遍震動一切佛刹 滅除一切諸惡道苦 隱蔽一切諸魔宮殿 示一切佛得菩提處 道場衆會 莊嚴威德

12. 부처의 지위에 등극함

이와 같이 모든 허공계와 법계에 널리 가득한 일체 세계를 두루 비추고는, 다시 이 보살의 회상에 돌아와서 오른쪽으로 두루 돌면서 각종의 장엄한 일을 나타내 보인다. 이런 일을 나타내 보이고는 큰 보살의 정수리로 들어가니, 그 권속이 되는 광명도 또한 각각 다른 보살의 정수리로 들어간다. 이때 이 보살은 앞서 얻지 못하던 백만 삼매를 얻으며, "이미 여래의 직책을 받은 지위를 얻었다!"라고 불린다. 즉, '부처님의 경계'에 들어가서 10가지 힘을 갖추고 '부처님의 무리'에 속하게 된다.

如是普照盡虛空遍法界 一切世界已 而來至此菩薩會上 周匝右遶 示現種種莊嚴之事 現是事已 從大菩薩頂上而入 其眷屬光明 亦各入彼諸菩薩頂 當爾之時 此菩薩 得先所未得百萬三昧 名爲已得受職之位 入佛境界 具足十力 墮在佛數

13. 위대한 지혜의 직책을 받음

불자여, 전륜성왕이 낳은 태자로서 어머니가 정비이며, 몸이 전륜성왕의 상호를 두루 갖추어서, 전륜성왕이 태자로 하여금 흰 코끼리의 황금보좌에 앉게 하고, … 4대해의 물을 길어다가 황금병에 넣어서, 왕이 이 병을 잡고 태자의 정수리에 물을 부으면, 이것을 '왕의 직책을 받은 지위'(受王職位)라고 하며, 관정을 한 찰제리(크샤트리아)의 왕의 무리에 속하게 되며, 능히 10가지 선한 길을 갖추고 행하여 '전륜성왕'이라는 이름을 얻게 된다.

보살이 직책을 받음도 이와 같아서, 모든 부처의 '지혜의 물'이 그 정수리에 부어지게 되니, '직책을 받음'이라고 이르며, 여래의 10가지 힘을 갖추게 되니 '부처의 무리'에 속하게 된다(여래의 직책을 받은 지위, 受職之位). 불자여, 이것을 '위대한 지혜의 직책을 받음'이라고 이른다. 보살이 이 위대한 지혜의 직책을 받게 되면, 능히 무량한 백천만억 나유타의 어려운 행위를 실천하며, 무량한 지혜와 공덕을 증장하니, '법운지法雲地'에 안주한다고 이른다.

佛子 如轉輪聖王所生太子 母是正后 身相具足 其轉輪王 令此太子 坐白象寶妙金之座 … 取四大海水 置金甁內 王執此甁 灌太子頂 是時卽名受王職位 墮在灌頂刹利王數 卽能具足行十善道 亦得名爲轉輪聖王 菩薩受職 亦復如是 諸佛智水 灌其頂故 名爲受職 具足如來十種力故 墮在佛數 佛子是名菩薩受大智職 菩薩以此大智職故 能行無量 百千萬億那由他 難行之行 增長無量智慧功德 名爲安住法雲地

14. 일체 지혜로 일체의 성립을 앎

불자여, 보살마하살이 이 '법운지'에 안주하면, ① '욕계欲界'의 성립을 실상 그대로 알며, ② '색계色界'의 성립을 실상 그대로 알며, ③ '무색계無色界'의 성립을 실상 그대로 알며, ④ '세계世界'의 성립을 실상 그대로 알며, ⑤ '법계法界'의 성립을 실상 그대로 알며,

⑥ '유위계有爲界'의 성립을 실상 그대로 알며, ⑦ '무위계無爲界'의 성립을 실상 그대로 알며, ⑧ '중생계衆生界'의 성립을 실상 그대로 알며, ⑨ '식계識界'의 성립을 실상 그대로 알며, ⑩ '허공계虛空界'의 성립을 실상 그대로 알며, ⑪ '열반계涅槃界'의 성립을 실상 그대로 안다.

보살은 ⑫ '모든 견해에 따른 번뇌의 행'의 성립을 실상 그대로 알며, ⑬ '세계의 생성과 파괴'의 성립을 실상 그대로 알며, ⑭ '성문의 행위'의 성립을 실상 그대로 알며, ⑮ '벽지불의 행위'의 성립을 실상 그대로 알며,

⑯ '보살행'의 성립을 실상 그대로 알며, ⑰ '여래의 10가지

힘·4가지 두려움이 없음·색신色身·법신法身'의 성립을 실상 그대로 알며, ⑱ '일체의 종류·일체의 지혜에 대한 앎'의 성립을 실상 그대로 알며, ⑲ '보리를 얻어 법륜法輪을 굴림을 시현함'의 성립을 실상 그대로 알며, ⑳ '일체의 법을 분별하고 결정하는 지혜에 들어감'의 성립을 실상 그대로 안다.

이를 요약하여 말하면, '일체의 지혜'로 '일체의 성립'을 아는 것이다. … 불자여, 일체의 모든 부처님께서 소유하신 '지혜'가 광대하고 헤아릴 수 없으나, 이 경지의 보살은 모두 능히 들어갈 수 있다.

佛子 菩薩摩訶薩 住此法雲地 如實知欲界集 色界集 無色界集 世界集 法界集 有爲界集 無爲界集 衆生界集 識界集 虛空界集 涅槃界集 此菩薩 如實知諸見煩惱行集 知世界成壞集 知聲聞行集 辟支佛行集 菩薩行集 如來力無所畏 色身法身集 一切種一切智智集 示得菩提轉法輪集 入一切法分別決定智集 擧要言之 以一切智 知一切集 … 佛子 一切諸佛 所有智慧 廣大無量 此地菩薩 皆能得入

15. 여래의 진리를 수용하는 10지 보살

불자여, 이 보살마하살이 이러한 지혜에 통달하여, 헤아릴 수 없는 깨달음에 순복하여 뛰어난 솜씨의 '마음챙김의 힘'(念力)을 성취한다. 그리하여 10방의 헤아릴 수 없는 모든 부처님께서 소유하신, 헤아릴 수 없는 '큰 진리의 광명'과 '큰 진리의 빛'과 '큰 진리의 비'를, 찰나에 모두 능히 감당하고, 수용하고, 포섭하고, 유지한다.

비유하자면 '큰 바다의 용왕'이 내리는 큰 비를 오직 큰 바다를 제외하고는 어느 곳도 능히 감당하지 못하고, 수용하지 못하고, 포섭하지 못하고, 유지하지 못하는 것과 같다. '여래의 비밀의 진리의 창고'는 오직 제10지 보살을 제외하고는, 일체의 나머지 중생들, 성문과 독각, 내지 제9지 보살에 이르기까지 모두 능히 감당하지 못하고, 수용하지 못하고, 포섭하지 못하고, 유지하지 못한다.

佛子 此菩薩摩訶薩 通達如是智慧 隨順無量菩提 成就善巧念力 十方無量諸佛所有 無量大法明 大法照 大法雨 於一念頃 皆能安能受 能攝能持 譬如娑伽羅龍王 所大雨 唯除大海 餘一

切處 皆不能安 不能受 不能攝 不能持 如來祕密藏 大法明 大法照 大法雨 亦復如是 唯除第十地菩薩 餘一切眾生 聲聞獨覺 乃至第九地菩薩 皆不能安 不能受 不能攝 不能持

16. 진리의 구름의 경지

불자여, 비유하자면 큰 바다가 한 큰 용왕이 내리는 큰 비를 능히 감당하고, 수용하고, 포섭하고, 유지하며, 둘이나 셋 내지 헤아릴 수 없는 모든 용왕이 내리는 비라도, 한 찰나 한 순간에 모두 능히 감당하고, 수용하고, 포섭하고, 유지하는 것과 같다. 왜 그러한가? 이 바다는 헤아릴 수 없고 광대한 그릇이기 때문이다.

'법운지法雲地'에 머무르는 보살도 또한 이와 같아서, 한 부처님의 '진리의 광명함' '진리의 빛' '진리의 비'를 능히 감당하고, 수용하고, 포섭하고, 유지하며, 둘이나 셋 내지 헤아릴 수 없는 부처님이 한 찰나 한 순간에 가르침을 펴더라도 모두 또한 이와 같으니, 이러한 사정 때문에 이 경지를 '법운지'(진리의 구름

의 경지)라고 부른다.[289]

佛子譬如大海 能安能受 能攝能持 一大龍王 所大雨 若二若三 乃至無量諸龍王雨 於一念間 一時下 皆能安能受 能攝能持 何以故 以是無量 廣大器故 住法雲地菩薩 亦復如是 能安能受 能攝能持 一佛法明 法照法雨 若二若三 乃至無量 於一念頃 一時演說 悉亦如是 是故此地 名爲法雲

17. 감로의 비를 내리는 진리의 구름

불자여, 이 경지의 보살은 '스스로의 원력'으로부터 '큰 자비의 구름'을 일으키고, '큰 진리의 천둥'을 치며, 6가지 신통과 3가지 광명함과 4가지 두려움이 없음으로 '번개'를 삼으며, 복덕과 지혜를 '빽빽한 구름'으로 삼으며, 갖가지 몸을 나타내어 두루 돌아다니며 오고 가니, 한 찰나에 10방의 백천억 나유타 세계의 미진수 국토에 두루 존재하여, 큰 진리에 대한 가르침을 펴고, 악마를 굴복시킨다.

---

289 본래 하느님을 본 사람이 없으나, 아버지 품에 계시는 독생자가 우리에게 하느님을 가르쳐주었다. (『요한복음』 1:18)

다시 이 수를 넘어서 더욱 더 무량한 백천억 나유타 세계의 미진수 국토에서, 모든 중생의 마음이 즐기는 바를 따라, '감로의 비'를 내려서 일체 중생의 번뇌(미혹의 티끌)의 불을 소멸시키니, 이러한 사정 때문에 이 경지를 '법운지'라고 부른다.

佛子 此地菩薩 以自願力 起大悲雲 震大法雷 通明無畏 以爲電光 福德智慧 而爲密雲 現種種身 周旋往返 於一念頃 普遍十方百千億那由他世界微塵數國土 演說大法 摧伏魔怨 復過此數 於無量百千億那由他世界 微塵數國土 隨諸衆生心之所樂 甘露雨 滅除一切衆惑塵焰 是故此地 名爲法雲

18. 부처로 나투는 10지 보살

불자여, 이 경지의 보살은 한 세계에서, 도솔천에서 하강하여 열반에 도달하여, 응당 제도해야 할 중생의 마음을 따라, 모든 '부처님의 일'을 나타내 보인다. 둘이나 셋 내지 위에서 말한 미진수 국토에서도 이와 같이 하며, 다시 이 수를 넘어서 더욱 더 무량한 백천억 나유타 세계의 미진수 국토에서도 이와 같이 한

다. 이러한 사정 때문에 이 경지를 '법운지'라고 부른다.[290]

　佛子 此地菩薩 於一世界 從兜率天下 乃至涅槃 隨所應度衆生心 而現佛事 若二若三 乃至如上 微塵數國土 復過於此 乃至無量百千億那由他世界 微塵數國土 皆亦如是 是故此地 名爲法雲

19. 10지 보살의 자유자재한 신통력

　혹은 한 찰나 사이에 마음을 일으켜서 두루 시방세계에 '올바른 깨달음'(正覺)을 성취하고, '열반'에 이르는 것을 나타내 보이며, '불국토'를 장엄하게 하는 일도 나타내 보인다. … 혹은 중생의 마음이 즐기는 바를 따라 장엄을 갖춘 '색신色身'을 나타내 보인다. 혹은 '자신의 몸' 가운데 '부처님의 몸'을 나타내 보이며, 혹은 부처님의 몸 가운데 자신의 몸을 나타낸다. 혹은 부처님의 몸 가운데 '자신의 불국토'를 나타내 보이며, 자신의 불

290　10지 보살은 '3계의 왕'이며, '현상계의 부처'이다. 중생을 구제하기 위해 도솔천에서 하강하여 열반에 들어가는 모습을 보이는 '부처님의 삶'도 10지 보살의 방편일 뿐이다.

국토 가운데 부처님의 몸을 나타내 보인다. 불자여, 이 법운지 보살은 능히 이와 같은 신통과 나머지 무량한 백천억 나유타의 자유자재한 신통력을 나타낼 수 있다.

或隨心念 於一念間 普遍十方 示成正覺 乃至涅槃 及以國土莊嚴之事 或現其身 … 或隨衆生心之所樂 示現色身 莊嚴具足 或於自身 示現佛身 或於佛身 而現自身 或於佛身 現己國土 或於己國土 而現佛身 佛子 此法雲地菩薩 能現如是 及餘無量百千億那由他 自在神力

20. 헤아릴 수 없는 10지 보살의 경계

불자여, 보살이 '법운지'에 머물게 되면 '무량한 백천의 모든 큰 삼매'를 얻게 된다. 그러므로 이 보살의 ① '몸'과 '몸으로 짓는 업'은 헤아려 알 수 없으며, ② '말'과 '말로 짓는 업' ③ '생각'과 '생각으로 짓는 업' ④ 신통을 얻어 자유자재함 ⑤ 3세(과거·현재·미래)를 관찰함 ⑥ 삼매의 경계 ⑦ 지혜의 경계 ⑧ 일체의 모든 해탈문에 노니는 일 ⑨ 변화의 작용 ⑩ 신통력의 가피의 작용 ⑪ 광명함의 작용을 헤아려 알기 어렵다. 간략히 말해서, 발을 들고 내리는 것과 같은 일체의 작용에 있어서도, '법왕자주法王子住'(9주)의 '선혜지善慧地 보살'(9지)까지 모두 헤아릴 수 없는 것이다.

불자여, 이 법운지 보살의 경계는 대략 이와 같이 설명할 수 있다. 만약 자세히 설명하자면 가령 무량의 백천 아승지 겁을 설명한다고 하더라도 모두 설명할 수 없을 것이다.

佛子 菩薩住法雲地 得如是等無量百千諸大三昧 故此菩薩 身 身業 不可測知 語 語業 意 意業 神通自在 觀察三世 三昧境界 智慧境界 遊戱一切諸解脫門 變化所作 神力所作 光明所作 略說乃至擧足下足 如是一切諸有所作 乃至法王子住 善慧地菩薩 皆不能知 佛子 此法雲地菩薩 所有境界 略說如是 若廣說者 假使無量百千阿僧祇劫 亦不能盡

21. 부처의 신통력과의 비교

해탈월 보살이 물었다. "불자여, 만약 '보살의 신통경계'가 이와 같다면, '부처의 신통력'은 어떠합니까?" 금강장 보살이 말하였다. 불자여, 비유하자면 한 사람이 있어 4방의 천하에서 한 덩어리의 흙을 취하여 말하기를 "끝이 없는 세계의 큰 땅이 많은가? 이 한 덩어리의 흙이 많은가?"라고 하였다. 내가 그대의 질문을 보면 이와 같을 뿐이다. 여래의 지혜는 끝이 없고 동등한 이가 없다. 어떻게 보살과 더불어 비교할 수 있겠는가?[291]

解脫月菩薩言 佛子 若菩薩神通境界如是 佛神通力 其復云何 金剛藏言 佛子 譬如有人 於四天下 取一塊土 而作是言 爲無邊世界大地土多 爲此土多 我觀汝問 亦復如是 如來智慧 無邊無等 云何而與菩薩比量

---

[291] 『화엄경』에 근거하여, 10지 보살이 '개체성을 지닌 부처'에 해당하고, 비로자나불이 '개체성이 없는 부처'에 해당한다고 볼 때, 10지 보살(타수용他受用보신불·화신불化身佛)은 기독교의 '성자聖子'에 해당하며, 우주의 대법신인 비로자나불(법신불法身佛)은 '성부聖父'에 해당한다. 개체성 안에 내재한 불성인 노사나불(보신불報身佛, 자수용自受用보신불)은 '성령聖靈'에 해당한다.
『화엄경』의 이 구절과 비슷하게, 성자인 예수는 '개체성을 지닌 성부'의 입장에서, "'나'는 길이요 진리요 생명이다. '나'를 통하지 않고서는 아무도 아버지께로 갈 수 없다."(『요한복음』 14:6)라고 확언하되, '개체성', 즉 '중생성'의 한계를 설명할 때는 "왜 나에게 선하다고 이르는가? 하느님 한 분을 제외하고는 아무도 선할 수 없다."(『누가복음』 18:19)라고 설명한다.
마찬가지로 『화엄경』도 10지 보살(보신불·화신불)은 개체성을 지닌 부처이니 '여래의 직책'을 받았다고 하면서, 동시에 개체성을 초월한 비로자나불(법신불)과는 명확한 차이가 있다고 선언한다. 『화엄경』은 '부처'는 본체이고 '보살'은 작용이라고 보기 때문이다.

22. 10지 보살의 공양과 회향[292]

불자여, 이 보살은 이와 같은 지혜에 안주하며, 여래와 '몸·말·생각으로 짓는 업'이 다르지 않으나, 보살의 모든 삼매의 힘을 버리지 않고, 일체의 모든 부처님을 받들어 섬기고 공양한다. 그는 각각의 모든 겁에 일체의 종류의 공양물로 일체의 부처님께 공양한다. 신통력의 가피를 받아 '지혜의 광명'이 더욱 증장하여 탁월해진다. 법계 가운데 곤란한 질문을 받아도 잘 풀어 주니, 백천억 겁에 능히 굴복시킬 자가 없다. … 1지에서 시작하여 9지에 이르기까지, 일체의 보살이 갖춘 지혜와 실천으로도 아무도 이 경지의 보살에 미칠 수 없다.

佛子 此菩薩 住如是智慧 不異如來身語意業 不捨菩薩諸三昧力 於無數劫 承事供養一切諸佛 一一劫中 以一切種 供養之具 而爲供養 一切諸佛 神力所加 智慧光明 轉更增勝 於法界中 所有問難 善爲解釋 百千億劫 無能屈者 … 始從初地 乃至九地 一切菩薩 所有智行 皆不能及

---

292 10지 보살의 '회향'은 '입법계무량회향入法界無量廻向'(10회향 중 10회향에 해당함)이니, '법계에 들어감에 한량이 없는 회향'이다.

23. 일체 중생을 부처의 경지로 인도함

이 경지의 보살은 '지혜의 광명'으로 능히 중생을 '일체의 지혜에 대한 앎'(一切智智)에 들어가게 하니, 다른 지혜의 광명은 능히 이와 같이 할 수 없다.[293]

불자여, 비유하자면 '마헤수라 천왕'(대자재大自在 천왕, 쉬바신)[294]의 광명이 능히 중생의 심신을 모두 기쁘게 함에, 일체의 광명이 미치지 못하는 것과 같다. 이 법운지 보살의 지혜의 광명은 또한 이와 같아서 능히 중생으로 하여금 모두 기쁘게 하여 '일체의 지혜에 대한 앎'에 안주하게 하니, 일체의 성문이나 벽지불, 내지 제9지 보살의 지혜의 광명도 모두 여기에 미치지 못한다.[295]

---

293 오직 부처만이 중생을 부처의 경지에 이르게 할 수 있다!

294 마헤슈바라(Maheśvara) :
'mahā'(위대함, 大)와 'Ishvara'(주님, 自在神)가 결합된 것으로, 3계에서 가장 자유자재한 '위대한 주님'인 '쉬바신'을 나타낸다.

295 10지 보살의 경지는 3계의 왕으로, 일체 중생의 세계를 모두 꿰뚫어 보며 돌보는 주님이니, 관자재 보살의 경지이다. 관자재 보살은 '아바로키테슈바라'(Avalokiteśvara, 觀自在菩薩)이니 'ava'(아래로)와 'lokita'(굽어봄)와 'Ishvara'(주님, 自在神)가 결합된 것으로, '세상을 굽어보는 주님'을 의미한다.

此地菩薩 智慧光明 能令衆生 乃至入於一切智智 餘智光明 無能如是 佛子 譬如摩醯首羅天王光明 能令衆生 身心淸涼 一切光明 所不能及 此地菩薩 智慧光明 亦復如是 能令衆生 皆得淸涼 乃至住於一切智智 一切聲聞辟支佛 乃至第九地菩薩 智慧光明 悉不能及

24. 무한하게 진보하는 10지 보살

불자여, 이 보살마하살이 이미 이러한 지혜에 안주하였는데, 모든 부처님들은 다시 ① 3세의 지혜 ② 법계의 다양성에 대한 지혜 ③ 일체 세계의 널리 가득 참에 대한 지혜 ④ 일체 세계를 비추는 가피에 대한 지혜 ⑤ 일체 중생을 향한 사랑의 마음에 대한 지혜를 설명해 주신다. 간략히 말해서, '일체의 지혜에 대한 앎'까지 설명해 주신다.

佛子 此菩薩摩訶薩 已能安住如是智慧 諸佛世尊 復更爲說 三世智 法界差別智 遍一切世界智 照一切世界智 慈念一切衆生智 擧要言之 乃至爲說得一切智智

25. 지혜바라밀에 탁월한 10지 보살

이 보살은 10바라밀 가운데 '지혜바라밀'(智波羅蜜)이 특히 뛰어나다. 나머지를 닦지 않는 것은 아니다. 불자여, 이것이 보살마하살의 제10 법운지를 대략 설명한 것이다. 자세히 설명하자면 가령 무량의 백천 아승지 겁을 설명한다고 하더라도 모두 설명할 수 없을 것이다.

此菩薩 十波羅蜜中 智波羅蜜 最爲增上 餘波羅蜜 非不修行 佛子 是名略說菩薩摩訶薩 第十法雲地 若廣說者 假使無量阿僧祇劫 亦不能盡

26. 3계의 왕인 10지 보살

불자여, 보살이 이 경지에 안주하면 흔히 '마혜수라 천왕'(3계의 왕)이 되며, '진리'(法)에 자유자재하여 능히 중생에게 '성문' '독각' '일체 보살의 바라밀행'을 가르쳐 준다. 법계 가운데 곤란한 질문으로 능히 굴복시킬 자가 없다.

佛子 菩薩住此地 多作摩醯首羅天王 於法自在 能授衆生 聲聞獨覺 一切菩薩 波羅蜜行 於法界中 所有問難 無能屈者

··· 10지 법운지法雲地의 경지

    10지의 경지는 '법운지法雲地'(진리의 구름이 되는 단계)라고 불리며, '관정지灌頂地'(여래의 직책을 부여받은 경지) '보살진지菩薩盡地'(보살의 궁극의 경지) '업자재지業自在地'(업이 자유자재한 경지)[296]라고도 불립니다. '6바라밀'의 완벽한 발현을 막는 업장을 정화하며, '6바라밀의 근본원리'의 방편에 대한 자명한 이해가 심화된 경지입니다.[297]

  '어제법중미득자재장於諸法中未得自在障'(만법에 자유자재하지 못한 장애)을 끊고, '업자재소의진여業自在所依眞如'(업이 자유자재한

---

296 1지에서 '6바라밀을 갖춘 공성'(具一切妙相空)에 통달하나, 10단계의 닦음을 통해 원만함을 증득한다. 8지는 '색자재지色自在地'이며, 9지는 '심자재지心自在地'이고, 10지는 '업자재지業自在地'이다.

297 10지는 6바라밀의 근본원리의 방편에 대한 법인法忍이 심화된 단계이다.

진여)를 얻는 단계입니다. 무한한 법계에 '진리의 비'(法雨)를 내려 '번뇌의 불'을 끄는 '진리의 구름'(法雲)의 경지입니다. '전지·전능·자비'의 경지로 중생을 구제함에 자유자재한 '업자재業自在'의 경지입니다.

10바라밀 중에는 '지혜(智)바라밀'[298]이 뛰어납니다. 10단계의 실천(10행) 중에는 10행인 '진실행眞實行'(진여 그대로의 실천)을 닦으며, 10단계의 회향(10회향) 중에는 10회향인 '입법계무량회향入法界無量廻向'(법계에 들어감에 한량이 없는 회향)을 닦습니다.

10단계의 안주(10주) 중에는 '관정주灌頂住'(여래의 직책을 부여받음에 안주함)이니, 6바라밀(10바라밀)을 완벽하게 발현하는 단계입니다. 왕이 4해의 물을 길어 태자의 정수리에 부으면 태자가 왕의 직위에 오르듯이, 부처의 지혜의 물을 정수리에 받으면 부처의 직책을 받게 되어 10지 보살이 됩니다.

---

298 지혜(智)바라밀(출세간법과 세간법을 있는 그대로 꿰뚫어 보는 지혜, 일체종지一切種智의 증득) :
① 수용법락지受用法樂智 : 법의 즐거움을 수용하는 지혜(自利)
② 성숙유정지成熟有情智 : 유정을 성숙하게 하는 지혜(利他)

10지 보살은 색구경천의 주재자인 신들의 제왕 '대자재천大自在天'(마헤슈바라Mahesvara)이 되어, '홍익중생弘益衆生'의 이념으로 온 우주를 다스리며 쉼 없는 중생구제의 대사업을 추진합니다. 부처의 진정한 분신으로 현상계의 부처이며, 현상계 안에서 상대적 전지·전능의 극치에 도달한 경지입니다.

10주 관정주灌頂住의 경지

성인成人이 되었음을 공표함이, 마치 나라의 대왕이 나라의 모든 일을 태자에게 나누어 맡기는 것과 같고, 저 크샤트리아의 왕이 세자가 장성하자 이마에 물을 붓는 의식을 진행하는 것과 같으니 이것을 '관정주'라고 한다.[299]

表以成人 如國大王以諸國事分委太子 彼利利王世子長成 陳列灌頂 名灌頂住 (『능엄경』)

---

299 '보신報身'에서 '지적 장애'를 제거하여, 출세간법과 세간법을 두루 꿰뚫어 봄으로써 '여래의 지혜'를 갖추는 경지이다. 광명해진 보신이 '절대적 공성'과 하나가 되어 6바라밀(10바라밀)을 완벽히 구현하는 경지이다. '전지·전능·자비'의 부처의 자리에 올라, 3계의 왕이 되어 중생구제의 대사업을 추진한다.

··· 10지 보살의 핵심 수행, 지혜바라밀

① 탐욕스러운 행위를 하는 자를 알며, ② 분노의 행위를 하는 자를 알며, ③ 어리석은 행위를 하는 자를 알며, ④ 평등한 행위를 하는 자를 알며, ⑤ 배우는 경지에서 닦는 행위를 하는 자를 알며,

⑥ 한 찰나에 끝이 없는 중생의 행위를 알며, ⑦ 끝이 없는 중생의 마음을 알며, ⑧ 일체의 법의 진실을 알며, ⑨ 일체의 여래의 힘을 알며, ⑩ 법계法界의 문을 두루 깨달으니, 이것이 '지혜바라밀'을 청정하게 함이다.

知貪欲行者 知瞋恚行者 知愚癡行者 知等分行者 知修學地行者 一念中知無邊衆生行 知無邊衆生心 知一切法眞實 知一切如來力 普覺悟法界門 是則能淨智波羅蜜 (『화엄경』「명법품」)

⋯ 10행 진실행眞實行의 닦음

1. 여래의 지혜를 성취

불자여, 어떤 것이 보살마하살의 '진실행眞實行'인가? 이 보살은 최고의 진실한 가르침의 말을 성취한다. 말한 대로 행동하고, 행동한 대로 말한다. 이 보살은 3세 모든 부처님의 진실한 말을 배우며, 3세 모든 부처님의 종성種性에 들어가며, 3세 모든 부처님의 선근과 동등하며, 3세 모든 부처님의 둘이 없는 말을 얻으며, 여래를 따라 배워서 '지혜'(출세간법과 세간법에 대한 지혜)를 성취한다.

佛子 何等爲菩薩摩訶薩 眞實行 此菩薩 成就第一誠諦之語 如說能行 如行能說 此菩薩 學三世諸佛眞實語 入三世諸佛種性 與三世諸佛善根同等 得三世諸佛無二語 隨如來學

智慧成就 (『화엄경』「십행품」)

2. 10가지 능력[300]

이 보살은 ① 중생의 선과 악을 분명히 아는 능력(是處非處智力), ② 과거·미래·현재의 업보를 아는 능력(去來現在業報智力), ③ 중생의 모든 근기의 예리하고 둔함을 아는 능력(諸根利鈍智力), ④ 중생의 여러 가지 경계를 아는 능력(種種界智力), ⑤ 중생의 여러 가지 이해와 지혜를 아는 능력(種種解智力),

⑥ 중생이 이르는 일체의 곳의 길을 아는 능력(一切至處道智力), ⑦ 중생의 모든 선정禪定을 아는 능력(諸禪解脫智力), ⑧ 중생의 전생을 아는 능력(宿住隨念智力), ⑨ 중생의 죽고 태어남을 아는 능력(天眼智力), ⑩ 중생의 번뇌를 모두 소멸시킬 줄 아는 능력(漏盡智力)을 성취한다. 그리하여 일체의 보살행을 버리지 않는다. 왜 그러한가? 일체의 중생을 교화하여 모두 청정하게 하고 싶어 하기 때문이다.

---

300 10력十力 : 부처가 지닌 전지全知의 10가지 능력

此菩薩 成就知衆生 是處非處智 去來現在業報智 諸根利鈍智 種種界智 種種解智 一切至處道智 諸禪解脫 三昧垢淨 起時非時智 一切世界 宿住隨念智 天眼智 漏盡智 而不捨一切菩薩行 何以故 欲敎化一切衆生悉令淸淨故

3. 중생을 다스리는 최고의 통치자

이 보살은 다시 더 나아가는 마음을 내니, "만약 내가 일체의 중생으로 하여금 최고의 해탈도에 안주하게 하지 못하고, 내가 먼저 '최고의 올바르고 원만한 깨달음'[301]을 성취하면 나의 본

---

301 '최고의 올바르고 원만한 깨달음'의 의미가 후대의 '불지'(개체성 소멸 → 전지·전능의 성취)를 의미하지 않고, 초기불교의 '무여열반'(개체성 소멸 → 3계의 초월)을 의미한다. 그러기에 최고의 깨달음을 얻는 것을 보살도의 장애로 보고 있는 것이다. 초기불교의 이론을 받아들여서 궁극의 열반과 최고의 깨달음을 추구해야 함을 논하면서도 결국에는 이를 추구하지 않는다.
오히려 '성불'은 보살도의 장애이며 사실상 불가능하다는 입장이다. ① 중생은 무한하기에 모든 중생을 구원하고자 하는 '불성의 서원'의 온전한 충족은 사실상 불가능하며, ② 중생성을 지녀야 보살도를 행할 수 있기에 개체성이 소멸하는 성불은 보살도의 장애가 된다.
이러한 『화엄경』의 견해는, 『능가경』이나 『대승기신론』, 유식학의 '불지'(12지, 개체성을 초월한 전지·전능의 경지)에 들어가야 진정한 여래의 중생구제 사업이 가능하다는 입장과는 차이가 있다. 『화엄경』은 10지 보살을 궁극의 경지로 보기 때문이다.

래의 서원[302]을 어기는 것이니, 이는 마땅하지 않다. 따라서 응당 일체의 중생으로 하여금 먼저 '최고의 깨달음'(無上菩提), '궁극의 열반'(無餘涅槃)을 얻게 한 연후에 '성불成佛'할 것이다.[303]

왜 그러한가? 중생이 나에게 청해서 발심한 것이 아니라, 내가 스스로 중생을 위해서 '청하지 않은 벗'이 되어,[304] 일체의 중생으로 하여금 먼저 '선한 근기'를 원만하게 하여 '일체의 지혜'를 성취하게 하고자 한 것이기 때문이다.

그러므로 ① '일체의 세간'에 집착하지 않으니 내가 가장 뛰어나며, ② '최고의 다스리는 자리'[305]에 머무르니 내가 가장 높으며, ③ '중생이 끝이 없음'을 이해하였으니 내가 덮개를 벗어났으며, ④ '본래의 서원'을 성취하였으니 내가 이미 갖추어져

---

302 본원本願(본래의 서원) :
불성의 서원, 양심의 명령, 자리이타自利利他의 서원

303 결국 10지 보살은 '본래의 서원', 즉 '양심의 명령' 때문에, 자리·이타를 성취하기 위해, 중생과 함께 머물며 성불(개체성의 초월)을 거부하고 있다. 초기불교식 성불을 거부하고, '본래의 서원'을 이루고자 노력하는 10지 보살은 사실상 '개체성을 지닌 부처'이다.

304 벗을 위해 자신의 생명을 바치는 것보다 더 큰 사랑은 없다. (『요한복음』 15:13)

305 10지 보살은 3계의 왕이자, 색구경천色究竟天·영적 북극성의 주재자이다.

있으며, ⑤ '보살의 공덕'이 장엄하니 내가 잘 변화함이 되며, ⑥ '3세의 모든 부처님'을 포섭하여 수용하였으니 내가 좋은 의지처가 된다."

此菩薩 復生如是增上心 若我不令一切衆生 住無上解脫道 而我先成阿耨多羅三藐三菩提者 則違我本願 是所不應 是故 要當 先令一切衆生 得無上菩提 無餘涅槃 然後成佛 何以故 非衆生請我發心 我自爲衆生 作不請之友 欲先令一切衆生 滿足善根 成一切智 是故我爲最勝 不著一切世間故 我爲最上 住無上調御地故 我爲離翳 解衆生無際故 我爲已辦 本願成就故 我爲善變化 菩薩功德莊嚴故 我爲善依怙 三世諸佛攝受故

4. 본래 서원의 성취

이 보살이 '본래의 서원'(양심의 명령)을 버리지 않으므로, ① '최고의 지혜의 장엄'에 들어가며, ② 중생을 이롭게 하여 모두 만족시키며, ③ '본래의 서원'을 따라 모두 궁극의 경지에 이르게 하며, ④ 일체의 진리 가운데 '지혜'로 자유자재하며, ⑤ 일체 중생으로 하여금 두루 청정함을 얻게 하며,

⑥ 생각마다 10방의 세계를 두루 주유하며, ⑦ 생각마다 이루 말할 수 없는 모든 부처님의 국토를 두루 방문하며, ⑧ 생각마다 이루 말할 수 없는 모든 부처님과 부처님의 장엄한 청정 국토를 두루 보며, ⑨ 여래의 자유자재한 신통력을 나타내 보이며, ⑩ 법계와 허공계에 두루 편재한다.

此菩薩摩訶薩 不捨本願故 得入無上 智慧莊嚴 利益衆生 悉令滿足 隨本誓願 皆得究竟 於一切法中 智慧自在 令一切衆生 普得淸淨 念念遍遊十方世界 念念普詣不可說不可說諸佛國土 念念悉見不可說不可說諸佛 及佛莊嚴淸淨國土 示現如來自在神力 普遍法界 虛空界

5. 모든 법계에 자유자재한 10지 보살

이 보살은 '한량이 없는 몸'을 나타내어 두루 세간에 들어가되 의지함이 없으며, 그 몸(正報) 가운데 일체의 국토(依報), 일체의 중생, 일체의 모든 진리, 일체의 모든 부처님을 나타낸다. 이 보살은 중생의 온갖 생각, 온각 욕심, 온갖 이해, 온갖 업보, 온갖 선근을 잘 알아서, 그 감응하는 바에 따라 몸을 나타내어 번뇌를 조복한다.

① '모든 보살'이 환영과 같으며, ② '일체의 만법'이 화현과 같으며, ③ '부처님의 출세'가 그림자와 같으며, ④ '일체의 세간'이 꿈과 같음을 관찰하며, ⑤ '의미의 몸'(義身)과 '문자의 몸'(文身)의 다함이 없는 창고를 얻고, ⑥ '바른 알아차림'(正念)이 자유자재하며, ⑦ '일체의 모든 진리'를 결정적으로 깨달아 알며, ⑧ '지혜'가 가장 뛰어나며, ⑨ '일체의 삼매의 진실한 형상'에 들어가며, ⑩ '둘이 아닌 한 성품의 자리'에 안주한다.

此菩薩 現無量身 普入世間 而無所依 於其身中 現一切刹 一切衆生 一切諸法 一切諸佛 此菩薩 知衆生種種想 種種欲 種種解 種種業報 種種善根 隨其所應 爲現其身 而調伏之 觀諸菩薩如幻 一切法如化 佛出世如影 一切世間如夢 得義身文身無盡藏 正念自在 決定了知 一切諸法 智慧最勝 入一切三昧眞實相 住一性無二地

6. 적멸과 자비의 닦음

보살마하살은 모든 중생들이 이원성에 집착하는 것에 대해 '큰 자비'(大悲)에 안주하면서 이와 같이 '적멸의 법'을 수행한다. ① '부처님의 10가지 힘'을 얻어서 인드라망(제석천의 구슬이 박힌 그물)처럼 서로가 끝없이 서로를 비추는 법계에 들어가며, ② '여래의 장애가 없는 해탈'을 성취하여 사람 가운데 웅장하고 용맹한 큰 사자후가 되며, ③ '두려움이 없음'(四無畏)[306]을 얻어서 장애가 없는 청정한 진리의 수레바퀴(淸淨法輪)를 운전하며,

④ '지혜의 해탈'을 얻어서 일체의 세간의 경계를 깨달아 알며, ⑤ '생사의 소용돌이'를 끊고 '지혜의 큰 바다'에 들어가며, ⑥ 일체의 중생을 위하여 '3세의 모든 부처님의 정법'을 잘 보호하고 챙기며, ⑦ '일체 불법의 바다의 실상의 근원'에 도달한다.

---

306 4무외無畏(부처는 10가지 힘을 갖추어 두려움이 없음) :
　① 정등각무외正等覺無畏 : 바른 깨달음을 얻음에 두려움이 없음
　② 누영진무외漏永盡無畏 : 모든 번뇌를 극복함에 두려움이 없음
　③ 설장법무외說障法無畏 : 장애되는 길을 말함에 두려움이 없음
　④ 설출도무외說出道無畏 : 출세간의 길을 설함에 두려움이 없음

菩薩摩訶薩 以諸衆生 皆著於二 安住大悲 修行如是寂滅之
法 得佛十力 入因陀羅網法界 成就如來 無礙解脫 人中雄猛
大師子吼 得無所畏 能轉無礙淸淨法輪 得智慧解脫 了知一切
世間境界 絶生死迴流 入智慧大海 爲一切衆生 護持三世諸佛
正法 到一切佛法海 實相源底

7. 널리 중생을 구제하라

보살은 이 '진실행眞實行'에 안주하면서, 일체 세간의 하늘사
람·사람·마구니·범천·사문·브라만·건달바·아수라 등
친근한 이는 모두 열리고 깨달아 환희하고 청정하게 하니, 이것
을 보살마하살의 '제10 진실행'이라고 부른다.

菩薩 住此眞實行已 一切世間 天人魔梵 沙門婆羅門 乾闥婆
阿脩羅等 有親近者 皆令開悟 歡喜淸淨 是名菩薩摩訶薩 第十
眞實行

유튜브(YouTube) | 윤홍식의 화엄경 강의 - 10지

12. 보살의 10단계를
총괄하여 설명함

1. 10단계[307] 수행의 모습

불자여, 보살마하살에게는 '10단계 수행의 모습'이 단계별로

---

307 10단계의 2가지 흐름
　1. 1지~6지(下學, 보편법칙을 배움) :
　① 1지 : 6바라밀의 보편법칙의 체험적 이해 가능(信忍, 志學)
　② 2지 : 보편법칙의 체험적 이해 심화(順忍, 志學)
　③ 3지 : 보편법칙의 뼈대에 대한 자명한 이해 가능(法忍, 而立)
　④ 4지 : 보편법칙의 뼈대에 대한 자명한 이해 심화(法忍, 不惑)
　⑤ 5지 : 보편법칙의 방편에 대한 자명한 이해 가능(法忍, 知命)
　⑥ 6지 : 보편법칙의 방편에 대한 자명한 이해 심화(法忍, 耳順)
　2. 5지~10지(上達, 근본원리에 통달) :
　① 5지 : 6바라밀의 근본원리의 체험적 이해 가능(信忍, 知命)
　② 6지 : 근본원리의 체험적 이해 심화(順忍, 耳順)
　③ 7지 : 근본원리의 뼈대에 대한 자명한 이해 가능(法忍, 從心)
　④ 8지 : 근본원리의 뼈대에 대한 자명한 이해 심화(法忍, 從心)
　⑤ 9지 : 근본원리의 방편에 대한 자명한 이해 가능(法忍)
　⑥ 10지 : 근본원리의 방편에 대한 자명한 이해 심화(法忍)

12. 보살의 10단계를 총괄하여 설명함　471

현전하니, 능히 '일체의 지혜에 대한 앎'(一切智智)에 들어갈 수 있다.

佛子 此菩薩摩訶薩 十地行相 次第現前 則能趣入一切智智

2. 보리심으로 10단계를 나아가라

비유하자면 설산의 '아누달지阿耨達池'(無熱池)에서 맑고 시원한 물이 4대강으로 흘러나와서 남섬부주(염부제, 염부주)를 두루 적셔 주고, 다함이 없이 더욱 불어나서 바다로 들어가서 충만해지는 것과 같다.

불자여, 보살 또한 그러하니, '보리심菩提心'[308]을 따라 '선한 근기'와 '큰 서원'의 물이 '4가지 포섭하는 법'(① 보시布施 ② 애어愛語 ③ 이행利行 ④ 동사同事)으로 중생을 충만하게 하고, 다함이 없이 더욱 불어나서 '일체 지혜의 바다'에 들어가서 충만해

---

308 '보리심菩提心'은 '깨달은 마음' '깨달음을 얻고자 하는 마음'이니, 유가의 '양심'에 해당한다. ① 선천적 양심에 해당하는 '절대적 보리심'은 '6바라밀을 갖춘 공성'(양심의 본체)을 말하며, ② 후천적 양심인 '상대적 보리심'은 '6바라밀의 작용'(양심의 작용)을 말한다.

진다.[309]

 譬如阿耨達池 出四大河 其河流注 遍閻浮提 旣無盡竭 復更增長 乃至入海 令其充滿 佛子 菩薩亦爾 從菩提心 流出善根大願之水 以四攝法充滿衆生 無有窮盡 復更增長 乃至入於一切智海 令其充滿

3. 보살의 10가지 사업

 불자여, 비유하자면 큰 마니주가 '10가지 성질' 때문에 모든 보물을 뛰어넘는 것과 같다. … 불자여, 마땅히 보살도 이와 같으니 '10가지 사업' 때문에 모든 성자들을 뛰어넘는다. 무엇이 그 10가지인가?

---

[309] 서자가 이르길 "중니께서는 자주 물에 대해 '물이여! 물이여!' 하고 찬탄하셨습니다. 물에서 어떤 것을 취하신 것입니까?"라고 하였다. 맹자께서 말씀하시길 "물이 근원에서 솟구쳐서 밤낮으로 쉬지 않으며, 구덩이를 채운 뒤에 전진하여 4해에 이르니, '근본'이 있는 자는 이와 같다. 이를 취하신 것이다. 진실로 근본이 없다면 7·8월 사이에 호우가 내릴 때 도랑이 모두 가득 차나, 서서 기다리면 바로 말라 버리는 것과 같을 것이다. 그러므로 명성이 실정보다 과한 것을 군자는 부끄러워한다."라고 하셨다. (徐子曰 仲尼亟稱於水 曰 水哉 水哉 何取於水也 孟子曰 原泉混混 不舍晝夜 盈科而後進 放乎四海 有本者如是 是之取爾 苟爲無本 七八月之閒雨集 溝澮皆盈 其涸也 可立而待也 故聲聞過情 君子恥之, 『맹자』「이루離婁 하」)

① 일체의 지혜를 얻고자 하는 마음을 일으키며(발심주發心住), ② 계율을 지키는 두타(청정행淸淨行)의 행위가 올바르고 밝고 맑으며(치지주治地住), ③ 모든 선정과 삼매가 원만하여 흠결이 없으며(수행주修行住), ④ '진리의 실천'이 맑고 청정하여 모든 때를 버렸으며(생귀주生貴住), ⑤ '방편'과 '신통'이 안팎으로 투철하게 밝으며(방편구족주方便具足住),

⑥ '연기의 지혜'로 잘 꿰뚫으며(정심주正心住), ⑦ 각종 '방편'과 '지혜'의 실로 잘 꿰며(불퇴주不退住), ⑧ 걸림이 없는 높은 당간의 위에 놓이며(동진주童眞住), ⑨ 중생의 행위를 잘 관찰하여 부처님께 들어서 지니고 있던 지혜의 빛을 베풀며(법왕자주法王子住), ⑩ 부처님의 지혜를 얻은 직책을 받아서 부처님의 무리에 들어가니, 능히 중생을 위하여 광대한 '부처님의 사업'(佛事)을 일으킨다(관정주灌頂住).[310]

---

310 맹자의 영성의 계발단계와 비교 :
 ① 선善을 바라는 것은 '선인善人'이고(지전地前)
 ② 선을 자신에게 갖춘 사람이 '신인信人'이다(1지).
 ③ 선을 갖춤이 충실하면 '미인美人'이고(3지)
 ④ 충실하면서 광명한 빛이 나면 '대인大人'이다(5지).
 ⑤ 위대하면서도 남을 변화시키면 '성인聖人'이고(7지)
 ⑥ 성스러우면서도 헤아릴 수 없으면 '신인神人'이다(9지 이상).
 (可欲之謂善 有諸己之謂信 充實之謂美 充實而有光輝之謂大 大而化之之謂聖 聖而不可知之之謂神, 『맹자』「진심 하」)

불자여, 이렇게 '일체의 종류에 대한 일체의 지혜의 공덕'을 모은 보살행의 법문은, 일체 중생이 '선한 근기'를 심지 않고는 결코 들을 수 없다.

佛子 譬如大摩尼珠 有十種性 出過衆寶 … 佛子 當如菩薩 亦復如是 有十種事 出過衆聖 等爲十 一者發一切智心 二者 持戒頭陀 正行明淨 三者諸禪三昧 圓滿無缺 四者道行淸白 離諸垢穢 五者方便神通 內外明徹 六者緣起智慧 善能鑽穿 七者貫以種種方便智縷 八者置於自在高幢之上 九者觀衆生 行 放聞持光 十者受佛智職 墮在佛數 能爲衆生 廣作佛事 佛 子 此集一切種一切智功德菩薩行法門品 若諸衆生 不種善根 不可得聞

4-1. 보살의 10단계 수행

① 초지(1지)에 머물러서 이 마음을 내고, ② 모든 악을 영원히 떠나서 늘 기뻐하며, 원력으로 모든 선한 법을 널리 닦고 중생을 연민하여 2지에 들어가며, ③ '계행戒行'과 '청문聽聞'을 구족하고(聞), 중생을 생각하며(思), 더러운 때를 씻어 제거하여

마음을 광명하고 정결하게 하고(修), 세간의 3독(탐진치)의 불을 관찰하여 광대하게 이해하면 3지에 나아가며,

④ 3계(三有, 欲有·色有·無色有) 일체가 모두 무상하여 몸에 화살을 맞은 것처럼 고통이 치성하니, 유위법을 싫어하고 떠나서 불법을 구하고자, 광대하게 지혜로운 사람은 염혜지(4지)로 나아간다(보리분법에 안주함). ⑤ '마음챙김'(念)과 '지혜'(慧)가 두루 갖추어져서 '도의 지혜'(道智, 4성제 중 8정도의 지혜)를 얻고, 백천 무량의 부처님을 공양하며, 항상 최고로 뛰어난 모든 공덕을 관찰하면, 이 사람이 난승지(5지)에 들어가며,

⑥ '지혜'와 '방편'을 잘 관찰하여 갖가지로 나타내 보여서 중생을 구제하며, 다시 10가지 힘을 지닌 세존을 공양하면 태어남이 없는 진리가 현전하는 경지(6지)에 들어가며, ⑦ 세상에 알기 어려운 것을 능히 알며, 아집을 수용하지 않고(심리적 장애를 벗어남), 유有와 무無를 떠나며(眞俗不二), 법성法性(법의 본성)이 본래 고요하되 인연을 따라 구르니, 이러한 미묘함을 얻으면 7지를 향한다.

⑧ '지혜'와 '방편'으로 마음이 광대하여, 실천하기 어렵고, 굴

복시키기 어려우며, 깨달아 알기 어려우며, 비록 '적멸'(열반)을 증득하고도 부지런히 닦고 정진하면 능히 허공과 같은 '부동지'(8지)에 나아간다. ⑨ 부처님께서 권면하여 '적멸'에서 일어나서 널리 각종의 모든 '지혜의 업'을 닦아서, '10가지 자유자재'[311]를 갖추고 세간을 관찰하면 '선혜지'(9지)로 승진한다.

⑩ 미묘한 지혜로 중생의 마음·행위·업·번뇌 등의 빽빽한 숲을 관찰하여, 그들로 하여금 도에 나아갈 수 있게 교화하고자, 모든 부처님의 뛰어난 가르침의 창고를 설명하며, 단계별로 수행하여 모든 선함을 갖추고, 9지의 복덕과 지혜를 모으면서, 늘 모든 부처님의 최고로 뛰어난 진리를 갈구하면, '부처님의 지혜의 물'이 그 정수리에 부어질 것이다. 무수한 삼매를 얻고 또한 삼매의 작용도 잘 알게 된다. 최후의 삼매를 얻으니, '여래의 직책을 받은 지위의 삼매'라고 부른다. …

---

311 10자재自在 :
① 목숨(命)의 자유자재 ② 마음(心)의 자유자재 ③ 재물(財)의 자유자재 ④ 카르마(業)의 자유자재 ⑤ 태어남(生)의 자유자재 ⑥ 서원(願)의 자유자재 ⑦ 해탈(解)의 자유자재 ⑧ 신통(如意)의 자유자재 ⑨ 지혜(智)의 자유자재 ⑩ 진리(法)의 자유자재

이 경지에 안주하면 흔히 '3계의 왕'[312](색구경천의 왕)이 되어, '3승법'을 잘 부연하여 설명하며, 찰나에 무량한 삼매를 얻으며, 모든 부처님을 보는 것 또한 이와 같다.[313]

住於初地生是心 永離衆惡常歡喜 願力廣修諸善法 以悲愍故入後位 戒聞具足念衆生 滌除垢穢心明潔 觀察世間三毒火 廣大解者趣三地 三有一切皆無常 如箭入身苦熾然 厭離有爲求佛法 廣大智人趣焰地 念慧具足得道智 供養百千無量佛 常觀最勝諸功德 斯人趣入難勝地 智慧方便善觀察 種種示現救衆生 復供十力無上尊 趣入無生現前地 世所難知而能知 不受於我離有無 法性本寂隨緣轉 得此微妙向七地 智慧方便心廣大 難行難伏難了知 雖證寂滅勤修習 能趣如空不動地 佛勸令從寂滅起 廣修種種諸智業 具十自在觀世間 以此而昇善慧地 以微妙智觀衆生 心行業惑等稠林 爲欲化其令趣道 演說諸佛勝義藏 次第修行具衆善 乃至九地集福慧 常求諸佛最上法 得

---

312 여래도 또한 그러하니 '선정·지혜의 힘'으로 '진리의 국토'(法國土)를 얻어 3계의 왕이 된다. … 여래도 또한 그러하니 3계 안에서 '위대한 진리의 왕'(大法王)이 되어 일체의 중생을 진리로 교화한다. (如來亦復如是 以禪定智慧力 得法國土 王於三界 … 如來亦復如是 於三界中爲大法王 以法教化一切衆生, 『법화경法華經』「안락행품安樂行品」)

313 한 찰나에 모든 부처님을 본다는 의미이다.

佛智水灌其頂 獲得無數諸三昧 亦善了知其作業 最後三昧名 受職 … 住此多作三界王 善能演說三乘法 無量三昧一念得 所見諸佛亦如是

4-2. 보살의 10단계 수행

① 1지는 서원(발심)이 으뜸이며, ② 2지는 계율을 지키며, ③ 3지는 공덕을 이루며(진리의 인가), ④ 4지는 한결같으며(진리의 실천), ⑤ 5지는 방편과 지혜로 미묘하며, ⑥ 6지는 매우 깊으며, ⑦ 7지는 광대한 지혜를 이루며, ⑧ 8지는 장엄을 성취하며, ⑨ 9지는 미묘한 뜻을 생각으로 헤아려 일체 세간의 도를 뛰어 넘으며, ⑩ 10지는 모든 부처님의 법을 받아 지니니 이와 같이 행하여 (진리의 구름으로) 바다의 물을 수용함에 다함이 없다.[314]

---

[314] 바둑의 승단체계와 비교 :
　① 수졸守拙 : 6바라밀을 겨우 지킬 줄 앎
　② 약우若愚 : 아직 부족하지만 6바라밀을 나름대로 실천함
　③ 투력鬪力 : 6바라밀에 대한 이해가 확립되어 싸울 힘을 갖춤
　④ 소교小巧 : 6바라밀을 적용함에 기교를 부림
　⑤ 용지用智 : 6바라밀을 자명하게 이해하여 지혜를 쓸 줄 앎
　⑥ 통유通幽 : 6바라밀을 적용함이 심오해짐

初地願首二持戒 三地功德四專一 五地微妙六甚深 七廣大慧八莊嚴 九地思量微妙義 出過一切世間道 十地受持諸佛法 如是行海無盡竭

4-3. 보살의 10단계 수행

'10가지 행위'(十行)가 세상을 초월하니, ① 발심은 초지이며, ② 계율을 지킴은 제2지이며, ③ 선정(선정으로 진리를 인가함)은 제3지이며, ④ 행위가 청정함(보리분법에 안주함)은 제4지이며, ⑤ 성취(방편과 여실지의 성취)는 제5지이며,

⑥ 연기緣起를 깨달음(진리가 현전함)은 제6지이며, ⑦ 하나로 꿰(방편바라밀로 6바라밀을 꿰)은 제7지이며, ⑧ 제8지는 금강 당간 위에 놓이는 것이며(탁월하게 우뚝 섬), ⑨ 제9지는 많은 빽빽한 숲을 실상 그대로 관찰하는 것이며, ⑩ 제10지는 왕의 뜻을 따라 관정灌頂을 얻게 된 것이니, 이와 같이 '덕을 지닌

---

⑦ 구체具體 : 6바라밀의 발현이 균형을 이루어 온전해짐
⑧ 좌조坐照 : 6바라밀의 발현이 정밀해짐
⑨ 입신入神 : 6바라밀의 발현이 신령해짐

보물'(德寶)은 점차 청정해진다.[315]

10방의 국토를 모두 부수어 미진으로 만들고 한 찰나에 그 수를 다 알아내고, 터럭 끝으로 허공의 공간을 측량할 수 있는 능력이라 하더라도, 이 10단계의 경지는 억겁을 설명하여도 다할 수 없다.

　十行超世發心初 持戒第二禪第三 行淨第四成就五 緣生第六貫穿七 第八置在金剛幢 第九觀察衆稠林 第十灌頂隨王意 如是德寶漸淸淨 十方國土碎爲塵 可於一念知其數 毫末度空可知量 億劫說此不可盡

---

315 유가의 군자(보살에 해당)를 배양하는 『대학大學』의 가르침과 비교해 보면, '덕을 지닌 보물'(德寶)은 '광명한 덕'(明德, 양심)에 해당하며, '점차 청정해짐'은 '광명한 덕을 되 밝힘'(明明德)에 해당한다. 보살의 길이 곧 군자의 길이다.
불가의 보살이 자신의 한마음(一心)이 이끄는 대로 '자신을 이롭게 하고 남을 이롭게 하자.'(自利利他) '위로는 지혜를 구하고, 아래로는 중생을 구제하자.'(上求菩提 下化衆生)라는 가르침을 닦아 가듯, 유가의 군자는 자신의 양심(良心)이 이끄는 대로 '나를 닦고 남을 다스리자.'(修己治人) '타고난 양심을 다시 밝혀내어 백성들이 날로 새로워지게 도와주자.'(明明德 新民)라는 가르침을 닦아 간다.

부록

『화엄경』「입법계품」에 나타난 보살의 길[316]

316 『화엄경』「입법계품」은 선재동자가 53(54)선지식을 만나서 보살도를 구하는 내용을 담고 있는 작품으로, 53(54)선지식은 보살 5명, 비구 5명, 비구니 1명, 우바이(재가 여신자) 4명, 힌두교 브라만 2명, 출가한 외도 1명, 선인 1명, 동자 4명, 동녀 1(2)명, 장자 9명, 왕 2명, 뱃사공 1명, 거사 2명, 신 11명, 매춘부 1명, 부인 1명, 여인 2명으로 이루어져 있다.

선재동자는 일체의 '깨달은 중생'을 예방하고 '보살도'를 구하였다. 「입법계품」은 53선지식을 통해 일체 중생이, 심지어 뱃사공, 소년과 소녀, 창녀나 다른 종교인까지도, 6바라밀만 실천하면 그 자리에서 그대로 '보살'이 될 수 있음을 주장하였다. 대승불교의 초종교적 특성을 여실히 보여주는 부분이다. 종교의 벽, 승속의 벽, 남녀의 벽, 노소의 벽, 귀천의 벽 등 일체의 제약을 초월한 가르침이 바로 대승불교임을 확인할 수 있다.

그래서 「입법계품」은 현상계를 초월해 열반을 갈구함 없이, 현상계 안에서 '중생'의 모습 그대로 '보살도'를 구현해야 함을 주장하고 있다. 지금 우리가 살아가는 삶의 현장에서, 중생의 모습 그대로 6바라밀을 통해 보살이 되라는 것이다. 일체의 '중생성'은 '바라밀'을 통해 정화된다. 우리가 가진 중생성을 조금도 꺼려해서는 안 되며, 중생성(진흙)에서 바라밀(연꽃)을 피워내지 못함을 한탄해야 보살도이! 욕심을 따르는 한 '중생'일 뿐이나, 양심(바라밀)을 따르는 찰나 '보살'로 화하는 것이다.

일체 중생은 본래 '비로자나불의 분신'이니, 현상계에 존재하는 부처님들이다. 그리고 '법법의 명령'인 '바라밀'을 실천할 때 '보살'로 거듭나게 된다. 그러니 삶의 모든 순간에, 자신이 비로자나불의 분신임을 자각하여, 어떤 역경이 닥쳐오더라도 비로자나불의 가피인 '바라밀의 힘'으로 그 난관을 극복해 낼 수 있어야 한다. 이렇게 '보살의 길'을 걸어갈 때, 우리는 시공을 초월하여 계시는 비로자나불의 진정한 화신인, '지금·여기·이렇게'의 비로자나불이 되는 것이다.

『유마경』에서 말하였듯이, '연꽃'(바라밀)은 허공에서 피지 않고 반드시 '진흙'(중생성)에서 피어난다. 그러니 보살은 절대로 중생성을 버리는 법이 없다. '불성'이 모든 신비의 뿌리라면, '중생성'은 신비 중의 신비이다. 보살은 중생성을 버리고 '열반'에 드는 것을 목표로 하지 않는다. 그것은 보살의 목표가 될 수 없다. 보살의 목표는 더욱 숭고하니, '중생성을 통한 바라밀의 구현'이야말로 보살의 영원한 목표이다! 지금 여기에서 자신이 갖춘 '중생성'을 통해 '불성'을 구현해 가는 삶보다 더욱 고귀한 삶은 없다. 이것이 '보살의 길'이자 '인간의 길'이다.

1. 구파(瞿波) 여인에게 던진 질문

성자시여, 저는 이미 '최고의 올바르고 원만한 깨달음을 얻고자 하는 마음'(보리심菩提心)을 발했으나, ① 보살이 어찌하여 생사의 가운데 머물면서도, 왜 생사의 허물과 근심에 오염되지 않는지 아직 모릅니다.

② 또 '법法의 자성'을 깨닫고도, 왜 '성문'과 '벽지불'(獨覺)의 경지에 머물지 않는지 아직 모릅니다. ③ 또 '불법'을 모두 갖추고도, 왜 '보살행'을 닦는지 아직 모릅니다.

④ 또 '보살의 경지'에 머물면서도, 왜 '부처의 경계'에 들어가는지 아직 모릅니다. ⑤ 또 세상을 초월해 있으면서도, 왜 세상에 생명을 받아 태어나는지 아직 모릅니다.

⑥ 또 '법신'을 성취하고도, 왜 끝이 없는 '온갖 육신'을 나타내는지 아직 모릅니다. ⑦ 또 '형상이 없는 법法'을 증득하고도, 왜 중생을 위해 '온갖 형상'을 나타내는지 아직 모릅니다.

⑧ 또 설명할 '법法'이 없다는 것을 알면서도, 왜 중생을 위해

'온갖 법'을 설명하는지 아직 모릅니다. ⑨ 또 중생이 공하다는 것을 알면서도, 왜 항상 중생을 교화하는 일을 버리지 않는지 아직 모릅니다.

⑩ 또 모든 부처가 불생불멸임을 알면서도, 왜 부지런히 공양하여 물러나지 않는지 아직 모릅니다.[317] ⑪ 모든 법이 업도 없고 과보도 없는 줄 알면서도, 왜 '온갖 선행'을 닦음에 쉬지 않는지를 아직 모릅니다.[318]

聖者 我已先發阿耨多羅三藐三菩提心 而未知菩薩云何於生死中 而不爲生死過患所染 了法自性 而不住聲聞辟支佛地 具足佛法 而修菩薩行 住菩薩地 而入佛境界 超過世間 而於世受生 成就法身 而示現無邊種種色身 證無相法 而爲衆生示現

---

317 모든 부처님은 결국 '비로자나불'의 여러 작용을 말한다. 이러한 초인격적 부처님은 바로 우리의 '불성'(참나) 자체이다. 우리는 이러한 부처님의 은덕으로 살고 닦는 것이니, 모든 삶과 모든 닦음은 모두 부처님의 가피로 이루어진다. 따라서 현상계의 자아인 '에고'(개체적 자아, 보신報身)는 늘 절대계의 자아인 '참나'(법신法身)의 은덕에 보은하는 마음을 지니고 공양해야 하며, 일체의 공덕을 회향해야 한다.

318 '해인삼매海印三昧'(일체의 존재를 진리의 바다로 보는 삼매)의 관점에서 보았을 때, 업과 과보는 그 자체가 비로자나불의 작용이라는 점에서, 신비 중의 신비이다. 그러나 '화엄삼매華嚴三昧'(1지에서 10지에서 이르는 보살도의 닦음을 통해 우주를 장엄하게 장식하는 삼매)의 관점에서 보았을 때는, 일체의 악업을 막고 일체의 선업을 닦아 온 우주를 광명하게 밝혀야 한다.

諸相 知法無說 而廣爲衆生演說諸法 知衆生空 而恒不捨化衆生事 雖知諸佛不生不滅 而勤供養無有退轉 雖知諸法無業無報 而修諸善行恒不止息

2. 비슬지라毘瑟祇羅 거사의 답변

선남자여, 나는 '보살의 해탈'을 얻었으니, '궁극의 열반[319]에 들어가지 않음'이라고 부른다. 나는 ① 이와 같이 여래께서 이미 궁극의 열반에 들어갔다거나, ② 이와 같이 여래께서 지금 궁극의 열반에 들어간다거나, ③ 이와 같이 여래께서 장차 궁극의 열반에 들어갈 것이란 생각이나 말을 하지 않는다.

나는 10방 일체 세계의 모든 부처님들이 마침내 궁극의 열

---

319 '궁극의 열반'(반열반般涅槃)은 5온을 지닌 채 증득한 열반인 '유여열반有餘涅槃'(남음이 있는 열반)이 아닌, 5온을 모두 벗어버린 '무여열반無餘涅槃'(남음이 없는 열반)을 말한다. 『화엄경』에서 제시하는 '보살의 해탈'은 중생성을 버린 성불이 아니라, 중생성을 버리지 않고 열반에 안주하는 '무주열반無住涅槃'(집착이 없는 열반)이다. 따라서 『화엄경』에서는 역사적 석가모니가 강조한 '궁극의 열반'도 중생구제를 위한 방편으로 본다. 그래서 초기불교적 성불관을 거부한다. 『화엄경』에서의 궁극의 경지인 '중생성을 지닌 부처', 즉 '10지 보살'은, 절대로 개체성을 초월한 열반에 들어가지 않는다. 이것이 보살이 추구하는 해탈이다.

반에 들어가지 않는다는 것을 안다. 오직 중생의 번뇌를 굴복시키기 위해서 열반에 들어감을 나타내 보일 경우가 아니라면 말이다.

　善男子 我得菩薩解脫 名不般涅槃際 善男子 我不生心言 如是如來已般涅槃 如是如來現般涅槃 如是如來當般涅槃 我知十方一切世界諸佛如來 畢竟無有般涅槃者 唯除爲欲調伏衆生 而示現耳

유튜브(YouTube) | 윤홍식의 화엄경 강의 - 화엄경 입법계품

···『법화경』「방편품」에 나타난 대승의 길

1. 이와 같이 사리불아, 시대가 혼탁하고 어지러울 때에는 중생의 업장도 무거워서, 아끼고 탐내고 질시하여 온갖 악한 바탕(不善根)을 이루니, 모든 부처님께서 방편력으로 '일불승一佛乘'(오직 한 길인 부처에 이르는 길)을 '3승'(성문승聲聞乘 · 독각승獨覺乘 · 보살승)으로 나누어서 가르치는 것이다.

如是舍利弗 劫濁亂時衆生垢重 慳貪嫉妒 成就諸不善根故 諸佛以方便力 於一佛乘分別說三

2. 사리불아, 만약 나의 제자가 '아라한'이나 '벽지불'이라고 자처하면서, 모든 부처님께서 보살을 교화하신 일을 듣지도 보지도 못했다면, 이는 부처의 제자가 아닐 뿐만 아니라, 아라한도 아니고 벽지불도 아니다.

舍利弗 若我弟子 自謂阿羅漢 辟支佛者 不聞不知 諸佛如來 但敎化菩薩事 此非佛弟子 非阿羅漢 非辟支佛

3. 또한 사리불아, 여러 비구·비구니가 스스로 이르길 "나는 아라한을 얻었다!"라고 하고, "이것이 최후의 몸이고 구경의 열반이다!"라고 하면서, 더 이상 최고의 깨달음을 찾으려 하지 않는다면, 마땅히 알아야 한다. 이러한 무리는 깨닫지 못하고도 깨달았다는 교만을 부리는 자들이다. 왜 그러한가? 만약 어떤 비구가 진실로 아라한을 얻었다면, 이 법을 믿지 않을 수 없기 때문이다.

又舍利弗 是諸比丘比丘尼 自謂已得阿羅漢 是最後身究竟涅槃 便不復志求阿耨多羅三藐三菩提 當知此輩皆是增上慢人 所以者何 若有比丘實得阿羅漢 若不信此法 無有是處

4. 사리불은 마땅히 알아야 한다. 내가 본래 서원을 세웠으니, 일체 중생이 나와 똑같이 깨닫게 하고자 하였다. 내가 예로부터 서원했던 것을 이제야 만족하게 되었으니, 일체 중생들을 교화하여 모두 '부처의 길'(佛道, 一佛乘)에 들게 할 것이다. 그러나 만약 내가 중생을 만날 때마다 모두 '부처의 길'(보살의 길)

로 가르친다면, 무지한 자는 정신이 혼란스러워서 어지러울 것이며, 미혹하여 가르침을 받지 못할 것이다.

舍利弗當知 我本立誓願 欲令一切衆 如我等無異 如我昔所願 今者已滿足 化一切衆生 皆令入佛道 若我遇衆生 盡敎以佛道 無智者錯亂 迷惑不受敎

5. 그러므로 사리불아, 내가 방편을 베풀어서 모든 고통을 없애는 길을 가르치고 '열반'을 보여 주었다. 내가 비록 열반이라고 했으나 진정한 열반은 아니었다. 사실 일체의 법法은 본래부터 항상 스스로 열반이었다(본래열반). 불자가 이러한 길(一佛乘)을 걸으면, 다음 세상에는 부처가 될 것이다.

是故舍利弗 我爲設方便 說諸盡苦道 示之以涅槃 我雖說涅槃 是亦非眞滅 諸法從本來 常自寂滅相 佛子行道已 來世得作佛

유튜브(YouTube) | 윤홍식의 인문학 강의 – 법화경

『유마경』「향대불품」에 나타난 보살의 길

(유마거사의 설법) 사바세계의 모든 보살들은 8가지 법을 성취하여 훼손이나 손상이 없어야, 이 생명이 다할 때 '정토淨土'(불성이 구현 된 땅)에 태어납니다.[320] 무엇이 8가지 법일까요?

① 보살은 이와 같이 생각하니, "나는 중생들에게 응당 선한 일을 하되, 그들에게 선한 과보를 바라지 않을 것이다."라고 합니다.[321]

---

320 유마거사의 가르침은 '성령'(불성)에 안주하며 '이웃에 대한 사랑'을 통해 '천국'(정토)을 이루자는 예수의 가르침과 상통하는 바가 있다.
"나에게 '주님, 주님!'이라고 부른다고 해서, 모두 다 '하늘의 왕국'(하나님의 뜻이 구현된 나라)에 들어갈 수 있는 것은 아니다. 오직 하늘에 계시는 나의 '아버지의 뜻'을 실천하는 자라야 그 왕국에 들어갈 수 있다." (『마태복음』 7:21)

321 "남에게 원하는 대로 그대들도 남에게 해 주어라!" (『마태복음』 7:12)
"그대들이 자선을 베풀 때에는 오른손이 하는 일을 왼손이 모르게 하라!" (『마태복음』 6:3)

부록 493

② 보살은 이와 같이 생각하니, "나는 응당 저 일체의 중생들을 대신하여 모든 고통과 번뇌를 받되, 내가 가진 모든 선근善根을 다 되돌려 베풀어 줄 것이다."라고 합니다.[322]

③ 보살은 이와 같이 생각하니, "나는 응당 저 일체의 중생들에 대해 그 마음이 평등하여 마음에 걸림이 없을 것이다."라고 합니다.[323]

④ 보살은 이와 같이 생각하니, "나는 응당 저 일체의 중생들

---

322 "그대들이 다시 돌려받을 것을 바라며 남들에게 베푼다면 칭찬받을 것이 무엇인가? 죄인들도 돌려받을 것을 바라며 서로 베푼다." (『누가복음』 6:34)
"그대들이 잔치를 베풀려거든, 차라리 가난한 이들, 장애인들, 다리를 저는 이들, 눈먼 이들을 초대하라. 그들이 그대들에게 보답할 수 없기 때문에 그대들은 행복할 것이다." (『누가복음』 14:13~14)
"내 형제 중에 가장 작은 이들 중 한 사람에게 해 준 것이 바로 나에게 해 준 것이다." (『마태복음』 25:40)
"'사람의 아들'(人子, 사람 중 성령을 가장 온전하게 구현한 이)은 섬김을 받으려고 온 것이 아니라, 자신의 목숨을 많은 사람들의 '대속물'로 주려고 온 것이다." (『마태복음』 20:28)
"나는 '선한 목자'이다. 선한 목자는 양들을 위해 자신의 목숨을 버린다." (『요한복음』 10:11)
"내 계명은 내가 그대들을 사랑하였듯이, 그대들도 서로 사랑하라는 것, 바로 이것이다. 친구를 위하여 자신의 목숨을 내놓는 것보다 더 큰 사랑은 없다." (『요한복음』 15:12~13)

323 "그대의 이웃을 그대 자신처럼 사랑하라!" (『마가복음』 12:31)

에 대해 교만함을 제압하여 부처님처럼 경애할 것이다."라고 합니다.[324]

⑤ 보살은 믿음과 이해가 자라나서, 아직 듣지 못한 어려운 경전에 대해서도 잠시만 들으면 의심 없이 이해하여 비방하지 않습니다.[325]

⑥ 보살은 '남의 이익'에 대해서 질투심을 내지 않으며, '자신의 이익'에 대해서 교만심을 내지 않습니다.[326]

⑦ 보살은 자신의 마음을 잘 다스려, 늘 자신의 과오를 반성

---

324 "그대들 가운데 높은 사람이 되려는 이는 그대들을 섬기는 사람이 되어야 한다. 그대들 가운데 첫째가 되려는 사람은 먼저 그대들의 종이 되어야 한다." (『마태복음』 20:26~27)
"나의 마음은 온유하고 겸손하다." (『마태복음』 11:29)

325 "만약 그대들이 나의 '가르침'에 머물면, 나의 참된 제자들이 될 것이고, 그대들이 '진리'를 알게 될 것이며, 그 진리가 그대들을 자유롭게 할 것이다." (『요한복음』 8:31~32)

326 "사람에게서 나오는 것, 그것이 사람을 더럽힌다. 사람의 마음에서 나오는 나쁜 생각들, 음란, 도둑질, 살인, 간음, 탐욕, 악의, 사기, 음탕, 시기, 비방, 교만, 어리석음이 그것이다. 이런 악한 것들이 모두 안에서 나와 사람을 더럽힌다." (『마가복음』 7:21~23)
"'사랑'은 인내합니다. 사랑은 온유합니다. 사랑은 시기하지 않으며, 자랑하지 않고 교만하지 않습니다." (『고린도전서』 13:4)

하며 남의 잘못을 비방하지 않습니다.[327]

⑧ 보살은 모든 '선한 법'에 늘 부지런하며, '보리분법'(6바라밀의 실천법칙)의 실천에 정진하기를 늘 즐겁게 구합니다.[328]

無垢稱言 堪忍世界 諸菩薩衆 成就八法 無毀無傷 從此命終 生餘淨土 何等爲八 一者菩薩 如是思惟 我於有情 應作善事 不應於彼 希望善報 二者菩薩 如是思惟 我應代彼 一切有情 受諸苦惱 我之所有 一切善根 悉迴施與 三者菩薩 如是思惟 我應於彼 一切有情 其心平等 心無罣礙 四者菩薩 如是思惟 我應於彼 一切有情 摧伏憍慢 敬愛如佛 五者菩薩 信解增上 於未聽受 甚深經典 暫得聽聞 無疑無謗 六者菩薩 於他利

---

327 "남을 심판하지 마라. 그래야 그대들도 심판받지 않을 것이다. 그대들이 남을 심판하는 그대로 그대들도 심판받을 것이며, 그대들이 남을 헤아리는 잣대로 그대들도 헤아림을 받을 것이다. 그대들은 어찌하여 형제의 눈 속에 있는 티는 보면서, 그대들의 눈 속에 있는 들보는 알아차리지 못하는가?" (『마태복음』 7:1~3)

328 "그대들은 유혹에 빠지지 않도록 깨어서 기도하라!" (『마가복음』 14:38)
"그대가 영원한 생명을 얻고 싶다면, '계명들'을 지켜야 한다." (『마태복음』 19:17)
"내가 한 가지 계명만 주겠다. 오직 서로 사랑하라!" (『요한복음』 15:12)
"모든 것이 이루어질 때까지 율법에서 한 자 한 획도 없어지지 않을 것이다!" (『마태복음』 5:18)
"하늘에 계신 그대들의 아버지께서 완전하신 것처럼, 완전한 사람이 되어야 한다." (『마태복음』 5:48)

養 無嫉妒心 於己利養 不生憍慢 七者菩薩 調伏自心 常省己過 不譏他犯 八者菩薩 恒無放逸 於諸善法 常樂尋求 精進修行 菩提分法 (『설무구칭경 說無垢稱經』)

유튜브(YouTube) | 유마경과 신약성경

••• 홍익보살 실천지침 14조

1. 과거에 집착하지 말라! (제행무상諸行無常)
2. 미래를 걱정하지 말라! (일체개고一切皆苦)
3. 에고를 내세우지 말라! (제법무아諸法無我)
4. 참나의 현존에 만족하라! (열반적정涅槃寂靜)[329]

5. 일체의 존재는 참나의 신비임을 알라! (진속불이眞俗不二)
6. 참나의 현존에 일체를 맡기며 살아가라! (무주열반無住涅槃)
7. 참나의 뜻에 따라 남을 나처럼 사랑하라! (자타일여自他一如)
8. 모두를 이롭게 하는 양심적 삶을 살라! (홍익중생弘益衆生)[330]

---

329 이상의 4개조는 '아공我空의 4가지 진리'(소승불교의 4법인, 자아의 진리)에 해당한다.

330 이상의 4개조는 '법공法空의 4가지 진리'(대승불교의 4법인, 존재의 진리)에 해당한다.

9. 내가 받고 싶은 것을 남에게 베풀어라! (보시바라밀)
10. 내가 당하기 싫은 것을 남에게 가하지 말라! (지계바라밀)
11. 진실을 수용하고 매사에 겸손하라! (인욕바라밀)
12. 양심의 구현에 최선을 다하라! (정진바라밀)
13. 늘 고요하되 자명한 참나와 접속하라! (선정바라밀)
14. 자명한 것만 옳다고 인가하라! (반야바라밀)[331]

유튜브(YouTube) | 홍익보살 실천지침 14조

---

331 이상의 6개조는 '구공具空의 6가지 진리'(양심의 진리)에 해당한다.

화엄경 후원자 명단

이 책이 나오는 데 적극적으로 후원해 주신 〈Bomoon-Choi BRODT-U. S. Cui-Zheng Eunah-Kim Linda-Davies Jin-Guorong Jin-Minghua Leeson-Joung Yoonhee-Jang 강덕희 강동혁 강병율 강병창 강소영 강소이 강수봉 강연도 강정호 강정욱 강정희 강지민 강진우 강태호 강태희 강현석 강홍구 고갑남 고규석 고근호 고금란 고미경 공국진 공영근 공종진 곽윤희 곽정수 곽찬희 구순본 권도희 권미훈 권선아 권세정 권수 권오순 권은주 권정섭 권정임 길규태 김건아 김경호 김광춘 김규열 김규찬 김기옥 김기태 김대련 김대형 김도형 김도희 김동숙 김동욱 김동희 김득주 김만일 김만홍 김명자 김묘진 김미경 김미라 김미란 김미아 김미영 김미자 김민경 김민서 김민홍 김병철 김병호 김보겸 김상호 김선미 김선우 김선욱 김선희 김성국 김성호 김성훈 김성희 김세영(동국통운) 김소운 김수미 김숙 김순기 김승모 김승욱 김승희 김시율 김시화 김신영 김아린 김안나 김연희 김영굉 김영미 김영수 김영순 김영익 김영필 김영희 김옥주 김옥히 김용복 김용태 김용하 김유라 김유미 김윤전 김은기 김은나 김은숙 김은정 김은희 김인중 김일성 김재일 김재정 김정련 김정미 김정우 김정원 김정헌 김정혜 김제성 김조현 김종배 김종언 김종필 김중국 김지안 김지영 김진규 김진운 김진희 김창현 김태원 김태희 김해정 김현미 김현성 김현준 김현진 김현태 김형선

김형철 김혜란 김혜영 김홍식 김홍준 김홍현 김화중 김희균 김희택 나온동희
나정숙 나현경 남미하 남삼현 남상숙 남성훈 남소용 남순우 남옥순 남지현
노해수 류성란 리경숙 문경미 문경준 문선혜 문수정 문옥희 문인호 민세홍
민유순 민지영 박경미 박광호 박귀숙 박근이 박금주 박기언 박기호 박난희
박달환 박대호 박동주 박동훈 박두병 박래은 박명자 박민찬 박병윤 박부영
박비송 박상희 박선미 박선후 박성희 박수현 박순이 박승 박승자 박시형
박신화 박연복 박영제 박예솔 박우성 박인숙 박재완 박재홍 박정숙 박정자
박종선 박준현 박진 박진구 박진현 박철기 박평식 박하영 박현덕 박현정
백현준 박혜리 박혜선 박혜진 박홍덕 방형국 배기수 배동국 배성진 배승훈
배영자 배은실 백경만 백경아 백민우 백승표 백원희 백은혜 백진필 백현준
백혜경 서명순 서민정 서영원 서영희 서정우 서진옥 서태연 서한진 석수공
석점이 설보라 성민자 성재숙 성정애 소현아 손재심 손정근 손지연 손진숙
송미숙 송순호 송연정 송영애 송영자 송영창 송용수 송용자 송율성 송정구
송정민 송종우 송철훈 신경숙 신여정 신영광 신영무 신은영 신은지 신일향
신정희 신종훈 신지연 신현규 신현미 신현주 신효숙 신희숙 심교 심상훈
안대원 안미현 안병미 안영민 안정희 안혜실 양문규 양선귀 양성연 양순애
양연숙 양은심 양재훈 여상혁 연지민 염찬우 오경희 오란희 오순석 오영란

오영훈 오윤택 오정희 옥경자 왕원상 왕정숙 우남득 우동호 우승화 원명아
원명진 유경자 유남인 유미화 유영호 유재훈 유지영 유흥숙 유희정 윤경애
윤경한 윤동근 윤모로 윤문오 윤병율 윤상천 윤석주 윤선옥 윤숙 윤숙조
윤재기 윤중옥 윤희근 윤희숙 이강열 이경민 이경아 이경용 이경자 이계영
이공훈 이광선 이근희 이기수 이기원 이기춘 이남기 이대열 이덕영 이도경
이도연 이도원 이도훈 이락삼 이량금 이림 이명순 이명희 이미숙 이미지
이미화 이병미 이상란 이상민 이상봉 이상수 이상언 이상영 이상홍 이상희
이서희 이선빈 이선자 이성화 이세엽 이송현 이수미 이승배 이승원 이승진
이승훈 이신화 이애란 이연웅 이영만 이영민 이영숙 이영진 이영현 이용희
이우성 이윤미 이윤석 이은영 이은현 이은호 이임영 이재웅 이재중 이정란
이정분 이정옥 이정은 이정이 이정희 이종원 이주형 이준호 이지현 이진태
이진희 이창준 이채영 이태인 이한별 이현경 이혜숙 이홍기 이화정 이희행
임경란 임경춘 임규식 임란숙 임선아 임채범 임하진 임한근 임한경 임형철
장경상 장공순 장대영 장미영 장성국 장성종 장소영 장수미 장영숙 장오복
장우진 장윤서 장재헌 장향숙 전성기 전수현 전영준 전영환 전윤경 전종수
전지완 전혜숙 전혜영 정경옥 정광용 정기백 정맹희 정미건 정미경 정민주
정봉경 정봉수 정서윤 정석훈 정성대 정성철 정수진 정우준 정은라 정은성

정이선 정인숙 정재영 정주성 정진옥 정창균 정태현 정택진 정학원 정현숙 정혜주 정혜진 조대호 조문주 조미라 조미숙 조성만 조영아 조영호 조원희 조은원 조의현 조재성 조주원 조희숙 주미영 주종미 주한규 주항진 진성권 차형정 채윤정 천상하 천유정 천향미 최도선 최미자 최미주 최상민 최상욱 최상희 최선희 최성재 최세영 최숙자 최숙자(명성산업) 최숙진 최영 최영심 최윤정 최은희 최자경 최재익 최재훈 최정순 최정식 최정우 최종민 최종삼 최지선 최진형 최치영 최택수 최현수 최현우 최혜숙 하영아 한덕실 한문기 한성퉁 한성수 한승원 한승윤 한양덕 한유미 한정원 한천수 허다원 허순옥 허영선 허준 허현희 현재옥 형영자 홍경아 홍다린 홍동완 홍랑 홍선표 홍성태 홍승지 홍재성 홍종옥 홍지연 홍현숙 황득 황미경 황성구 황운 황은희 황의홍 황정화 황채원 ㈜페루비안)님과 그 밖에도 익명으로 후원을 해 주신 많은 분들께 진심으로 감사드립니다.

윤홍식

홍익학당 대표이며, 제19대 대통령선거에서 홍익당 후보로 출마하였다. 동서양 인문학의 핵심을 참신하면서도 알기 쉽게 유튜브를 통해 전 세계에 알리고 있는 인기 있는 젊은 철학자이자 양심경영 전문가이다. 홍익학당 유튜브 채널의 구독자 수는 13만6천 명을 돌파했으며, 5,200여 개의 인문학 강의 조회 수는 8,700만에 달한다. 연세대학교 사학과 및 동 대학원 철학과를 졸업한 후 홍익학당, 홍익선원, 출판사 봉황동래를 운영하고 있으며, 견성콘서트·고전콘서트·참선캠프 등을 열고 있다. BBS에서 수심결 강의를 진행했고, 동국대 불교학과 및 춘천 삼운사, 태고종, 원불교 등의 초청으로 '견성과 6바라밀, 대승불교'를 주제로 강의를 하였다. 그 밖에도 삼성, LG 등 일반기업과 법무부, 중소기업 진흥청, 우정청 등 공공기관에서 고전을 통한 윤리교육과 양심리더십 교육을 맡았으며, KBS, EBS, BBS 등 방송 매체에서도 활발하게 활동 중이다. WBS원음방송에서도 "정신을 개벽하자" 특강 시리즈를 강의하였다. 다양한 강의를 통해 견성과 보살도, 6바라밀의 실천을 강조하고 있으며, 국민 전체의 인성교육을 위하여 『양심노트』를 만들어 보급하고 있다. 저서로는 『한국큰스님에게 배우는 선의 지혜』『윤홍식의 수심결 강의』『5분 몰입의 기술』(2009년 문화체육부 선정 우수도서) 『이것이 인문학이다』『선문답에서 배우는 선의 지혜』『양심이 답이다』『노자, 무위경영의 지혜』『양심이 승리하는 세상, 양심정치』 등이 있다.

화엄경, 보살의 길을 열다

지은이	윤홍식
초판발행	2018년 7월 1일
초판4쇄발행	2022년 11월 1일
펴낸곳	봉황동래
펴낸이	윤홍식
출판등록	제313-2005-00038호
등록일자	2005년 3월 10일
주소	서울특별시 마포구 마포대로 92, A동 3층(도화동, 효성해링턴 스퀘어)
전화	02-322-2522
팩스	02-322-2523
홈페이지	www.bhdl.co.kr
디자인	투에스북디자인

ISBN 978-89-94950-24-2 (03220)

값 25,000원
책값은 더 좋은 책을 만드는 데 사용됩니다.